Économie monétaire et financière

deboeck SUPÉRIEUR

DANS LA MÊME COLLECTION

Sup en poche est une collection destinée aux étudiants du 1er cycle, essentiellement en Licence 1 et 2. Son objectif est de permettre à l'étudiant de réviser et s'entraîner en vue de réussir ses examens. Chaque ouvrage est composé de fiches proposant des cours résumés suivis d'exercices corrigés pas à pas.

Conseillers scientifiques : David MOUREY et Laurent BRAQUET

Avec nos remerciements à Jean-Paul Brun pour sa relecture de plusieurs fiches du présent ouvrage.

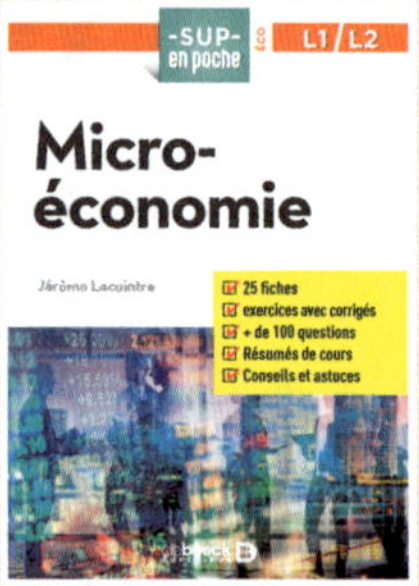

-SUP- en poche

ÉCO

L1 / L2

Économie monétaire et financière

Laurent Braquet
David Mourey

deboeck SUPÉRIEUR

Pour toute information sur notre fonds et les nouveautés dans votre domaine de spécialisation, consultez notre site web : www.deboecksuperieur.com

Rue du Bosquet, 7 - B-1348 Louvain-la-Neuve

Dépôt légal :
Bibliothèque Nationale, Paris : juin 2018
Bibliothèque royale de Belgique, Bruxelles : 2018/13647/054

ISSN 2566-2708
ISBN 978-2-8073-1529-7

Sommaire

Partie 1 Les principes généraux

Partie 2 Les théories monétaires et financières

Partie 3 La monnaie et la finance à l'épreuve des faits

Partie 1

Les principes généraux

SOMMAIRE

COURS 1
La nature de la monnaie

[NOTIONS CLÉS : échange marchand, convention sociale, confiance]

DÉFINITION

La monnaie est l'un des instruments les plus utilisés dans notre vie quotidienne dans le cadre de l'économie de marché. Sur le plan étymologique, la monnaie vient du latin *moneta* que l'on peut traduire par « celle qui avertit » ou encore « celle qui donne son avis ». Ce surnom était aussi donné à la déesse Junon à qui l'on attribuait le pouvoir d'annoncer les évènements à venir (*Judo moneta*), et, dans le temple qui lui était dédié, situé sur le Capitole, à Rome, étaient frappées des pièces de monnaie que l'on a fini par désigner par le terme de « *moneta* ». Le terme de monnaie nous renvoie donc historiquement à son utilisation usuelle : des pièces d'un faible montant. Cependant, pour l'économiste, cette notion s'applique aux instruments de paiement au-delà des seuls pièces et billets qui ne constituent qu'une faible part de la monnaie en circulation. **La monnaie est donc l'ensemble des moyens de paiement dont disposent les agents économiques pour régler leurs transactions**. Dans certaines sociétés qualifiées de « primitives », les échanges, très limités, se réalisaient sous forme de troc. Les produits s'échangeaient contre d'autres produits. Lorsque les échanges se sont développés, le troc est devenu impossible et un bien quelconque (le coquillage, par exemple) a servi d'intermédiaire. Les produits s'échangeaient alors contre ce bien particulier, appelé monnaie d'échange, et celui-ci permettait ensuite l'achat d'autres biens. La monnaie est donc un bien particulier, reconnu et accepté par tous, destiné à faciliter les échanges.

1 Explications théoriques et débats

1.1 Les diverses conceptions de la monnaie

La monnaie est l'actif le plus liquide au sein d'une économie et elle dispose d'un pouvoir libératoire général, elle est en mesure d'éteindre toutes les dettes. Deux conceptions principales de la monnaie existent chez les économistes. Pour certains, la monnaie est un bien économique comme un autre, un simple instrument qui permet de résoudre les problèmes techniques de l'échange marchand. Pour d'autres, la monnaie est un rapport social et il y a une différence de nature entre une économie monétaire et une économie de troc. L'**approche fonctionnaliste** est très ancienne, on la fait traditionnellement remonter à Aristote. Dans cette perspective, la monnaie se caractérise par trois fonctions : intermédiaire des échanges, unité de compte, réserve de valeur (voir fiche 3).

L'approche fonctionnaliste fait l'objet de nombreuses critiques. Des historiens et anthropologues font observer que l'existence de la monnaie est très ancienne et qu'elle précède, dans de nombreux cas, le développement des échanges sous forme de troc. Certains analystes dénoncent d'ailleurs la «fable du troc», car ils contestent que les échanges au sein des économies primitives aient été dominés par une logique du «donnant-donnant» – c'est au contraire une logique ostentatoire qui semble avoir prévalu. On fait aussi observer que les formes de la monnaie n'ont pas évolué de façon linéaire. Par exemple, les marchands vénitiens ou les banquiers de Florence utilisaient la monnaie scripturale bien avant que la monnaie métallique (et *a fortiori* la monnaie fiduciaire) soit d'usage courant en Europe. À l'inverse, dans certaines circonstances, on assiste à un retour vers la monnaie marchandise (pendant les deux dernières Guerres mondiales, par exemple). Au total, le fait de considérer la monnaie comme un simple instrument technique ne semble guère compatible avec les résultats des travaux historiques et anthropologiques.

1.2 Monnaie et développement des échanges

Au fur et à mesure que les hommes amélioraient leur manière de cultiver la terre, de chasser, de pêcher ou de se défendre, ils se seraient aperçus qu'il valait mieux que chacun se spécialise dans l'activité où il était le plus doué. Lorsqu'on chasse avec une lance en bois, on peut soi-même produire cette lance et chasser le gibier. Si cette lance a une pointe en bronze, l'extraction du minerai et sa transformation en métal puis en pointe exigent beaucoup plus de temps. Tellement de temps qu'on risque de ne plus avoir celui de chasser. Il vaut mieux que certains soient forgerons, d'autres chasseurs, et que les forgerons échangent des lances contre de beaux cuissots de sanglier ou de biche. L'échange n'a plus simplement une signification culturelle : il devient un **acte économique**. Toutefois, cet échange économique non monétaire (le troc) ne peut avoir qu'un développement restreint. Il suppose que celui qui possède ce que vous désirez accepte en échange ce que vous possédez (ce que l'on nomme la **double coïncidence des besoins**). Pour faciliter les échanges, les hommes ont été incités à introduire un bien intermédiaire : la monnaie, que tout le monde désirait et qui se conservait aisément. Son introduction permettait de décomposer le troc en deux opérations distinctes. Dans un premier temps, on vend contre de la monnaie ce qu'on possède (éventuellement son travail) à ceux qui le désirent. Dans un second temps, on achète au moyen de la monnaie gagnée les produits que l'on désire à ceux qui les possèdent. La monnaie se présente donc comme un **bien intermédiaire qui facilite l'échange**. La monnaie permet alors non seulement de décomposer l'échange, mais aussi de comparer la valeur des biens entre eux (par exemple x unités de monnaie = un sanglier = une hache de bronze).

2 L'approche anthropologique : la monnaie entre violence et confiance

Allant au-delà du fonctionnalisme, deux approches permettent de cerner la nature de la monnaie : une **approche anthropologique** qui considère la monnaie comme un moyen de conjurer la violence dans les sociétés, et une **approche économique** qui considère la monnaie comme inhérente à l'économie de marché et au capitalisme.

La première approche est de type anthropologique, elle a été développée notamment par les économistes **Michel Aglietta et André Orléan** en s'appuyant sur les travaux du philosophe René Girard (1923-2015). Pour ces auteurs, il existe une violence fondatrice des rapports humains et la monnaie est un moyen d'exorciser cette violence. La monnaie permet de substituer l'échange pacifié au rapt et à la prédation. La monnaie est donc ambivalente : moyen d'exorciser la violence, institution sociale essentielle, elle peut aussi être source de violence destructrice pour la société (dans le cas de l'hyperinflation allemande des années 1920, par exemple). Dans le cadre de cette approche, la monnaie est donc une composante essentielle du lien social, c'est une institution et non un instrument technique, elle repose en particulier sur la confiance sans laquelle aucune communauté de paiement ne peut fonctionner.

3 Monnaie et rapports marchands

La seconde approche trouve son origine chez **Karl Marx** (1818-1883). Ce dernier souligne que ce qui caractérise une société marchande, c'est le fait que la production (l'usage du travail social) résulte de travaux privés réalisés indépendamment les uns des autres et sans coordination *a priori*. Les sociétés marchandes sont donc menacées d'un fractionnement : il faut donc qu'existe un moyen de socialiser ces travaux privés. C'est précisément la monnaie qui permet d'assurer un certain degré de centralisation par l'intermédiaire des prix et des échanges monétaires. La monnaie est absente de sociétés complexes (les Incas, par exemple) où les rapports économiques ne sont pas des rapports marchands et elle apparaît dans les sociétés où les relations marchandes se développent. Chez les Baruya, étudiés par Maurice Godelier, les barres de sel ne sont pas de la monnaie à l'intérieur de la tribu (les rapports n'y sont pas marchands), mais elles deviennent de la monnaie dans les échanges avec les autres tribus. Cette approche permet de comprendre que la monnaie n'est pas une chose matérielle, mais un ensemble de règles assurant une meilleure coordination des échanges.

4 Liens vers d'autres fiches

- Fiche 2 : Les formes de la monnaie
- Fiche 3 : Les fonctions de la monnaie
- Fiche 25 : Les nouvelles technologies financières : la Fintech

EXERCICES

Exercice 1

Vrai ou faux ?

1. La notion de monnaie vient des écrits des théologiens chrétiens.
2. La monnaie est l'actif le plus liquide dans une économie marchande.
3. L'approche fonctionnaliste reconnaît trois fonctions à la monnaie.
4. Les historiens montrent que l'usage de la monnaie a toujours été précédé par le troc.
5. Selon l'approche anthropologique, la monnaie repose sur la confiance des individus qui l'utilisent et contribue au lien social.
6. Selon l'approche anthropologique, la monnaie ne peut en aucun cas générer de la violence sociale.
7. Selon l'analyse marxiste, la monnaie est utile pour coordonner les échanges dans une économie capitaliste fondée sur la propriété privée.

Exercice 2

L'importance de la monnaie pour l'échange marchand

L'une des deux institutions cruciales pour le fonctionnement et le développement du marché n'est autre que la monnaie. Certes, le troc est bien une modalité du marché. Mais l'accroissement des échanges est historiquement lié à celui de l'usage de la monnaie. On comprend pourquoi : si j'ai besoin sur un marché de troc de pois chiches et si je [ne] dispose que de maïs, il me faut trouver un détenteur de pois chiches qui a lui-même besoin de maïs, soit un producteur de pois chiches (on est en présence de la double coïncidence des besoins), soit un hypothétique intermédiaire; au contraire, la monnaie, lorsqu'elle existe, peut être obtenue par la vente de mon maïs à n'importe quel acheteur et être utilisée pour l'achat de pois chiches auprès de n'importe quel vendeur intuitivement; la monnaie facilite considérablement l'échange tant pour les consommateurs que pour les intermédiaires.

Source : Roger Guesnerie, *L'économie de marché,* Le Pommier, 2013.

Questions

1. Quelle est l'institution nécessaire au développement du marché selon R. Guesnerie ?
2. Comment la monnaie contribue-t-elle au développement du marché ?

Exercice 3

« La monnaie est un rapport global entre les centres de décision économique et la collectivité qu'ils forment, grâce auquel les échanges entre ces agents acquièrent une cohérence » (Aglietta, 1986).
À quelle conception de la monnaie correspond cette citation de Michel Aglietta ?

Exercice 4

Pour approfondir

En quoi la monnaie est-elle indispensable dans une économie de marché ?

1 CORRIGÉS

Exercice 1

1. Faux
2. Vrai
3. Vrai
4. Faux
5. Vrai
6. Faux
7. Vrai

Exercice 2

1. Selon Roger Guesnerie, la monnaie est techniquement indispensable dans une économie de marché par le rôle facilitant qu'elle joue dans les échanges.

2. La monnaie permet de régler le problème de la double coïncidence des besoins : la monnaie peut être obtenue par la vente du bien que je possède à n'importe quel acheteur et être utilisée pour l'achat du bien que je souhaite auprès de n'importe quel vendeur.

Exercice 3

Cette phrase s'inscrit dans la conception anthropologique de la monnaie : elle est une composante essentielle de la cohésion sociale et peut contribuer à pacifier les rapports sociaux. Elle repose en particulier sur la confiance dans une communauté de paiement.

Exercice 4

Si chaque homme vivait de sa propre production, il n'y aurait pas besoin de monnaie. Celle-ci permet aux hommes de coopérer en comptant les apports de chacun et les prélèvements qu'il réalise sur une production qui est une œuvre collective. La monnaie permet d'orienter l'activité de la majorité des hommes vers le travail et la production : en effet, Robinson seul sur son île ne peut consommer que ce qu'il produit. Il compare ainsi la pénibilité d'une heure de travail supplémentaire (et la perte d'une heure de loisir) à l'utilité que ce travail lui procurerait. En revanche, dans une société complexe, faite d'une multitude d'individus, chacun consomme principalement ce que d'autres ont produit : l'organisation monétaire permet ainsi de faire dépendre la possibilité de consommer de la contribution plus ou moins grande apportée par chacun à la production. L'usage de la monnaie correspond donc à l'apparition d'une contrainte budgétaire et incite à l'accroissement de la production dans une économie fondée sur le travail et l'échange.

COURS 2
Les formes de la monnaie

[NOTIONS CLÉS : monnaie marchandise, monnaie métallique, monnaie de papier, monnaie fiduciaire, confiance, valeur intrinsèque, valeur faciale, monnaie scripturale, dématérialisation]

DÉFINITION

La **monnaie** désigne l'ensemble des moyens de paiement dont disposent les agents économiques pour régler leurs transactions. Les fonctions de la monnaie (Fiche 3) peuvent être assurées par des supports divers. Très longtemps, les métaux précieux ont servi de base à la monnaie (**monnaie métallique**), mais on a pu aussi utiliser des supports non métalliques (**monnaie marchandise**). Chez les Grecs et les Romains, le bœuf était utilisé comme unité de compte (pecus désignant le troupeau en latin). Les hommes ont utilisé une grande diversité de monnaies au fil des âges : l'ambre, les coquillages, les haches, les céréales, l'orge, le blé, le sel (le mot « salaire » vient d'ailleurs du fait que les légionnaires romains étaient payés en sel). La grande diversité des formes prises par la monnaie nous conduit, afin d'y voir plus clair, à présenter une typologie de celles-ci.

1 Les formes de monnaies dans les sociétés traditionnelles

La monnaie a pris de très nombreuses formes dans l'histoire des économies et des sociétés humaines. On peut commencer par distinguer la monnaie marchandise, la monnaie métallique et la monnaie de papier.

La monnaie marchandise correspond à une marchandise particulière qui va être choisie parmi d'autres pour servir de monnaie car elle dispose de caractéristiques spécifiques : disponible en abondance, peu périssable, qui peut être aisément sécable, facilement transportable… De plus, elle revêt une importance spécifique dans cette société, qui inspire confiance et qui lui donnera une plus grande valeur d'échange car sa valeur intrinsèque pourra être élevée. On peut retenir : les coquillages, la tête de bétail, la barre de sel, le tabac, l'épi d'orge ou de maïs…

La monnaie métallique correspond à une monnaie marchandise qui remplit mieux les fonctions économiques que les marchandises non métalliques. Il s'agit de marchandises qui présentent de nombreux avantages (aisément identifiables, inaltérabilité, plus grande divisibilité, facilement stockable, rareté accrue) par rapport aux autres marchandises non métalliques. La monnaie métallique a pris plusieurs formes au cours de grandes étapes de son évolution dans l'histoire et, à chaque étape, sa capacité à mesurer précisément la valeur des échanges, sa fonction d'unité de compte, a été améliorée. On peut distinguer la monnaie pesée de la monnaie comptée et de la monnaie frappée.

- Dans le cas de la **monnaie pesée**, l'objet métallique (pièce, pépite, lingot) est pesé afin de déterminer sa teneur en métaux précieux au moment de chaque transaction. Cela ralentit les échanges.
- Pour ce qui est de la **monnaie comptée**, la dimension des pièces et la teneur sont standardisées. La quantité de pièces détermine la quantité de métal précieux échangée.
- Enfin, dans le cas de la **monnaie frappée** (par l'autorité politique ou religieuse), l'inscription, le sceau ou le signe viennent attester de la valeur d'échange des pièces. La valeur de la pièce frappée dépend de son poids en métal précieux.

La **monnaie de papier** correspond au billet de banque, apparu simultanément à la monnaie métallique. Le billet de banque est à l'origine un simple certificat de dépôt d'une quantité de métal précieux dans une banque. Il est rapidement convertible en métaux précieux, ce qui lui confère son caractère **fiduciaire,** et fonde la confiance qu'ont les détenteurs-porteurs de ces billets dans son usage en tant que monnaie. Sa valeur intrinsèque est faible mais sa convertibilité rend sa valeur d'échange équivalente. Cependant, les banques observent que les détenteurs de ces billets ont peu de chances de se présenter en masse pour convertir ceux-ci en métal précieux. Elles décident donc d'émettre davantage de billets. Autrement dit, le billet devient **inconvertible,** car la quantité de monnaie en circulation sous forme de billet devient plus importante que la quantité de métal précieux en stock des banques. Ces billets deviennent alors de la monnaie fiduciaire au sens contemporain du terme du fait de la déconnexion croissante entre la valeur intrinsèque et la valeur faciale. On parlera de **cours forcé** pour désigner cette situation d'inconvertibilité des billets en métaux précieux.

2 Les formes contemporaines de la monnaie

Dans les économies contemporaines, on distingue habituellement la monnaie divisionnaire, la monnaie fiduciaire et la monnaie scripturale.

La monnaie divisionnaire correspond aux **pièces**, lesquelles ne représentent désormais qu'à peine plus qu'une très faible part des paiements en France (et dans de nombreux pays) aujourd'hui. La monnaie divisionnaire est, dans une certaine mesure, une monnaie métallique dont la valeur intrinsèque est différente de sa valeur faciale. Il s'agit donc d'une forme de monnaie fiduciaire.

La **monnaie fiduciaire** est une monnaie fondamentalement basée sur la confiance qu'on a de son usage et de sa valeur d'échange. La valeur de la monnaie fiduciaire est fondée sur la **confiance** dans la mesure où **sa valeur intrinsèque peut être très faible par rapport à sa valeur faciale**, qui détermine sa valeur d'échange (« fiduciaire » vient du latin *fiducia* qui signifie *confiance*). Il existe un décalage plus ou moins important (selon la valeur des billets) entre la valeur intrinsèque et la valeur faciale. La confiance va expliquer que nous soyons capables d'utiliser des monnaies à faible valeur intrinsèque. Ce décalage existe donc aussi pour les pièces mais dans une bien moindre mesure étant donné la faible valeur faciale de ces dernières. C'est cette confiance qui nous permet d'accepter d'utiliser une monnaie dont la valeur intrinsèque est relativement si faible. Il y a, d'une part, la confiance fondée sur sa pérennité et le fait que tout le monde va l'utiliser durablement, et, d'autre part, la confiance dans la stabilité de son pouvoir d'achat et donc dans le maintien de la stabilité des prix. L'État est donc au cœur des processus monétaires. Une monnaie est forcément attachée à un État, et l'éclatement des États se traduit souvent par la disparition de leur monnaie. C'est en effet la confiance dans la pérennité de la communauté à laquelle ils appartiennent qui conduit les individus à accepter ces moyens de paiement en échange de leurs biens ou en rémunération de leur travail.

La **monnaie fiduciaire** (les billets) représente moins de 10 % des paiements en France aujourd'hui.

La **monnaie scripturale** est la principale forme de monnaie dans les économies développées et émergentes de nos jours. La monnaie scripturale (« scriptural » vient du latin *scriptus* qui signifie *écriture*) est le **résultat d'un jeu d'écritures** sur les comptes des clients et de la banque. La monnaie scripturale est concrètement un simple jeu d'écriture sur un compte courant (dépôt à vue). La monnaie scripturale est donc purement i**mmatérielle**. Elle ne peut être détenue manuellement et transportée avec nos pièces et nos billets dans notre porte-monnaie. La monnaie scripturale représente désormais environ 90 % de nos paiements en France.

Les paiements sont effectués par les débits et crédits sur les comptes bancaires des agents économiques concernés. Ainsi s'opère l'essentiel de la circulation de la monnaie dans les économies contemporaines.

La distinction usuelle entre monnaie fiduciaire et monnaie scripturale ne doit pas nous tromper car les deux formes de monnaie reposent sur la confiance.

La monnaie scripturale ne peut être mobilisée ou utilisée qu'en utilisant divers instruments tels que le chèque, la carte de paiement bancaire, le virement, l'autorisation de prélèvement... Ces supports traduisent l'ordre donné à la banque de réaliser le paiement engagé par son client lors d'un échange marchand. C'est ainsi que va circuler la monnaie scripturale, par virement d'une somme du compte courant d'un agent économique vers celui d'un autre, dans la même banque ou dans une autre banque.

Une question majeure se pose à ce stade : **les instruments de paiement sont-ils de la monnaie ?**
Les instruments de mobilisation, d'utilisation, de circulation de la monnaie scripturale ne sont pas de la monnaie. En effet, la monnaie ayant **cours légal**, notre monnaie ne peut être refusée en paiement lors d'un échange marchand. Ainsi, si votre compte n'est pas crédité d'une somme suffisante, votre chèque peut être refusé et votre paiement par carte également. La fausse monnaie n'étant pas de la monnaie, elle peut être logiquement refusée.

3 La thèse de la dématérialisation de la monnaie et ses nuances : une monnaie de plus en plus dématérialisée ?

3.1 La thèse de la dématérialisation de la monnaie

Quand on observe les évolutions des formes modernes et contemporaines de la monnaie, on remarque un processus général de dématérialisation de la monnaie. Autrement dit, la monnaie prend des formes de moins en moins matérielles et de plus en plus immatérielles. Dans le même temps, on observe un second processus de dématérialisation des instruments d'utilisation de la monnaie scripturale.

Le processus de **dématérialisation des formes de la monnaie** se traduit par une réduction progressive mais tendancielle de l'utilisation des pièces et des billets et une croissance simultanée de l'utilisation des instruments de mobilisation de la monnaie scripturale.

L'observation de ces tableaux permet de mettre en évidence un processus de dématérialisation de la monnaie (avec l'omniprésence croissante de la monnaie scripturale).
Dans le schéma ci-dessous, sur le très long terme (période de plus de deux siècles 1789-1992), on observe clairement la dématérialisation des formes de la monnaie en France.

Évolution à long terme des formes de la monnaie en France

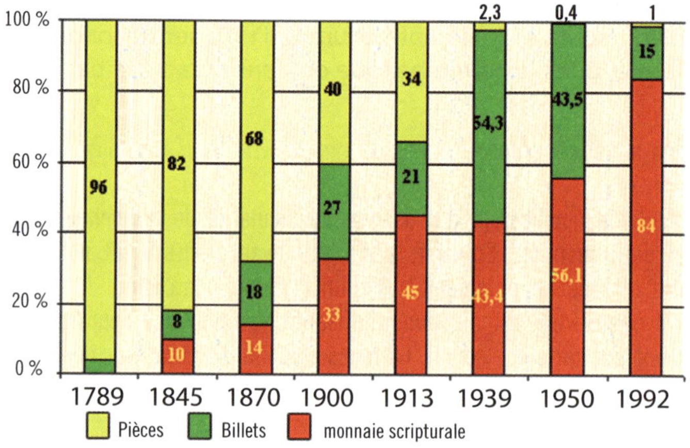

Source : Jean Bouvier, Un siècle de banque française, *Hachette, 1973 et rapports du Conseil National du Crédit*

Dans le tableau ci-dessous, on obtient une confirmation de ce mouvement de dématérialisation des formes de la monnaie, en France. Sur une période plus récente, la tendance à la dématérialisation des instruments de paiement s'est poursuivie au XXIe siècle.

Évolution de la composition des moyens de paiement en France entre 1980 et 2017

France, en %	1980	1985	1990	1995	2000	2005	2010	2017
Monnaie divisionnaire (pièces) + Monnaie fiduciaire (billets)	17,1	15,9	15,4	14,9	12,9	19,7	22,4	18,9
Monnaie scripturale (dépôts à vue)	82,9	84,1	84,6	85,1	87,1	80,3	77,6	81,1
Total	100	100	100	100	100	100	100	100

Source : Banque de France

Évolution de la composition des moyens de paiement dans la zone euro entre 1997 et 2017

Zone euro, en %	1997	2000	2005	2010	2017
Monnaie divisionnaire (pièces) + Monnaie fiduciaire (billets)	22,1	18,8	16,7	18,1	15,2
Monnaie scripturale (dépôts à vue)	77,9	81,2	83,3	81,9	84,8
Total	100	100	100	100	100

Source : Banque de France

Le processus de **dématérialisation des instruments de mobilisation de la monnaie scripturale** s'observe dans la mesure où les instruments de paiement papier, tels que le chèque et le virement, ont tendance à être de moins en moins utilisés tandis que la carte bancaire est de plus en plus utilisée. Or, plus la carte bancaire est utilisée (matériellement ou via Internet), plus la dématérialisation des instruments d'utilisation de la monnaie scripturale est grande. En effet, avec une carte bancaire de paiement (qui est matérielle), on peut effectuer de nombreux paiements. Avec un chèque, on ne peut effectuer qu'un seul paiement. On peut, de surcroît, payer des petites sommes de plus en plus faibles.

3.2 La thèse de la dématérialisation de la monnaie contestée

Cette thèse peut être contestée dans la mesure où la monnaie fiduciaire est apparue en même temps que la monnaie métallique et ses changements de supports. De surcroît, la monnaie scripturale serait apparue au cours de la même période voire avant la monnaie fiduciaire. Ainsi, « *historiquement, les formes initiales de la monnaie scripturale sont apparues avec les premières banques, donc bien avant les billets de banque dont l'invention ne date que du* XVIIe *siècle* », comme le rappelle Dominique Plihon dans son ouvrage *La monnaie et ses mécanismes*, aux éditions La Découverte.

Selon Marie Delaplace, « *Des traces d'une forme de comptabilité de dépôt et de prêt ont été trouvées sur des tablettes en terre cuite aux alentours de 1800 avant Jésus Christ. Les Grecs et les Romains, connaissaient le virement entre deux comptes courants ouverts chez le même "trapézite" (changeur de monnaie) ainsi que chez les Arabes dès le* IXe *et* X^{e} *siècle.* » (*Monnaie et financement de l'économie*, Dunod, 2003).

4 Liens vers d'autres fiches

- Fiche 1 : La nature de la monnaie
- Fiche 3 : Les fonctions de la monnaie
- Fiche 4 : La création de monnaie

2 EXERCICES

Exercice 1

Questions ouvertes

1. Quelles qualités une marchandise devait-elle posséder pour servir de monnaie ?

2. Quelles qualités spécifiques les monnaies métalliques possédaient-elles par rapport aux autres monnaies marchandises ?

3. Comment expliquer la distinction entre valeur faciale et valeur intrinsèque pour la monnaie fiduciaire ?

4. Pourquoi, de nos jours, les agents économiques réalisent l'essentiel de leurs échanges avec de la monnaie scripturale ?

5. Quelle est la différence entre cours légal et cours forcé d'une monnaie ?

Exercice 2

Vrai ou faux ?

1. Dans une économie donnée, la monnaie marchandise choisie peut être n'importe quelle marchandise.

2. La monnaie métallique est une forme de monnaie fiduciaire.

3. La confiance en la monnaie est seulement basée sur la stabilité de son pouvoir d'achat.

4. Le chèque est de la monnaie.

5. La dématérialisation des formes de la monnaie est un processus historique incontestable.

Exercice 3

Pour approfondir

Le Bitcoin est-il une monnaie ?

2 CORRIGÉS

Exercice 1

1. Une monnaie marchandise doit être disponible en abondance, peu périssable, aisément sécable, facilement transportable et inspirer la confiance des utilisateurs.

2. Leur valeur intrinsèque était plus élevée, donc leur valeur d'échange également. Elles étaient moins périssables, plus facilement transportables et sécables. L'inconvénient, avec les métaux précieux, est leur rareté potentielle qui est fonction des découvertes de nouvelles mines...

3. La monnaie fiduciaire est fondamentalement basée sur la confiance qu'on a de son usage et de sa valeur d'échange. La valeur de la monnaie fiduciaire est fondée sur la confiance dans la mesure où sa valeur intrinsèque peut être très faible par rapport à sa valeur faciale, qui détermine sa valeur d'échange («fiduciaire» vient du latin *fiducia* qui signifie *confiance*). Il existe un décalage plus ou moins important (selon la valeur des billets) entre la valeur intrinsèque (la valeur en soi du support qui sert de monnaie) et sa valeur faciale (inscrite sur une face du billet). La confiance va expliquer que nous soyons capables d'utiliser des monnaies à faible valeur intrinsèque.

4. Selon Dominique Plihon, la monnaie scripturale, détenue sur les comptes bancaires courants des clients, présente un triple avantage par rapport aux monnaies fiduciaire et divisionnaire : elle permet le règlement d'échange sans déplacement physique des personnes [...] ; elle offre des garanties plus fortes contre la perte ou le vol; elle entraîne des écritures dans la comptabilité bancaire qui sont sources de preuves en cas de contestation.

5. Le cours légal d'une monnaie oblige (par la loi) ceux qui échangent à accepter la monnaie dans tout échange, sans pouvoir aucunement la refuser. Le cours forcé correspond à l'impossibilité de convertir la monnaie (en particulier les billets) en or. L'objectif est d'éviter des retraits massifs d'or des banques en période de grande incertitude (guerre, crise économique...). Les banques n'ont donc légalement plus besoin de transformer les billets qui circulent en or. Ce fut le cas en France sur les périodes 1848-1850 et 1914-1928.

Exercice 2

1. Faux. cf. réponse de l'exercice 1, question 1.

2. Faux. Sa valeur intrinsèque détermine sa valeur d'échange.

3. Faux. La confiance en la monnaie est fondée sur sa pérennité et le fait que tout le monde va l'utiliser durablement, et sur la confiance dans la stabilité de son pouvoir d'achat et donc dans le maintien de la stabilité des prix. L'État est donc au cœur des processus monétaires.

4. Faux. Le chèque est seulement un support de mobilisation de la monnaie scripturale.

5. Faux. Ce constat peut être nuancé par l'observation de l'apparition de formes de monnaies fiduciaires et scripturales simultanément, voire antérieurement aux formes de monnaie. Pour autant, la monnaie scripturale devient progressivement la forme de monnaie qui est largement la plus répandue.

Exercice 3

Le Bitcoin n'est pas une monnaie. Il ne remplit aucune des fonctions spécifiques d'une monnaie (cf. fiche 3). Le Bitcoin, souvent qualifié de crypto-monnaie, est plutôt un crypto-actif comme le précise clairement la Banque de France dans une publication du 5 mars 2018 : « L'émergence du bitcoin et autres crypto-actifs : enjeux, risques et perspectives. »

« *Le crypto-actif bitcoin est un actif virtuel stocké sur un support électronique permettant à une communauté d'utilisateurs l'acceptant en paiement de réaliser des transactions sans avoir à recourir à la monnaie légale. Le bitcoin est créé au sein d'une communauté d'internautes, également appelés mineurs, qui ont installé sur leurs unités informatiques connectées à Internet un logiciel libre qui va créer, selon un algorithme, les bitcoins qui sont ensuite alloués à chaque mineur en récompense de sa participation au fonctionnement du système.*

Une fois créés, les bitcoins sont stockés dans un coffre-fort électronique enregistré sur l'ordinateur, la tablette ou le portable de l'utilisateur, voire à distance (par exemple dans le cloud). Il est ensuite possible de les transférer via Internet et de façon anonyme entre les membres de la communauté.

Si le bitcoin constitue le crypto-actif le plus médiatisé et le plus valorisé, on recense à début 2018 plus de 1 300 actifs de ce type dans le monde. Outre le bitcoin, d'autres crypto-actifs tels que l'ether ou le ripple connaissent également un développement important. Leurs modalités de fonctionnement reposent sur des concepts similaires à ceux du bitcoin. »

La réponse est limpide : le Bitcoin et autres crypto-actifs ne sont pas des crypto-monnaies, et encore moins des monnaies.

COURS 3
Les fonctions de la monnaie

[NOTIONS CLÉS : monnaie, unité de compte, intermédiaire des échanges, réserve de valeur, prix relatif, prix, liquidité, actif, norme sociale, institution, confiance]

DÉFINITION

Selon la Banque de France, la monnaie correspond à tous « *les* ***moyens de paiement****, tous les placements que les agents non financiers considèrent comme une* ***réserve de pouvoir d'achat immédiatement disponible*** *parce qu'ils peuvent être convertis facilement et rapidement en moyens de paiement,* ***sans risque important de perte en capital*** ». (Bulletin de la Banque de France, 1991)

Cette définition officielle fait plus ou moins explicitement apparaitre les principales fonctions économiques et propriétés spécifiques de la monnaie. En effet, habituellement, les économistes définissent la monnaie à partir de ses fonctions économiques : unité de compte, intermédiaire des échanges, réserve de valeur. Pourtant, il est indispensable, étant donné la nature de la monnaie, de ne pas ignorer ses fonctions sociales, culturelles, symboliques, politiques...

1 Les fonctions économiques de la monnaie

« *Depuis Aristote, on considère que la monnaie a trois missions. Sont reconnues traditionnellement à la monnaie : deux fonctions dans l'espace (intermédiaire dans les échanges et unité de compte) et un rôle dans le temps (instrument de réserve de valeur).* » Michel Ruimy, *La monnaie, au cœur de la relation marchande*, Cahiers français, n° 315, juillet 2003

Selon cette approche, dite fonctionnelle, la monnaie a trois **fonctions économiques principales**.

La monnaie est une **unité de compte**, un étalon de valeur, dans la mesure où elle permet d'exprimer les prix de tous les biens dans la même unité, l'unité de monnaie. La monnaie simplifie alors les évaluations, car elle constitue un **numéraire** qui permet d'exprimer unanimement les prix. La monnaie est la référence à l'aune de laquelle il est possible de mesurer et comparer tous les autres biens. Le nombre de prix, en unité de monnaie, baisse nettement par rapport au nombre de **prix relatifs** dans une économie (théorique) de troc. Dans une économie à n biens, le nombre de prix passe de [n(n-1)/2] prix relatifs, dans une économie de troc, à (n-1) prix dans une économie monétaire, où la monnaie et le n-ième bien (cf. exercices). La monnaie permet de simplifier l'information nécessaire aux échanges, à ceux qui veulent échanger. La multiplication des biens disponibles et des échanges rend indispensable l'existence d'une monnaie.

La fonction d'unité de compte est affectée par l'évolution du niveau général des prix, par l'inflation. Quand l'inflation accélère, le taux d'inflation augmente, il faut davantage d'unités de monnaie pour acquérir une unité de bien et les prix relatifs des biens en monnaie varient.

La monnaie est un **intermédiaire des échanges**. À ce titre, elle est un **bien particulier** qui facilite les échanges par rapport à la situation théorique de l'économie de troc, car elle permet de rompre avec l'**improbable double coïncidence des besoins consubstantielle à une économie de troc** : pour pouvoir échanger ce que l'on possède, il faut pouvoir trouver une personne qui possède ce que l'on veut et qui souhaite obtenir ce que l'on a en stock. Du fait du nombre élevé de prix relatifs, comme vu précédemment, l'échange est très compliqué en situation de troc. Dans une économie monétaire, **la monnaie va venir simplifier cela en jouant le rôle d'équivalent général** (accepté par tous dans l'échange) et donc d'intermédiaire. La monnaie est qualifiée d'intermédiaire car elle entraine une décomposition des opérations d'échange. On passe d'au moins deux opérations différentes en économie de troc à une seule. Dans une économie de troc, si un individu A veut vendre des pièces d'étoffe et acheter une table, il doit trouver un vendeur de tables qui désire des pièces d'étoffe pour réaliser son échange (double coïncidence des besoins). Par l'intermédiaire de la monnaie, en revanche, l'individu A peut vendre ses pièces d'étoffe à n'importe qui et, en échange de la monnaie reçue, peut acheter une table à n'importe quel vendeur. Pour jouer ce rôle d'instrument de transaction, les économistes disent parfois que **la monnaie va agir à la manière d'un lubrifiant dans les échanges**. La monnaie permet de réduire les différents coûts de transaction qui sont liés au troc (le temps de recherche...).

Comme vous avez pu le constater dans la fiche 2, la conception linéaire du passage d'une économie de troc pure à une économie monétaire relève davantage d'une approche théorique, utile pour comprendre la distinction, que d'un ensemble d'observations historiques.

La monnaie est aussi une **réserve de valeur, de pouvoir d'achat**. Autrement dit, elle est un **actif spécifique** qui peut être conservée entre deux échanges sans perte significative de valeur. Sa valeur réelle reste stable dans le temps. De surcroit, cet actif est la **liquidité par excellence**, l'une de ses propriétés exclusives. L'individu A, qui a vendu ses pièces d'étoffe, peut conserver un temps la monnaie qu'il détient pour acheter dans un temps futur différents biens. Dans une économie de troc, les actes de vente et d'achat sont simultanés. Dans une économie monétaire, il est possible de conserver le revenu issu d'une vente et d'exprimer une demande de bien ou service ultérieurement. L'idée de réserve de valeur intervient dès que les opérations d'échange sont disjointes dans le temps : la monnaie que j'obtiens en échange d'un bien ou d'un service vendu doit me permettre d'effectuer, plus tard, l'achat d'un bien ou d'un service d'une valeur équivalente. En tant qu'actif spécifique, sa qualité d'actif liquide par excellence lui permet d'être convertible instantanément en n'importe quel bien ou service : la monnaie achète tous les biens.

> **L'inflation**, la hausse entretenue du niveau général des prix, peut altérer cette fonction de la monnaie par érosion de son pouvoir d'achat. Quand le taux d'inflation augmente, que l'inflation accélère, le pouvoir d'achat de la monnaie se réduit comme une peau de chagrin. **La déflation**, au sens strict de la baisse des prix, permet d'améliorer le pouvoir d'achat, mais, au sens large du cercle vicieux « baisse des prix / baisse de la demande / baisse des prix », elle provoque la dépression, la baisse de la production globale (PIB). La déflation est un phénomène économiquement très dangereux.

Cette approche fonctionnelle de la monnaie, même si elle ne le précise pas, place au cœur des économies monétaires la **confiance (voir fiche 2)**. Cette confiance repose sur le fait que chacun accepte d'utiliser la monnaie dans l'échange car les autres le font. Cela peut s'expliquer d'une part par la confiance en la stabilité de sa valeur d'échange et d'autre part en raison du caractère légal de l'usage de la monnaie.

Les économistes et spécialistes des questions monétaires, **Michel Aglietta et André Orléan, distinguent différentes dimensions de la confiance** dans leur livre *La monnaie souveraine* (Odile Jacob, 1998).

Selon ces deux auteurs, la confiance (en général) correspond à l'articulation de trois formes de confiances spécifiques :

- La **confiance méthodique**, qui repose sur des routines, sur la répétition des actions, sur leur régularité. Cela correspond bien au caractère habituel et familier de l'activité de paiement : lorsque je tends un billet de 5 euros à un commerçant, il va l'accepter en vertu de cette confiance méthodique.

- La **confiance hiérarchique** est celle qui repose sur l'existence d'une autorité supérieure, qui dispose d'une légitimité et du recours possible à la contrainte. C'est le cas de l'État qui donne cours légal à une monnaie ou de la Banque centrale qui dispose de vastes pouvoirs pour assurer le bon fonctionnement du système de paiement.
- La **confiance éthique** est celle qui repose sur des valeurs sociales partagées, sur le sentiment d'appartenance à une communauté, dont la monnaie est l'une des manifestations.

2 Les fonctions sociale, culturelle, symbolique et politique de la monnaie

Ces dimensions de la monnaie ne doivent pas être sous-estimées. Il n'y a pas que la dimension économique de la monnaie qui existe, qui importe et qui permet d'en saisir sa nature. De nombreux économistes ont produit des travaux sur ces thématiques de recherche.

Ainsi, selon Michel Aglietta et André Orléan, « *dans l'ordre économique, la monnaie est l'instrument de conversion de l'individuel en collectif et du privé en social.* » (*La monnaie souveraine*, Odile Jacob, 1998)
Selon Michel Aglietta, « *la monnaie est un rapport global entre les centres de décision économique et la collectivité qu'ils forment, grâce auquel les échanges entre ces agents acquièrent une cohérence* ». (*La fin des devises clés*, La Découverte, Coll. Agalma, 1986)

2.1 La monnaie repose sur une convention sociale

En tant que réalité sociale et politique, la monnaie repose sur une **convention selon laquelle elle est acceptée dans l'échange par les uns car ceux-ci savent que les autres l'acceptent aussi dans le présent et l'accepteront dans le futur**. L'instauration du **cours légal** peut produire cette convention. Pour autant, l'existence d'une monnaie peut être fondée sur une croyance commune en l'existence d'une valeur intrinsèque éternelle. Or, il est clair que la valeur intrinsèque, de l'or par exemple, n'est pas indépendante de sa valeur de marché, sa valeur d'échange (fonction de sa rareté relative...). Jean-Pierre Dupuy a écrit que la valeur de la monnaie

« repose en dernière instance sur l'existence d'une immense chaîne de crédulité partagée ».

2.2 La monnaie en tant qu'institution politique

Selon cette acception, la monnaie est fondée sur la **confiance** qui lui est conférée par l'État dans la mesure où elle est le résultat d'un choix politique (adoption de l'euro), lequel va instituer une banque centrale chargée, entre autres, de contrôler la stabilité de sa valeur interne (pouvoir d'achat), voire de sa valeur externe (taux de change).

La monnaie joue aussi un rôle politique dans la mesure où elle crée un lien qui, tel le langage, va renforcer le **sentiment d'appartenance collective** et l'union des individus d'une même société en contribuant à renforcer la **conscience d'appartenir** à une même communauté.

3 Conceptions et caractéristiques fondamentales de la monnaie

Selon le Prix Nobel Paul Anthony Samuelson, *« la monnaie [...] est désirée, non pas pour elle-même, mais pour les choses qu'elle permet d'acheter. »* **La monnaie n'est pas un bien comme les autres** car elle a des fonctions que les autres biens n'ont pas. La monnaie n'a donc aucun substitut. Rien ne peut remplacer la monnaie.

La monnaie peut aussi être considérée comme **un actif particulier** et **unique,** un **élément de patrimoine aux caractéristiques** bien **spécifiques**. Ainsi, la monnaie peut être détenue en tant que richesse pure, entre deux échanges (réserve de valeur, de pouvoir d'achat). Mais elle reste le seul actif qui peut être accepté dans le cadre d'échanges courants, en paiement. Cependant, même si sa valeur est plus stable que celle des autres actifs, elle peut perdre de son pouvoir d'achat en raison de l'inflation.

Enfin, **la monnaie est la liquidité par excellence.** Au sens large, la liquidité désigne la capacité d'un instrument à être transformé, sans délai et sans perte de valeur en monnaie. Dans une économie, rien n'est plus liquide que la monnaie car sa valeur est stable et elle constitue l'équivalent général contre lequel tous les biens, actifs... peuvent être échangés à tout moment, et le bien qui permet d'acheter tous les autres. Son pouvoir libératoire est sans limites et unique. La monnaie est la référence à l'aune de laquelle la liquidité des autres biens sera mesurée, ou au moins estimée. Pour ces raisons, en situation d'incertitude économique et financière, les agents préfèrent détenir de la monnaie.

4 Liens vers d'autres fiches

- Fiche 1 : La nature de la monnaie
- Fiche 2 : Les formes de la monnaie
- Fiche 4 : La création de monnaie

3 EXERCICES

Exercice 1

Définissez, distinguez et calculez le nombre de prix (relatifs) pour…

1. Une économie de troc (50 biens)

2. Une économie monétaire (50 biens dont la monnaie)

Exercice 2

Les approches sociales, culturelles, politiques de la monnaie

1. Pourquoi l'approche fonctionnelle de la monnaie est-elle critiquable et critiquée ?

2. Pourquoi la monnaie est-elle considérée comme une institution, une norme sociale ?

3. Pourquoi la question de la confiance est-elle au cœur de l'analyse de la monnaie ? Peut-il y avoir monnaie sans confiance ?

4. La stabilité de la monnaie peut-elle être réduite à la stabilité des prix des biens et services ?

Exercice 3

Pour approfondir

L'euro est-il une monnaie au sens où il remplit toutes les fonctions présentées ?

3 CORRIGÉS

Exercice 1

1. Dans une économie de troc à n biens, le nombre prix relatifs est donné par la formule suivante : [n(n-1)/2].

Donc, dans une économie de troc, à n bien, on observera :

[50(50-1)/2] = [50(49)/2] = 2 450/2 = 1 225 prix relatifs.

2. Dans une économie monétaire à n bien, dans laquelle la monnaie joue le rôle d'équivalent général (nième bien), le nombre prix est donné par la formule suivante : (n-1).

Donc, dans une économie monétaire à n biens, on observera : (50-1) = 49 prix.

<u>Conclusion :</u>

Le nombre de prix, en unité de monnaie, baisse nettement par rapport au nombre de prix relatifs dans une économie (théorique) de troc. Les échanges sont, de fait, facilités par une plus grande visibilité, liée à une meilleure information véhiculée par le système de prix.

Exercice 2

1. L'approche fonctionnelle de la monnaie est critiquable et critiquée car elle ne repose que sur une analyse strictement économique de la monnaie.

Or, les anthropologues, sociologues..., ont montré que les fondements sociaux, culturels, symboliques et politiques de la monnaie sont sous-estimés par les économistes. Cette approche ne permet donc pas de prendre la mesure de la nature multidimensionnelle de la monnaie.

2. Selon Michel Aglietta, «*la monnaie est la norme fondamentale qui régit le mouvement des dettes. La norme désigne la contrainte que la société impose aux désirs des agents privés*». Cette conception de la monnaie part de la division du travail et pose comme relation économique de base la dette et non pas la conciliation des intérêts individuels. «*La société n'est pas réductible aux individus et aux contrats qu'ils nouent. Il existe des relations entre les agents privés et la société considérée comme un tout irréductible à la somme des contrats horizontaux conclus par les agents.*» *Ainsi, «la monnaie est l'opérateur social par lequel est gérée l'opposition entre l'individuel et le social».*

Michel Aglietta, *Normativité de la monnaie et indépendance des banques*, L'Économie normative, Économica, 1997

3. La confiance dans la monnaie est un aspect de la confiance dans l'ordre social. Un individu accepte d'utiliser la monnaie car il est convaincu que dans l'économie (et la société), son usage va se perpétuer. Un échange monétaire ne met pas seulement en relation deux individus, mais lie un individu à l'ensemble du corps social. C'est cette confiance durable et réciproque entre individus, d'une part, et entre individus et société, d'autre part, qui confère à ce bien-actif particulier le statut de monnaie. La monnaie devient un instrument de socialisation au même titre que le langage. Selon le sociologue George Simmel, «*La possession de l'argent traduit ainsi la confiance dans l'organisation et l'ordre étatico-social*».

Philosophie de l'argent, PUF, 1987 (1ère édition 1900).

Pour toutes les raisons évoquées dans cette fiche, il ne peut y avoir monnaie sans confiance !

4. Notons que la stabilité de la monnaie est assimilée à la stabilité des prix. Or, précisément depuis la crise de 2007, de nombreux économistes (y compris des orthodoxes) soulignent que, dans la période du « paradoxe de la tranquillité », les banques centrales se sont préoccupées de la stabilité des prix et non de la stabilité financière. Alors que la crédibilité des banques centrales reposait sur leur « victoire contre l'inflation », les facteurs d'instabilité s'amplifiaient (bulles sur les prix d'actifs) sans que les banques centrales ne réagissent. Assimiler « stabilité des prix » et « stabilité de la monnaie », c'est donc adopter une stricte orthodoxie monétariste.

Exercice 3

L'euro est pleinement une monnaie au sens économique du terme. Les trois fonctions sont complétement respectées. En revanche, les fonctions sociale, culturelle, symbolique et politique de la monnaie unique européenne sont plus discutables car l'euro n'est pas la monnaie d'un seul pays. Ces pays ont des histoires sociales et politiques plus ou moins différentes. Il n'y a pas de véritable identité européenne. Il n'existe aucun profond sentiment d'appartenance collective au sein de la zone euro ni même d'union des individus d'une même société permettant de renforcer la conscience d'appartenir à une même communauté. Pour ces raisons, les menaces qui pèsent sur l'euro en temps de crise financière (depuis 2008 et surtout entre 2010 et 2012) ne sont pas à prendre avec légèreté. L'euro est une monnaie sans État, sans population unie, sans territoire unique...

COURS

4 La création de monnaie

[NOTIONS CLÉS : création de monnaie, destruction de monnaie, émission de monnaie, monétisation, crédit, actif, passif, créance, dette, banques commerciales, banque centrale, masse monétaire]

DÉFINITION

Le fait d'avoir défini la monnaie à partir de ses formes et de ses fonctions puis d'avoir constaté ses spécificités ne nous dit rien de ses origines. Il convient donc de déterminer les différentes sources de la création de monnaie. Nous avons distingué trois formes contemporaines pour la monnaie : monnaie divisionnaire, monnaie fiduciaire et monnaie scripturale. Qui crée chacune de ces formes de monnaie et comment ?

Nous savons que la monnaie nous permet d'échanger, c'est-à-dire d'acheter en fonction d'un niveau de prix, mesuré en unités de monnaie. La monnaie représente donc une capacité de dépense pour ceux qui la détiennent. Cette capacité de dépense va dépendre du pouvoir d'achat de la monnaie et de son évolution (niveau général des prix et inflation). En retour, la création monétaire va avoir des effets sur la capacité globale de dépense et sur l'évolution du niveau général des prix. Dans ces conditions, il est impératif de comprendre les mécanismes de la création monétaire.

La monnaie comme créance/dette ou actif/passif

Dans cette partie sur la création de monnaie, nous allons considérer la monnaie comme une créance pour celui qui la possède (pour l'utiliser dans ses paiements) et comme une dette pour celui qui est responsable de sa création, de son émission. Autrement dit, la monnaie est un passif (dette) pour l'émetteur et un actif (créance) pour le détenteur.

1 Les origines et mécanismes de la création de monnaie

La création monétaire se traduit par l'émission de monnaie, c'est-à-dire par la mise en circulation d'une nouvelle quantité de monnaie dans l'économie.

1.1 La création de monnaie divisionnaire

Les pièces sont fabriquées par le Trésor public (à l'Hôtel de la Monnaie ou Institut des monnaies et médailles) et mises en circulation par la Banque Centrale (monétisation). Elles sont ensuite fournies aux agents non financiers (ANF) par les banques. Autrement dit, le Trésor public fabrique les pièces, les vend à la Banque de France (à leur valeur faciale,) qui va les monétiser (mise en circulation), via les banques et le Trésor (par cession en fonction des besoins de leurs clients).

1.2 La création de monnaie fiduciaire

Les billets sont fabriqués (imprimés) par les banques centrales nationales (voire des entreprises publiques ou privées sous le contrôle des BC). En France, c'est la Banque de France qui fabrique (imprime) les billets. Ensuite, ces billets sont monétisés (mis en circulation) par la banque centrale qui les « vend » aux banques en fonction des besoins de leurs clients et du contrôle qu'elle tient à exercer sur celles-ci.

> La **banque centrale** (BC) est la banque des banques. **Chaque banque dispose d'un compte à la BC pour gérer ses besoins en monnaie centrale (fiduciaire ou scripturale)**. Chaque banque a besoin de monnaie centrale pour pouvoir transférer, transformer ou créer de la monnaie pour ses clients ANF. La monnaie centrale ne circule qu'entre les banques et la banque centrale. Elle s'échange sur le marché interbancaire, compartiment du marché monétaire exclusivement ouvert aux banques et à la BC. La quantité de monnaie centrale en circulation s'appelle la **base monétaire**.

Pour que les pièces et billets deviennent de la monnaie, il faut qu'ils soient détenus par les ANF (ménages, entreprises, État). *Ceteris paribus*, plus les ANF ont besoin de pièces et de billets, plus la masse monétaire augmente.

1.3 La création de monnaie scripturale

La monnaie scripturale est celle dont disposent les ANF sur leurs comptes bancaires : comptes courants ou dépôts à vue (DAV). Quels sont les mécanismes et les opérations qui permettent de créer de la monnaie scripturale ?

La monnaie qui circule dans l'économie peut avoir **deux grands types d'origine** :

- le **transfert d'une quantité de monnaie déjà existante**, entre ANF (agents non financiers) : la monnaie sera virée d'un compte à un autre. On parlera de circulation de la monnaie.

- des opérations de **création de monnaie** par le **crédit bancaire** aux ménages et entreprises, l'**achat de devises** ou l'**achat de titres de dette** (souveraine…) sur le marché primaire (celui de l'émission) par les banques, dans des conditions spécifiques.

Les transferts de monnaie scripturale

La monnaie scripturale qui est créditée sur les comptes courants (DAV) des ANF a diverses origines. Elle peut provenir d'un autre compte. Par exemple lors du versement d'un salaire, elle est transférée du compte de l'entreprise à celui du salarié : il n'y aura pas de création monétaire mais seulement **transfert de monnaie**. Tous les échanges, de biens, de services et de capitaux, entre agents économiques entraînent des transferts de monnaie d'un compte à un autre. De même, lorsque l'on retire de l'argent au guichet ou au DAB (Distributeur Automatique de Billets), il n'y a pas création monétaire car la monnaie existait déjà avant cette opération. Il y a uniquement **transformation** de monnaie scripturale en monnaie fiduciaire.

Les opérations de création de monnaie scripturale

La création monétaire consiste en la **monétisation de créances**, c'est-à-dire la **transformation-conversion de créances** (sur les agents non financiers et non bancaires) (créances sur l'étranger, créances sur l'économie, créances sur le Trésor public) **en moyens de paiement** immédiatement utilisables pour effectuer des règlements. Quand les banques créent de la monnaie, elles monétisent des créances, autrement dit, elles émettent une dette qui est acceptée par tous les autres agents économiques comme moyen de paiement.

Le crédit bancaire et la création monétaire ex nihilo : les crédits font les dépôts

L'essentiel de la création de monnaie scripturale est réalisé par les banques via l'opération de crédit. Selon le principe « **les crédits font les dépôts** », une banque crée de la monnaie *ex nihilo* (à partir de rien) en accordant un crédit à un client. Une banque peut donc prêter une somme bien plus importante que celle disponible sur le compte de ses clients.

Les dépôts ne font pas les crédits. Une banque ne prête pas aux uns l'argent des autres. Il y a création monétaire *ex nihilo* en contrepartie d'une créance sur l'emprunteur.

Le crédit bancaire est une opération qui met en relation la banque qui prête, en créant de la monnaie, à une entreprise ou un ménage qui emprunte. Le prêteur est un créancier et l'emprunteur est un débiteur. Le créancier a le droit d'être remboursé par l'emprunteur qui a le devoir de rembourser sa dette. Créance et dette sont comme les deux faces d'une même pièce.

D'un point de vue comptable, la distribution de crédit se traduit par l'augmentation simultanée de l'actif des banques et de leur passif pour un montant égal. L'augmentation de l'actif des banques (créances) entraîne instantanément celle de leur passif (dettes) pour un montant égal. Ce sont donc **les crédits** qui **font les dépôts**!

Par exemple, quand une banque prête 100 000 euros à un ménage, le dépôt de celui-ci augmente de +100 000 euros (dette), à l'actif, la banque va détenir une créance de + 100 000 euros. La dette (créance de la banque) sera remboursée à la banque, et cela va entraîner une « destruction » de monnaie.

Banque

Actif	Passif
Prêt : Créance sur ANF	Dépôt : DAV, compte courant ANF

Ménage

Actif	Passif
Dépôt : DAV, compte courant ANF	Autre : Dette bancaire ANF

Intérêt et taux d'intérêt : **le crédit bancaire est une opération** spécifique de création de monnaie **qui n'est pas gratuite**. Le créancier-prêteur ne va pas mettre à disposition du débiteur-emprunteur cette somme sans se faire rémunérer pour la prestation de service. Sa rémunération est l'intérêt (montant) calculé à partir du taux d'intérêt (pourcentage de l'intérêt dans le montant du capital emprunté/prêté).

- **Il existe d'autres sources à la création de monnaie scripturale.** Les banques peuvent créer de la monnaie quand elles achètent des titres de dette souveraine ou des devises aux clients.
- **L'achat de devises est source de création monétaire.** Par exemple, quand un agent économique souhaite convertir 10 000 dollars en euros : au taux de change supposé de 1 dollar = 1 euro, lors de l'achat des **devises** par la banque, 10 000 euros seront ajoutés à la MM. Il y aura donc 10 000 euros supplémentaires en circulation dans l'économie. Il y a création monétaire.

Les créances sur l'étranger (contrepartie extérieure) contribuent à la création monétaire. En effet, toutes les entrées de devises qui transitent par une banque sont à l'origine d'une création de monnaie (transformation des devises en monnaie domestique). *A contrario*, toutes les sorties de devises se traduisent par une destruction de monnaie (transformation de monnaie domestique en devises).

- **L'achat de titres de dette est source de création monétaire**. Ainsi, lorsque les banques achètent des **titres de dette souveraine** (aux États) sur le marché primaire, elles créent de la monnaie en prêtant une somme qui ne circulait pas dans l'économie avant cette opération et qui va, dès lors, circuler.

Les créances sur l'État (le Trésor) constituent une autre contrepartie de la création de monnaie par les banques. Les achats de titres de dette souveraine par une banque, sur le marché primaire, sont à l'origine d'une création monétaire.

La création monétaire désigne donc **l'ensemble des processus par lesquels de la monnaie supplémentaire est introduite dans le circuit économique**, essentiellement par les banques de second rang lorsqu'elles octroient des crédits... aux agents économiques non financiers.

2 Les limites à la création monétaire : les fuites et les facteurs de la liquidité bancaire

La création monétaire des banques (l'expansion du passif) est **limitée par les besoins des agents non financiers en monnaie.** La demande de crédit n'est pas infinie. Elle dépend des revenus, des taux d'intérêt, des perspectives d'investissement et de consommation... **Les banques répondent à une demande de monnaie** par l'offre de crédit, laquelle est contrainte par des ratios prudentiels : ratio de capitalisation, ratio de liquidité, ratio de levier et ratio des réserves obligatoires.

La création de monnaie est **également limitée par différentes fuites**. Il y a les fuites liées au fait qu'une banque ne détient qu'une part du marché des crédits et une partie de la monnaie créée par une banque quitte *ipso facto* son réseau en raison des échanges avec les clients d'autres banques.

Les facteurs de la liquidité bancaire

Il y existe une autre catégorie de fuites qui constituent les facteurs de la liquidité bancaire. Il s'agit des besoins des banques en billets pour satisfaire la demande de leurs clients, des interventions de la banque centrale qui cherche à contrôler l'activité de création monétaire des banques pour maintenir la stabilité des prix (réserves obligatoires et opérations de refinancement).

L'ensemble de ces fuites provoque un besoin structurel de monnaie centrale !

Les banques n'ont donc pas un pouvoir de création monétaire illimité car elles ont besoin de détenir une proportion minimum de monnaie centrale sur leur compte à la banque centrale pour créer de la monnaie en accordant des crédits... Pour obtenir cette monnaie centrale, les banques peuvent s'adresser aux autres banques (en excédent de monnaie centrale) sur le marché interbancaire ou à la banque centrale (opérations de refinancement) qui jouera alors son rôle de préteur en dernier ressort.

> Si les banques refusent de se prêter suffisamment entre elles, la banque centrale va jouer son rôle de **préteur en dernier ressort** pour éviter une situation de *credit crunch* (forte restriction du crédit). Mais ce faisant, elle renforce simultanément les **risques d'aléa moral ou les risques systémiques**.

3 Création, destruction de monnaie et variation de la masse monétaire

3.1 Création monétaire et croissance de la masse monétaire

La création monétaire entraîne, *ceteris paribus*, une augmentation la masse monétaire (MM) ou quantité de monnaie en circulation (QMC) ou encore capacité de dépenses des agents non financiers (CDANF) : MM = QMC = CDANF.

D'un point de vue macroéconomique, la croissance de la CDANF se traduit par une hausse de la demande globale et donc, pour une offre globale donnée, des risques d'inflation. *On a donc, ceteris paribus*, CM → ↑ MM = ↑ QMC = ↑ CDANF.

Si, de surcroit, en vertu du respect des enseignements de la Théorie quantitative de la monnaie (cf fiche 15) : CM → ↑ MM, alors CM → ↑ Inflation.

3.2 Destruction monétaire et croissance de la masse monétaire

Les flux de création de monétaire (CM) s'accompagnent de flux de destruction monétaire (DM). *Ceteris paribus*, lorsqu'un agent non financier rembourse son crédit, on peut dire qu'il y a destruction monétaire car il y a une baisse de la capacité de dépense de cet agent non financier. De manière générale, lorsque la création monétaire est supérieure à la destruction monétaire, il y aura une augmentation de la quantité de monnaie en circulation puisqu'il y a plus de monnaie créée que de monnaie détruite. Symétriquement, quand la création monétaire sera inférieure à la destruction monétaire, il y aura une baisse de la quantité de monnaie en circulation.

Le **remboursement d'un crédit** par un ANF à une banque se traduit, *ceteris paribus*, par une **destruction de monnaie**, donc une baisse de la MM. Il y a également destruction de monnaie lorsqu'une **banque vend des devises** en achetant de la monnaie domestique. Il y a enfin destruction de monnaie **lorsque l'État rembourse sa dette**.

Pour savoir s'il y a création monétaire nette, il suffit donc de se demander si la masse monétaire augmente. La masse monétaire (MM) correspond à la quantité de monnaie en circulation dans l'économie (QMC), ou encore à la capacité de dépense des agents non financiers (CDANF).

On sait que CM → ↑ MM = ↑ QMC = ↑ CDANF

Étant donné que le crédit bancaire est la principale source de création monétaire, on a :

Ceteris paribus, Crédit bancaire → CM → ↑ MM = ↑ QMC = ↑ CDANF.

A contrario,
Ceteris paribus, Remboursement de crédits → DM → ↓ MM = ↓ QMC = ↓ CDANF.

Dans une économie réelle, globalement et quotidiennement, de nouveaux crédits sont accordés, pendant que d'autres sont en cours de remboursement. On obtient :

MM ↑ quand CM > DM.

Quand le montant global des crédits augmente plus vite que le montant global des remboursements, alors ↑ MM = ↑ QMC = ↑ CDANF.

Il y a création monétaire nette.

MM ↓ quand DM > CM.

Quand le montant global des crédits augmente moins vite que le montant global des remboursements, alors ↓ MM = ↓ QMC = ↓ CDANF.

Il y a destruction nette de monnaie.

Bien entendu, **compte tenu de l'existence d'autres sources de création monétaire**, les achats et ventes de devises et de monnaie domestique (liés aux échanges internationaux de biens, de services et de capitaux) peuvent venir modifier l'ampleur des flux et donc des mouvements de la masse monétaire.

Enfin, sous l'effet des opérations de transfert de monnaie ou de transformation des formes de monnaie (passage d'une forme à une autre, par exemple de la forme scripturale à la forme fiduciaire), la masse monétaire reste inchangée.

> L'objectif, souvent principal, de la politique monétaire étant la stabilité des prix, la banque centrale (BC) devra contrôler l'évolution de la MM pour éviter une dévalorisation de la valeur réelle de la monnaie, une perte de confiance… Étant donné que ce sont les banques qui créent l'essentiel de la monnaie pour les ANF, via des crédits notamment, la BC doit contrôler le crédit bancaire pour limiter la CM des banques.

4 Création monétaire : multiplicateur de crédit versus diviseur de crédit

4.1 Le multiplicateur monétaire ou multiplicateur de crédit

Selon l'approche du multiplicateur de crédit (m), le pouvoir de création monétaire du système bancaire, et donc de croissance de la masse monétaire (MM), dépend de la base monétaire (BM). La masse monétaire est un multiple de la base monétaire. On a **MM = m x BM.**

Le multiplicateur (m) est d'autant plus grand (et donc le contrôle de la BC) que les fuites, qui contraignent les banques à reconstituer leurs réserves en monnaie centrale sur leur compte à la BC, sont faibles pour les banques.

L'approche du multiplicateur monétaire est fondée sur l'hypothèse que la base monétaire est l'instrument de la politique monétaire. Autrement dit, l'évolution de la base monétaire conditionne l'évolution de la masse monétaire. La banque centrale dispose donc d'un contrôle préalable sur la création monétaire des banques.

Cette théorie ne correspond pas à la mise en œuvre pratique de la politique monétaire. En effet, les banques centrales fixent un taux directeur et fournissent ensuite le volume de réserves nécessaire pour piloter les taux d'intérêt à court terme. De plus, le multiplicateur monétaire a moins de sens dans un contexte internationalisé : le crédit dans un pays peut être fondé sur de la base monétaire créée dans un autre pays.

Toutefois, lorsque les taux d'intérêt nominaux sont proches de zéro, la banque centrale peut apporter un soutien supplémentaire à l'économie en augmentant la base monétaire. Une politique de base monétaire a été mise en place par la *Bank of Japan* au début de la décennie 2000 et en 2013. Mais en pratique, le multiplicateur monétaire a baissé drastiquement à la suite de l'augmentation de la base monétaire depuis 2008.

4.2 Le diviseur de crédit

Selon l'approche du diviseur de crédit, la relation de causalité entre MM et BM est inversée. On obtient, **BM = (1 / m) MM**. La demande de monnaie devient endogène et c'est la base monétaire qui est déterminée par la masse monétaire. Dans ce cadre, les banques sont à l'origine de la distribution de crédit, indépendamment de la base monétaire préalable. Selon la logique du diviseur de crédit, la banque octroie un crédit à un client en fonction de sa solvabilité estimée. *Ex post*, la banque ira combler son besoin en monnaie centrale sur le marché interbancaire et, en dernier ressort, elle ira se refinancer auprès de la BC.

La limite de ce système est que la BC peut difficilement refuser de refinancer les banques car elle pourrait provoquer une vague de faillites bancaires et donc être à l'origine d'un risque systémique.

5 Débats et controverses

On peut associer le mécanisme «les dépôts font les crédits» au multiplicateur de crédit et le mécanisme «les crédits font les dépôts» au diviseur de crédit. De manière plus générale encore, le mécanisme «les dépôts font les crédits» et le multiplicateur de crédit sont associés à une conception exogène de la monnaie alors que le mécanisme « les crédits font les dépôts » et le diviseur du crédit sont associés à une conception endogène de la monnaie.

« Les crédits font les dépôts »	« Les dépôts font les crédits »
Diviseur de crédit	Multiplicateur de crédit
Monnaie endogène	Monnaie exogène

6 Liens vers d'autres fiches

- Fiche 2 : Les formes de la monnaie
- Fiche 3 : Les fonctions de la monnaie
- Fiche 5 : Monnaie centrale et refinancement
- Fiche 7 : La masse monétaire et les agrégats monétaires
- Fiche 9 : Le financement de l'économie : principes de base

Exercice 1

Questions ouvertes

1. Pourquoi le Trésor conserve le privilège de la fabrication des pièces ?
2. Pourquoi une monnaie ne devient-elle vraiment une monnaie que lorsqu'elle est monétisée ?
3. Qu'est-ce que la compensation interbancaire ?
4. Pourquoi contrôler la création monétaire (CM) des banques ?
5. Comment la banque centrale peut contrôler la création monétaire ?

Exercice 2

Taux d'intérêt nominaux et taux d'intérêt réel : le rôle des taux d'intérêt dans le processus de création de monnaie lors d'une opération de prêt-emprunt

Lorsqu'une banque octroie un crédit, elle vend un service financier, et comme toute entreprise, elle va donc facturer un prix. Le taux d'intérêt est le montant de ce prix. D'autre part, la banque peut prêter car elle aura en contrepartie une créance de l'agent non financier qui emprunte. La créance désigne le droit pour le prêteur d'être remboursé, mais également le devoir pour le prêteur de rembourser.

Lors d'un prêt, le prêteur n'est pas certain que les variations du taux d'inflation ne causeront pas plus de pertes que de gains. Afin d'anticiper cela, il doit essayer de comparer les taux d'intérêt nominaux et les taux d'intérêt réels (anticipés).

1. Que sont les taux d'intérêt nominaux ?
2. Que sont les taux d'intérêt réels ?
3. Une baisse du taux d'intérêt nominal entraîne-t-elle, *ipso facto*, une baisse du taux d'intérêt réel ?
4. Une hausse du taux d'intérêt nominal entraîne-t-elle, *ipso facto*, une hausse du taux d'intérêt réel ?
5. Que se passe-t-il pour le créancier si le taux d'intérêt réel baisse ?
6. Que se passe-t-il pour le débiteur si le taux d'intérêt réel baisse ?
7. Que se passe-t-il pour le créancier si le taux d'intérêt réel augmente ?
8. Que se passe-t-il pour le débiteur si le taux d'intérêt réel augmente ?

Exercice 3

Pour approfondir

Comment expliquer le tableau de la partie 5 : *Débats et controverses*?

« Les crédits font les dépôts »	« Les dépôts font les crédits »
Diviseur de crédit	Multiplicateur de crédit
Monnaie endogène	Monnaie exogène

Exercice 4

Pour approfondir

Présentez et expliquez la controverse *banking principle* versus *currency principle.* Quel est le rapport avec la création monétaire?

4 CORRIGÉS

Exercice 1

1. La fabrication et la vente des pièces sont une source de revenus pour le Trésor public (seigneuriage) car le coût de fabrication des pièces est inférieur à leur valeur faciale.

2. Une monnaie devient vraiment une monnaie quand elle est monétisée, mise en circulation, autrement dit lorsqu'elle est entre les mains des agents non financiers et non bancaires, quand elle vient augmenter leur capacité de dépense. Elle devient un véritable intermédiaire des échanges, un instrument de paiement qui permet d'acheter des biens et services et de se libérer de toutes les dettes. Tant qu'une monnaie, créée et/ou fabriquée, reste entre les mains des banques et/ou de la banque centrale, ce n'est pas encore une monnaie. La monnaie qui ne circule qu'entre les banques d'une part et entre les banques et la banque centrale, d'autre part, est de la monnaie centrale.

3. Chaque jour, des millions d'ordres de paiement (chèques ou paiements scripturaux) sont échangés entre les clients des différentes banques. Une chambre de compensation, qui est placée sous l'autorité de la Banque de France, va permettre aux banques de solder leurs besoins. La compensation interbancaire est l'opération qui permet aux banques commerciales de calculer quotidiennement le montant total des dettes et des créances qu'elles détiennent les unes vis-à-vis des autres. Ces créances et ces dettes sont «compensées» et seuls les soldes (créances – dettes) font l'objet d'un règlement réel en monnaie centrale, entre banques. Concrètement, ces soldes sont réglés en monnaie centrale par virements entre les comptes des banques à la banque centrale.

4. La BC doit contrôler la CM des banques (le crédit bancaire notamment) afin de contrôler la hausse de MM = QMC = CD. ANF. Il s'agit d'éviter une hausse de la DG par rapport à l'OG et donc une hausse généralisée des prix car cette accélération de l'inflation viendrait éroder le pouvoir d'achat des revenus et de la monnaie. L'objectif est donc la stabilité des prix et du pouvoir d'achat de la monnaie (fonction de réserve de valeur).

5. Pour contrôler la création monétaire des banques, il convient de contrôler leur accès à la monnaie centrale. L'opération qui permet à une banque d'obtenir la quantité de monnaie centrale dont elle a besoin est le refinancement. C'est le fait d'obtenir de la monnaie centrale dans d'autres banques ou dans la banque centrale. Pour ralentir, voire réduire, la création monétaire des banques, la banque centrale va faire augmenter le coût du refinancement. Si la banque centrale souhaite que les banques créent davantage de monnaie, en accordant des crédits, elle va faire baisser le coût du refinancement.

Exercice 2

1. Les taux d'intérêt nominaux sont les taux d'intérêt de base, ne tenant compte d'aucune variable économique.

2. Le taux d'intérêt réel représente le rendement réel d'un placement pour le prêteur de capitaux, et le coût réel du crédit pour l'emprunteur. Il permet de calculer le montant réel des intérêts versés par l'emprunteur et reçus par le prêteur.
Le montant des intérêts réels correspond au pouvoir d'achat de celui-ci, c'est-à-dire à la quantité de biens que l'on pourra acheter grâce à cette somme. Si

l'on anticipe que le taux d'inflation sera inférieur aux taux d'intérêt nominaux, il vaudra mieux prêter. À l'inverse, si le taux d'intérêt réel est négatif, il vaudra mieux emprunter.
Selon une formule approximative, pour de faibles valeurs (< 5 %) :
Taux d'intérêt réel = taux d'intérêt nominal – taux d'inflation
$r = i - \pi$ par exemple, 2 % = 5 % – 3 %

3. Une baisse du taux d'intérêt nominal entraîne une baisse du taux d'intérêt réel pour un taux d'inflation donné. En revanche, si le taux d'inflation baisse autant, le taux d'intérêt réel peut rester identique.

4. Une hausse du taux d'intérêt nominal entraîne une hausse du taux d'intérêt réel pour un taux d'inflation donné. En revanche, si le taux d'inflation augmente autant, le taux d'intérêt réel peut rester identique.
Remarque : L'effet de la variation des taux d'intérêt nominaux sur le niveau des taux d'intérêt réels dépend des variations du taux d'inflation.

5. Si le niveau du taux d'intérêt réel baisse, à cause par exemple d'une inflation accrue pour un taux d'intérêt nominal donné, le pouvoir d'achat de la somme reçu par le créancier-prêteur diminue. Le créancier-prêteur est donc perdant en période de réduction des taux d'intérêt réels et de leur maintien à un niveau faible.

6. *A contrario*, si le niveau du taux d'intérêt réel baisse, à cause par exemple d'une inflation accrue pour un taux d'intérêt nominal donné, le pouvoir d'achat de la somme versée par le débiteur-emprunteur diminue. Le débiteur-emprunteur est donc gagnant en période de réduction des taux d'intérêt réels et de leur maintien à un niveau faible.

7. Si le niveau du taux d'intérêt réel augmente, à cause par exemple d'une inflation plus faible pour un taux d'intérêt nominal donné, le pouvoir d'achat de la somme reçue par le créancier-prêteur croît. Le créancier-prêteur est donc gagnant en période de hausse des taux d'intérêt réels et de leur maintien à un niveau élevé.

8. Si le niveau du taux d'intérêt réel augmente, à cause par exemple d'une inflation plus faible pour un taux d'intérêt nominal donné, le pouvoir d'achat de la somme versée par le débiteur-emprunteur croît. Le débiteur-emprunteur est donc perdant en période de hausse des taux d'intérêt réels et de leur maintien à un niveau élevé.

Exercice 3

Selon l'approche du multiplicateur de crédit, la quantité de monnaie en circulation est exogène car elle est déterminée par la base monétaire. Le maintien de la stabilité des prix, et donc de la valeur de la monnaie, implique de contrôler sa création selon les principes de la théorie quantitative de la monnaie. Quand la BC détermine la base monétaire et sa croissance, l'évolution de la masse monétaire est limitée, *de facto*. L'offre de monnaie est exogène, « les dépôts font les crédits » et le mécanisme du multiplicateur de crédit fonctionne.
Selon l'approche du diviseur de crédit, la quantité de monnaie en circulation est endogène. Elle est déterminée par la demande de monnaie des agents économiques. La création de monnaie est le résultat d'une demande de crédit préalable de la part des agents économiques. Les

banques répondent au besoin de financement de l'économie en accordant des crédits, puis elles se refinancent *ex post* auprès de la banque centrale L'offre de monnaie est endogène. «les crédits font les dépôts» et le mécanisme du diviseur de crédit fonctionne.

Exercice 4

Au début du 19e siècle, cette situation d'émission de billets inconvertibles va ouvrir une controverse historique dans l'histoire monétaire et bancaire. Les défenseurs du *currency principle* (École de la circulation), dont David Ricardo et Jean-Baptiste Say seront les principales figures, défendent le principe d'émission de billets en fonction strictement de la quantité de métal précieux que la banque possède en stock.

A contrario, les partisans du *banking principle* (École de la banque), avec Thomas Tooke et Henry Thornton, défendent le principe d'émission de billets en fonction des besoins de l'économie, à condition, toutefois, d'être capable de convertir les billets émis à tout moment. Mais cette situation comporte un risque potentiel important. En effet, si les détenteurs de billets se présentent en masse aux guichets des banques pour conversion de ceux-ci en métal précieux, les banques risquent la faillite et une crise bancaire peut se déclencher, menaçant l'économie dans son ensemble. Pour éviter ce risque systémique, l'État déclare le cours forcé des billets, c'est-à-dire leur inconvertibilité.

Une controverse peut en cacher une autre

On retrouve l'opposition *banking principle* versus *currency principle* dans la controverse contemporaine entre offre de monnaie exogène (déterminée en dehors de la sphère économique et des besoins des agents économiques) et offre de monnaie endogène (pour répondre à la demande et aux besoins des agents économiques).

COURS 5 Monnaie centrale et refinancement

[NOTIONS CLÉS : marché monétaire, marché interbancaire, banque centrale]

DÉFINITION

Un système bancaire est composé des banques de second rang (ou banques commerciales), **d'une banque centrale et d'un ensemble de réglementations** encadrant les activités bancaires avec des instances de contrôle du respect des règles. Le système bancaire a un pouvoir de création monétaire à travers la distribution du crédit et il joue un rôle indispensable au financement de l'économie. Le système bancaire évolue en fonction du niveau de développement de l'économie, de l'intensité de la concurrence au niveau national et international, du progrès technique (avec les nouvelles technologies financières, par exemple), les choix de politique monétaire, l'évolution de la réglementation prudentielle, etc. C'est sur le marché interbancaire, qui est un compartiment du marché monétaire réservé aux banques et à certaines institutions financières, que les banques se procurent les liquidités qui leur sont nécessaires, et à d'autres de placer à court terme leurs excédents de liquidité. La Banque de France intervient sur ce marché dans le cadre de la politique monétaire définie par la Banque Centrale Européenne.

1 Explications théoriques et débats

La **banque centrale** est une institution essentielle au bon fonctionnement du système. C'est une banque particulière, une institution chargée d'émettre la monnaie nationale et d'assurer l'unité du fonctionnement du système bancaire en permettant aux banques de satisfaire les demandes de billets de leur clientèle. Une banque centrale est l'émettrice des billets de banque, et les pouvoirs publics lui ont confié le monopole de l'émission de la monnaie légale. Une banque centrale gère aussi les réserves de change de l'économie, car les banques doivent s'adresser à elle pour s'approvisionner en devises ou transformer leurs devises en monnaie nationale lorsqu'elles ne peuvent équilibrer leurs opérations entre elles. La banque centrale est chargée de contrôler la création de monnaie des autres banques : elle est garante de la valeur de la monnaie mesurée par son pouvoir d'achat. Une quantité trop grande de monnaie en circulation fait baisser la valeur de la monnaie : c'est l'inflation (hausse du niveau général des prix) qui doit être contrôlée par la banque centrale. Pour conserver sa valeur, la monnaie doit être relativement rare. Mais il faut aussi veiller à ce qu'un excès de rareté ne gêne pas l'activité économique. Pas assez de monnaie en circulation signifie moins de transactions. Il faut que les banques ne créent ni trop ni trop peu de monnaie. La résolution de ce dilemme est tout l'enjeu de la politique monétaire.

2 Le rôle de la monnaie centrale

Le rôle principal de la banque centrale est d'**assurer la compensation entre les excédents et les déficits de trésorerie quotidiens des banques**. Grâce à un compte à la banque centrale, les banques peuvent régler leurs dettes entre elles et obtenir des billets demandés par les agents économiques. La monnaie centrale est la monnaie émise par la banque centrale : dans un système bancaire qui est hiérarchisé, chaque banque de second rang émet sa propre monnaie, et cette monnaie ne circule qu'auprès de son propre circuit bancaire. Dès lors, la monnaie centrale est en fait la seule monnaie acceptée par tous les agents économiques et toutes les banques. Chaque banque de second rang dispose d'un compte auprès de la banque centrale. C'est donc par l'intermédiaire de ces comptes que les banques se règlent les dettes entre elles, à la suite des opérations de compensation interbancaire. La monnaie centrale se compose donc de la monnaie fiduciaire et de la monnaie scripturale émises par la banque centrale. Cette monnaie centrale scripturale détenue par les agents financiers (sur le marché interbancaire) n'est pas comptabilisée dans les agrégats monétaires. On dit qu'une banque centrale est **« prêteur en dernier ressort »**, car elle fournit, à des conditions plus ou moins restrictives, selon la politique monétaire, les liquidités dont l'économie a besoin. Dans la zone euro, la Banque Centrale Européenne (BCE) définit la politique monétaire des pays appartenant à la zone euro au sein du Système européen des banques centrales (SEBC).

3 La banque centrale dirige la politique monétaire

3.1 Le dilemme de la banque centrale

La banque centrale dirige la politique monétaire qui est l'instrument de politique économique consistant à fournir les liquidités nécessaires au bon fonctionnement et à la croissance de l'économie tout en veillant à la stabilité de la monnaie. La banque centrale intervient sur le marché monétaire pour prêter de la monnaie banque centrale aux banques commerciales qui ont besoin de se refinancer, moyennant paiement d'un intérêt, et presque toujours en contrepartie d'une créance détenue par les banques (bons du Trésor, effets de commerce, etc.). La banque centrale détermine ensuite le taux d'intérêt auquel elle prête sa monnaie, en fonction des offres et des demandes sur le marché monétaire et, ce faisant, elle joue un rôle directeur pour les autres banques. Elle dirige le marché monétaire et le refinancement des banques commerciales.

Deux situations peuvent alors se présenter sur le marché monétaire :

- **Rien n'empêche la banque centrale de prêter sa monnaie à un taux d'intérêt nul;** alors le taux d'intérêt du marché monétaire est également nul, aucune banque ne trouvant d'emprunteur pour un taux positif quand la banque centrale distribue l'argent gratuitement.
- À l'opposé de ce comportement, en théorie, **rien n'empêche la banque centrale d'emprunter la monnaie offerte par les banques qui disposent d'excédents en monnaie banque centrale à un taux d'intérêt toujours supérieur à celui offert par les banques emprunteuses**.

Dans ce cas, tout le monde préfère toujours prêter à la banque centrale, et c'est encore elle qui fixe le taux d'intérêt du marché. Entre ces deux extrêmes, la banque centrale peut faciliter le refinancement des banques, et donc la création monétaire, en offrant beaucoup de liquidités, et en faisant baisser les taux d'intérêt ou au contraire freiner la création monétaire en réduisant son offre de monnaie et en relevant les taux d'intérêt. La banque centrale est donc bien responsable de la politique monétaire : elle fixe le taux d'intérêt sur le marché monétaire et agit ainsi sur l'approvisionnement des banques en monnaie banque centrale. Elle contrôle le volume et le prix du refinancement. C'est pour cela que l'on nomme ce taux d'intérêt manipulé par la banque centrale le **taux d'intérêt « directeur »**.

En résumé,

1. Quand les banques n'ont pu trouver entre elles sur le marché monétaire un financement, elle augmente son émission monétaire afin d'empêcher leur asphyxie.
2. En cas d'excès de crédit, elle limite la création monétaire en rendant la monnaie banque centrale plus rare et donc plus chère.

3.2 L'importance des taux d'intérêt

Le **taux d'intérêt** est le «loyer de l'argent», c'est-à-dire **la rémunération du capital prêté**. Le taux d'intérêt exprime donc un pourcentage de ce capital prêté. Le taux d'intérêt auquel les banques se refinancent auprès de la banque centrale va influer sur les taux d'intérêt que ces dernières vont pratiquer notamment pour les crédits à leurs clients (ménages, entreprises). Il faut rappeler que le niveau de ces taux sera une variable décisive pour l'activité économique : une hausse des taux directeurs par la banque centrale va pousser les banques commerciales à augmenter le coût du crédit pour rester bénéficiaires, ce qui risque d'inciter les ménages à moins consommer, et les entreprises à moins investir. Au final, l'activité économique sera moins soutenue. À l'inverse, une baisse des taux directeurs par la banque centrale risque d'avoir des effets stimulants, avec pour limite l'accélération de l'inflation. On peut appeler cela le **dilemme de la politique monétaire**.

4 Liens vers d'autres fiches

- Fiche 4 : La création de monnaie
- Fiche 6 : Le rôle des taux d'intérêt
- Fiche 7 : La masse monétaire et les agrégats monétaires
- Fiche 8 : Les principes de la politique monétaire

5 EXERCICES

Exercice 1

QCM

1. Le système bancaire est :

- Hiérarchisé
- Non hiérarchisé
- Totalement déréglementé et privatisé
- Sous la tutelle exclusive du gouvernement

2. La monnaie centrale est émise par :

- Les banques de second rang
- Le Trésor public
- La banque centrale
- Le Ministère de l'Économie et des Finances

3. Lorsque la banque centrale crée de la monnaie centrale pour assurer la liquidité d'un établissement financier, ou alimenter l'ensemble du système financier en liquidités (comme dans le cas d'une panique bancaire), on parle :

- D'emprunteur en dernier ressort
- De prêteur en dernier ressort
- D'émission monétaire *ex nihilo*
- De plafonnement des taux d'intérêt

4. Le marché interbancaire est un compartiment du marché monétaire qui est :

- Réservé aux banques et à certaines institutions financières
- Réservé à la banque centrale
- Ouvert à tous les agents économiques sans exception
- Ouvert seulement aux banques de second rang

5. Le taux d'intérêt manipulé par la banque centrale s'appelle le :

- Taux d'intérêt créditeur
- Taux d'intérêt débiteur
- Taux d'intérêt directeur
- Taux d'intérêt nominal

Exercice 2

Le réglage de la quantité de monnaie en circulation.

À chaque fois qu'une économie instaure un système de monnaie fiduciaire – toutes les économies avancées le font par ailleurs –, un organisme doit être en charge de sa régulation. Cet organisme est en général connu sous le nom de banque centrale – une institution conçue pour réguler la quantité de monnaie disponible dans l'économie, que l'on appelle l'offre de monnaie. En Europe, la banque centrale s'appelle la Banque Centrale Européenne et trois autres banques importantes dans le monde sont la banque centrale américaine – la Réserve fédérale –, la Banque d'Angleterre et la Banque du Japon […]. La banque centrale d'une économie a le pouvoir d'augmenter ou de diminuer la quantité de monnaie en circulation dans l'économie. L'ensemble des actions menées par la banque centrale dans le but de contrôler l'offre de monnaie s'appelle la politique monétaire. Pour prendre une métaphore simple, vous pouvez imaginer la banque centrale qui imprime des billets et qui les jette par hélicoptère. De manière similaire, vous pouvez imaginer la banque centrale comme un aspirateur géant qui aspire les billets hors des portefeuilles des individus. Bien qu'en pratique, les méthodes de la banque centrale pour faire varier l'offre de monnaie sont plus complexes et subtiles, la métaphore de l'hélicoptère et de l'aspirateur est une bonne première approximation de la signification de la politique monétaire […]. La banque centrale d'une économie est une institution importante, car les variations de l'offre de monnaie peuvent profondément affecter l'économie.

Gregory N. Mankiw, Mark P. Taylor, *Principes de l'économie*, De Boeck Supérieur, 2015.

Question

Pourquoi l'auteur choisit-il la métaphore de l'hélicoptère et de l'aspirateur pour expliquer le rôle de la banque centrale ?

Exercice 3

Pour approfondir

Quelles sont les conséquences des politiques monétaires accommodantes actuelles et du faible niveau des taux d'intérêt ?

5 CORRIGÉS

Exercice 1

1. Hiérarchisé

2. La banque centrale

3. De prêteur en dernier ressort

4. Réservé aux banques et à certaines institutions financières

5. Taux d'intérêt directeur

Exercice 2

La banque centrale peut faciliter le refinancement des banques, et donc la création monétaire, en offrant beaucoup de liquidités (c'est l'hélicoptère), et en faisant baisser les taux d'intérêt, ou au contraire freiner la création monétaire en réduisant son offre de monnaie (c'est l'aspirateur), et en relevant ses taux d'intérêt directeurs. La Banque centrale est donc responsable de la politique monétaire : elle fixe le taux d'intérêt sur le marché monétaire et agit ainsi sur l'approvisionnement des banques en monnaie centrale. Elle contrôle ainsi le volume et le prix du refinancement. C'est aussi pour cela que l'on nomme ce taux d'intérêt manipulé par la banque centrale le taux d'intérêt « directeur ».

Exercice 3

Les politiques monétaires particulièrement accommodantes menées après la crise financière de 2007 pour soutenir l'activité ont entraîné une réduction forte et durable des taux d'intérêt directeurs des banques centrales. Cette période de taux d'intérêt nuls (voire négatifs), assez inédite dans l'histoire économique, et même si elle limite les effets délétères de la récession, en soutenant la demande globale, pourrait être porteuse de menaces sur la stabilité financière.

Un environnement de taux d'intérêt faibles comporte d'indéniables effets positifs : ils contribuent à la baisse du coût de refinancement des établissements bancaires, à la baisse du coût de financement des agents économiques, permettent ainsi un meilleur accès au crédit pour les ménages et les entreprises et concourent à la hausse de la capacité des emprunteurs à honorer leurs engagements. Mais ce régime de taux d'intérêt faibles pourrait aussi se révéler déstabilisant pour la sphère financière et en particulier le système bancaire : les taux déterminent largement la rentabilité des banques (et le ratio des dépôts aux fonds propres). Si la rentabilité chute, les banques risquent d'engager, pour comprimer leurs coûts, des restructurations génératrices de destructions d'emplois, et pourraient rationner le crédit à l'économie, freinant ainsi la demande globale et la croissance du PIB. L'analyse économique enseigne également que le régime des taux d'intérêt durablement bas entraîne la formation de bulles spéculatives. Les taux d'intérêt faibles génèrent donc une plus grande volatilité et instabilité des marchés financiers.

COURS

6 Le rôle des taux d'intérêt

[NOTIONS CLÉS : taux d'intérêt directeur, taux d'intérêt nominal, taux d'intérêt réel]

DÉFINITION

Le taux d'intérêt est le prix que doivent payer les agents économiques qui bénéficient d'un crédit (**taux d'intérêt débiteur**), et c'est aussi le prix que perçoivent les agents économiques qui ont octroyé un crédit (**taux d'intérêt créditeur**). Le taux d'intérêt s'exprime généralement en pourcentage. Ainsi, un agent qui se voit accorder un crédit immobilier par son banquier doit payer un intérêt égal (pour chaque période de temps) au produit du taux d'intérêt par la somme empruntée. Il n'existe pas un seul taux d'intérêt mais plusieurs, et on distingue notamment divers taux d'intérêt en fonction de la durée du crédit consenti. Dans la courbe normale des taux d'intérêt, les taux d'intérêt à court terme sont généralement plus faibles que les taux d'intérêt à long terme (lorsque l'on intègre le risque du crédit sur une plus longue période). On distingue aussi le taux d'intérêt nominal et le taux d'intérêt réel : le taux d'intérêt nominal est celui qui repose sur un raisonnement à prix courants, tandis que le taux d'intérêt réel est égal au taux d'intérêt nominal moins le taux d'inflation.

1 Explications théoriques et débats

La conception du rôle du taux d'intérêt dans l'économie oppose principalement **l'école néoclassique** et **l'école keynésienne**.

1.1 L'analyse néoclassique

Les **économistes néoclassiques** considèrent que l'individu est confronté à un choix entre la consommation immédiate et l'épargne, c'est-à-dire la **consommation différée**. Comme il a une préférence pour le présent, l'individu choisit de reporter sa consommation dans le futur uniquement s'il reçoit la juste compensation qui est le taux d'intérêt. Dans cette perspective, on dit que le taux d'intérêt rémunère l'abstinence, qu'il est **le prix du temps résultant de la liberté bancaire**. Pour les classiques et les Autrichiens, le taux d'intérêt se détermine sur le marché des fonds prêtables où se confrontent l'offre de fonds prêtables (épargne que les agents souhaitent placer) et la demande de fonds prêtables (besoin de financement des agents qui souhaitent investir).

1.2 L'approche keynésienne

Mais selon les **économistes keynésiens**, la propension à épargner ne s'opère pas en fonction du taux d'intérêt mais du revenu ; le taux d'intérêt intervient dans un autre arbitrage, entre les actifs placés, qui rapportent un intérêt, et les actifs liquides, qui peuvent être utilisés immédiatement mais qui ne rapportent aucun revenu. Détenir de la monnaie, c'est se priver d'un intérêt lié à un placement : dans la conception keynésienne, le taux d'intérêt est alors le **prix du renoncement à la liquidité**. L'effet balançoire correspond à la relation inverse entre l'évolution de la valeur d'un titre sur le marché secondaire et le taux d'intérêt. Il se produit en cas d'intérêt fixe. Le rendement d'un titre (représenté par l'intérêt que rapporte le titre à son détenteur) est fixé au moment de l'émission du titre sur le marché primaire. Au fur à mesure que le titre change de main sur le marché secondaire, ce sont les nouveaux détenteurs du titre qui perçoivent l'intérêt. Le taux d'intérêt correspond à l'intérêt exprimé en valeur absolue rapporté au cours du titre (un taux d'intérêt de 5 % correspond à un intérêt de 5 euros pour un titre de 100 euros). Pour un titre exprimé en valeur absolue qui est fixe, une variation du cours du titre sur le marché secondaire entraîne une variation du taux d'intérêt en sens inverse.

2 Taux d'intérêt et risque de crédit

2.1 Les variations du taux d'intérêt

À l'heure actuelle, l'activité économique est souvent financée par des opérations de crédit et par recours au prêt bancaire : c'est ce que l'on appelle le **financement externe indirect**. Pendant la durée d'un crédit, le prêteur accepte de renoncer à la possibilité d'utiliser immédiatement ses fonds (ce qu'on appelle la liquidité). Le taux d'intérêt correspond alors à la rémunération du prêteur et, plus précisément, au prix de la renonciation à la liquidité. Cependant, le taux d'intérêt peut aussi rémunérer le risque pris par le prêteur de ne jamais être remboursé ou de ne pas être remboursé à la date convenue (risque de crédit). Le taux d'intérêt augmente donc quand l'emprunteur ne semble pas totalement fiable ou quand des éléments extérieurs risquent de faire diminuer la valeur de la somme prêtée (le prêteur paie alors une prime de risque).

2.2 Le risque du crédit

Les banques et les marchés financiers assurent la distribution du crédit aux ménages et aux entreprises. Pour évaluer le risque de chaque crédit, les prêteurs collectent un maximum d'informations sur les personnes qui désirent emprunter. **L'évaluation du risque de crédit** est difficile du fait de l'existence d'asymétries d'information, car l'emprunteur détient plus d'informations sur la qualité de son projet et sur ses propres capacités de remboursement que le prêteur. Il s'y ajoute un **risque d'aléa moral** si l'emprunteur gaspille les ressources prêtées et se trouve dans l'incapacité d'honorer sa dette.

3 Taux d'intérêt et politique monétaire

3.1 Les taux d'intérêt directeurs

Lorsque les banques de second rang empruntent des liquidités pour se refinancer, elles doivent s'acquitter d'un taux d'intérêt (le taux du marché interbancaire le plus souvent). Lorsque le coût du refinancement augmente, les banques répercutent cette hausse sur leurs clients qui sont incités (toutes choses égales par ailleurs) à réduire leur recours à un crédit devenu plus coûteux. Les autorités monétaires, en agissant sur les taux d'intérêt, peuvent donc encourager ou freiner le crédit et la création monétaire. Pour agir sur les taux d'intérêt du marché, les banques centrales utilisent des taux directeurs. Le taux d'intérêt est également un guide dans la conduite de la politique monétaire. Ainsi, la **règle de Taylor** présentée en 1993 par l'économiste J. B Taylor, et mise en avant par la banque Goldman Sachs en 1996, établit une ligne de conduite aux autorités monétaires. Elle propose un taux d'intérêt de court terme optimal compatible avec l'objectif d'inflation et aussi avec l'output gap (écart PIB effectif et PIB potentiel). La règle de Taylor donnerait plus de crédibilité à la politique monétaire.

3.2 La forward guidance

Les banques centrales ont également développé le **guidage des anticipations** (*forward guidance*) : l'objectif est de faire baisser les taux d'intérêt à long terme. Ceux-ci dépendent des anticipations de taux d'intérêt à court terme. La banque centrale doit convaincre que les taux d'intérêt vont rester bas pendant longtemps afin de faire aussi baisser les taux d'intérêt à long terme. Cela passe par la communication et par la mise en œuvre d'un dispositif de crédibilité, comme l'adoption de règles, un refinancement à taux 0 % ou encore par l'achat de titres. Le *forward guidance* est utilisé par le Japon depuis la fin des années 1990 et a été utilisé par la FED à plusieurs reprises au cours de la crise des *subprimes* (2008, 2012).

4 Liens vers d'autres fiches

- Fiche 8 : Les principes de la politique monétaire
- Fiche 14 : Monnaie, finance et croissance
- Fiche 15 : L'approche classique : la monnaie « voile »
- Fiche 16 : L'approche autrichienne : monnaie, taux d'intérêt et cycle
- Fiche 17 : L'approche keynésienne de la monnaie

6 EXERCICES

Exercice 1

QCM

1. Le taux d'intérêt réel est :
- Le taux d'intérêt exprimé aux prix courants
- Le taux d'intérêt nominal corrigé de l'inflation
- Le taux d'intérêt usuraire
- Le taux d'intérêt inscrit sur le contrat de prêt

2. Le taux d'intérêt directeur est :
- Le taux d'intérêt déflaté en fonction du taux d'inflation
- Le taux d'intérêt nominal pratiqué par les banques de second rang
- Le taux d'intérêt pratiqué par la banque centrale dans le cadre de sa politique de gestion de la liquidité du système bancaire
- Le taux d'intérêt réglementaire fixé par le Ministère de l'Économie et des Finances

3. Le risque du crédit désigne :
- Le risque de défaillance des emprunteurs et le défaut de remboursement
- Le risque lié à l'achat d'obligations privées ou publiques
- Le risque lié à l'incertitude sur la variation des cours des titres financiers
- Le risque lié à la valeur du capital au bout de l'échéance prévue par le contrat

4. La stratégie de *forward guidance* des banques centrales :
- Prévoit de ramener le taux d'intérêt directeur à zéro
- Prévoit de racheter sans condition toutes les dettes publiques des États
- Prévoit de faire varier les taux d'intérêt en suivant le cours des titres financiers
- Est une stratégie de crédibilité pour abaisser les taux d'intérêt à long terme

5. En théorie, la courbe des taux indique généralement que :
- Les taux d'intérêt à court terme sont plus faibles que les taux d'intérêt à long terme
- Les taux d'intérêt à court terme convergent rapidement vers les taux d'intérêt à long terme
- Les taux d'intérêt nominaux sont égaux aux taux d'intérêt réel
- Les taux d'intérêt créditeurs doivent être égaux aux taux d'intérêt débiteurs

Exercice 2

Le débat théorique sur les taux d'intérêt

À l'aide de la fiche, représentez dans un tableau les différences d'approche du rôle du taux d'intérêt dans l'économie, selon les économistes classiques et keynésiens :

L'école néoclassique	L'école keynésienne

Exercice 3

Pour approfondir

Comment expliquer le bas niveau des taux d'intérêt à l'heure actuelle ?

6 CORRIGÉS

Exercice 1

1. Le taux d'intérêt nominal corrigé de l'inflation

2. Le taux d'intérêt pratiqué par la banque centrale dans le cadre de sa politique de gestion de la liquidité du système bancaire

3. Le risque de défaillance des emprunteurs et le défaut de remboursement

4. Est une stratégie de crédibilité pour abaisser les taux d'intérêt à long terme

5. Les taux d'intérêt à court terme sont plus faibles que les taux d'intérêt à long terme

Exercice 2

L'école néoclassique	L'école keynésienne
– Arbitrage entre consommation présente et consommation différée; – Taux d'intérêt comme prix à la renonciation présente; – Taux d'intérêt fixé à l'équilibre entre l'offre et la demande de fonds prêtables.	– Le taux d'intérêt intervient dans l'arbitrage, entre les actifs placés, qui rapportent un intérêt, et les actifs liquides, qui peuvent être utilisés immédiatement mais qui ne rapportent aucun revenu. – Le taux d'intérêt est la variable monétaire qui relie le marché des biens et services et le marché monétaire. – Le taux d'intérêt est comparé à l'efficacité marginale du capital pour déterminer le volume de l'investissement.

Exercice 3

Les taux d'intérêt réels négatifs que l'on enregistre aujourd'hui s'expliquent par des taux nominaux bas (alors que dans les périodes précédentes, ils étaient dus à une accélération de l'inflation) et par une chute constante des taux nominaux (et du PIB nominal) que l'on observe, non pas depuis la crise de 2007, mais depuis les années 1980. Toutefois, le niveau très bas des taux d'intérêt actuellement ne s'explique pas seulement par les politiques monétaires expansionnistes des banques centrales. Les raisons sont plus profondes, inscrites dans l'économie «réelle», soit les conditions de l'offre productive, et sont à rechercher dans la tendance au ralentissement des gains de productivité et de la croissance du PIB (hypothèse de la «stagnation séculaire»), ou encore dans l'excès d'épargne détenue par les pays émergents (et bien souvent placée dans les pays occidentaux) et la montée de l'aversion au risque des acteurs économiques et financiers confrontés à l'incertitude. Pour certains économistes néo-keynésiens, le fléchissement de la demande globale peut également expliquer le faible nombre de projets d'investissements productifs et la baisse de la demande de fonds prêtables, tandis que pour d'autres, comme Kenneth Rogoff, c'est l'excès d'endettement qui incite les agents économiques à se désendetter et provoque des pressions déflationnistes lentes et durables dans l'économie, et donc une décrue continue des taux d'intérêt.

COURS 7
La masse monétaire et les agrégats monétaires

[NOTIONS CLÉS : masse monétaire, liquidité, agrégats monétaires]

INTRODUCTION

Nous savons désormais ce qu'est la monnaie, quelles sont ses formes et selon quels mécanismes elle est créée et mise en circulation. Il convient, à ce stade, de savoir comment nous pouvons mesurer la quantité de monnaie en circulation et pour quelles raisons, principales, nous devons le faire.

1 La masse monétaire

La masse monétaire (MM) désigne la quantité de monnaie en circulation (QMC) ou encore la capacité de dépense des agents non financiers (CDANF). La création monétaire sera désignée par CM.

Pourquoi mesurer la masse monétaire et son évolution ?

En vertu des enseignements de la **Théorie quantitative de la monnaie**,

CM → ↑ MM et ↑ MM → ↑ Inflation donc, CM → ↑ Inflation

La création monétaire entraine, *ceteris paribus*, une augmentation la masse monétaire (MM). D'un point de vue macroéconomique, la croissance de la CDANF se traduit par une hausse de la demande globale et donc, pour une offre globale donnée, par des risques de tensions inflationnistes.

On en déduit que :

Ralentissement de CM → ralentissement de ↑ MM

Ralentissement de ↑ MM → ralentissement de l'inflation (désinflation)

Donc, ralentissement de la hausse de la CM → ralentissement de l'inflation

Enfin, logiquement, la destruction de monnaie (DM) peut produire les effets suivants :

DM → ↓ MM et ↓ MM → ↓ Inflation donc, DM → ↓ Inflation

Une moindre création monétaire entraine, *ceteris paribus*, un ralentissement de la hausse (voire une baisse) de la masse monétaire (MM). D'un point de vue macroéconomique, le ralentissement de la croissance (voire une baisse) de la CDANF se traduit par une moindre hausse (voire une baisse) de la demande globale et donc, pour une offre globale donnée, des risques d'inflation rampante, voire de déflation.

La banque centrale (BC) devra donc **tenter de contrôler l'évolution de la MM** pour maintenir la stabilité des prix afin d'éviter une dévalorisation de la valeur réelle de la monnaie, une perte de confiance dans son usage, une fuite devant la monnaie... une crise monétaire, bancaire, financière et économique. Étant donné que ce sont les banques qui créent l'essentiel de la monnaie pour les ANF, via des crédits notamment, la BC devra contrôler **l'évolution du crédit bancaire** pour réguler la CM des banques.

2 Les agrégats monétaires : instruments de mesure de la masse monétaire

2.1 Comment mesurer la masse monétaire et son évolution ?

En économie, pour mesurer, on utilise des indicateurs. Pour ce qui est de la masse monétaire, on va utiliser des agrégats monétaires. Ce sont des instruments permettant d'évaluer la quantité de monnaie en circulation dans une économie donnée au cours d'une période. L'objectif étant de mesurer la capacité de dépense des agents non financiers, ces agrégats monétaires doivent permettre d'évaluer le montant de l'ensemble des liquidités détenues par les agents non financiers.

2.2 Deux conceptions de la masse monétaire

Habituellement, on distingue la monnaie au sens étroit et la monnaie au sens large.

Stricto sensu, la monnaie est composée des moyens de paiement c'est-à-dire d'actifs immédiatement disponibles pour des achats divers. Il s'agit de la liquidité par excellence.

Lato sensu, la monnaie est composée de placements dits à vue, c'est-à-dire rapidement transformables en moyens de paiement. On parle parfois de **quasi-monnaie**.

Il convient d'insister sur le fait que **la masse monétaire ne contient que la monnaie,** autrement dit les **actifs susceptibles d'être dépensés par les agents non financiers**. Cela exclut la monnaie détenue par les banques et les autres institutions financières.

La mesure de la masse monétaire est compliquée en raison de la difficulté à classer les actifs dans les agrégats monétaires ou en dehors. Autrement dit, il n'est pas si simple de choisir **les critères** qui permettent de classer un actif dans les **actifs monétaires ou non monétaires.** La masse monétaire, au sens étroit, doit englober les actifs acceptés en paiement par les agents économiques (monnaie en tant qu'instrument des échanges) car ils permettent de se libérer d'une dette, sur un territoire donné, sans délai et sans risque de perte en capital.

Selon une définition officielle proposée par la Banque de France, « ***la masse monétaire ne contient que la monnaie susceptible d'être dépensée par les agents non financiers,*** *ce qui exclut la monnaie appartenant et détenue par les banques et les institutions financières. On réserve* ***le nom de monnaie aux actifs*** *qui présentent* ***deux caractères particuliers.*** *Ils sont "****liquides****", c'est-à-dire qu'ils peuvent être utilisés instantanément, ils sont "****sans risque****" de perte ou de gain en capital lorsqu'ils sont mobilisés (c'est-à-dire transformés pour être la contrepartie de l'échange)».* (*Source : Bulletin de la Banque de France • décembre 2016)*

Il ne faut pas confondre la masse monétaire et la base monétaire. La **base monétaire** est composée des billets et pièces en circulation qu'elles détiennent pour répondre à la demande de leurs clients et de la monnaie centrale détenue par les banques sous forme scripturale sur leur compte courant à la banque centrale (auprès de l'Eurosystème), dépôts que les établissements de crédit sont tenus de conserver afin de remplir leurs obligations en matière de constitution de réserves obligatoires, des excédent de réserves et des montants déposés par les banques dans le cadre de la facilité de dépôt.

3 Les agrégats monétaires de la zone euro

La définition actuelle des agrégats monétaires est celle retenue en 1999 avec la création de la **zone euro. Les agrégats monétaires** sont des **indicateurs statistiques reflétant la capacité de dépense des agents non financiers résidents** (sociétés, ménages, administrations publiques hors État, compagnies d'assurance, caisses de retraite et administrations privées). Ils regroupent l'ensemble des moyens de paiement de ces agents et, parmi leurs placements financiers, ceux **qui peuvent être utilisés en règlement des transactions** après conversion facile et rapide en moyens de paiement, sans risque important de perte en capital.

Zone euro au 1er janvier 2015 : Allemagne + Autriche + Belgique + Chypre + Espagne + Estonie + Finlande + France + Grèce + Irlande + Italie + Lettonie + Lituanie + Luxembourg + Malte + Pays-Bas + Portugal + Slovaquie + Slovénie
Les séries statistiques relatives à la zone euro tiennent compte des modifications de la composition de la zone euro. Pour l'élaboration des statistiques monétaires, le territoire français est défini comme suit : France = métropole + Monaco + départements d'outre-mer (Guadeloupe, Guyane, Martinique, Réunion, Mayotte) + Saint-Pierre-et-Miquelon + Saint-Martin + Saint-Barthélemy.

Les actifs sont classés dans les agrégats monétaires en fonction du degré de liquidité et de risque : soit ils sont la liquidité par excellence, soit ils sont très vite transformables en liquidité par excellence. Dans les deux cas, le niveau de risque est très faible. Ils sont supposés « sans risque » dans la mesure où leur valeur réelle est stable. Les notions de monnaie ou de quasi-monnaie sont reprises dans le concept d'agrégats monétaires.

Si, dans son principe, **la distinction entre actifs monétaires et actifs non monétaires** semble évidente, dans la pratique elle **est de plus en plus complexe avec la multiplication des innovations financières** (nouveaux actifs financiers). La composition des agrégats monétaires doit nécessairement et régulièrement évoluer pour tenir compte de ces innovations et préserver la représentativité des agrégats monétaires.

Dans la zone euro, nous disposons de trois agrégats monétaires

M1, M2 et M3 sont emboîtés. En effet, M1 est compris dans M2 qui est lui-même une partie de M3. Selon la Banque de France, « ***sont qualifiés de monétaires tous les actifs financiers entrant dans la composition de l'agrégat M3*** ».

M1 est la mesure la plus étroite de la monnaie. M1 est composé de la monnaie au sens strict, les instruments de paiement : la liquidité par excellence. M1 comprend les pièces et billets de banque, ainsi que les dépôts à vue (les comptes courants) inscrits dans les livres des banques commerciales.

Au-delà de M1, **nous trouverons les actifs monétaires qui ne peuvent être utilisés directement comme instrument de paiement** mais qui peuvent être rapidement convertis (réserve de pouvoir d'achat) et à moindre coût (sans risque important de perte en capital) en instrument de paiement.

M2, ou **quasi-monnaie,** est composé de M1 auquel on ajoute les dépôts à terme d'une durée inférieure ou égale à trois mois, ainsi que les dépôts remboursables à leur valeur avec préavis de remboursement qui est inférieur ou égal à trois mois. En France, les livrets réglementés (Livret A, compte épargne-logement, etc.) font partie de cet agrégat, par exemple. Les actifs appartenant à M2-M1 peuvent être transformés très vite en moyens de paiement.

M3 comprend M2 auquel on ajoute les **placements à vue**. (M3 – M2) intègre les instruments du marché monétaire comme les OPCVM monétaires (SICAV, FCP...) et des titres de créances négociables émis à court terme (pour une durée inférieure ou égale à deux ans) tels que les certificats de dépôt, les billets de trésorerie et les bons du trésor dont les caractéristiques sont très proches de celles de la monnaie. Ces placements à vue sont des actifs qui peuvent être transformés en monnaie mais moins rapidement que pour M2-M1.

Masse et base monétaire : M3 dans la zone euro : 11 870 milliards d'euros

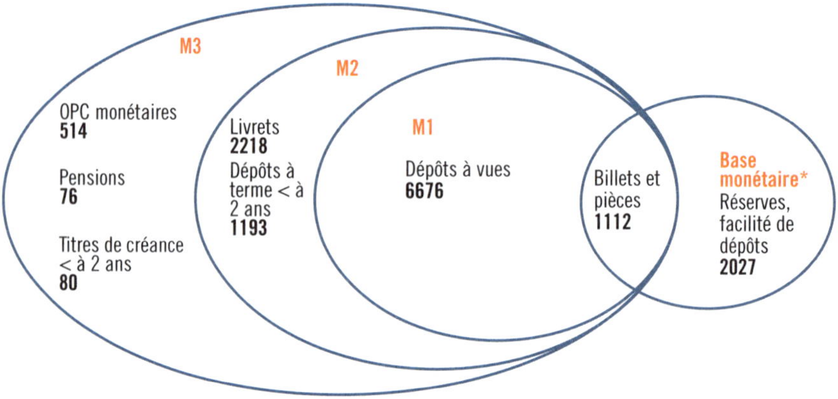

Source : BCE

Ce schéma permet d'observer les montants des différents agrégats. En décembre 2017, M3, l'agrégat le plus large, s'élève à **11 870 Milliards d'euros.** Il peut être utile de faire quelques calculs pour comparer, d'une part, BM et MM et, d'autre part, chaque catégorie d'actifs monétaires à M3. On pourra encore mettre en regard la valeur du PIB de la zone euro en 2017 et la valeur de M3, l'agrégat global permettant de mesurer la masse monétaire au sens large. (Voir questions et exercices)

Évolution du montant des différents agrégats de la zone euro entre 1980 et 2017, en milliards d'euros

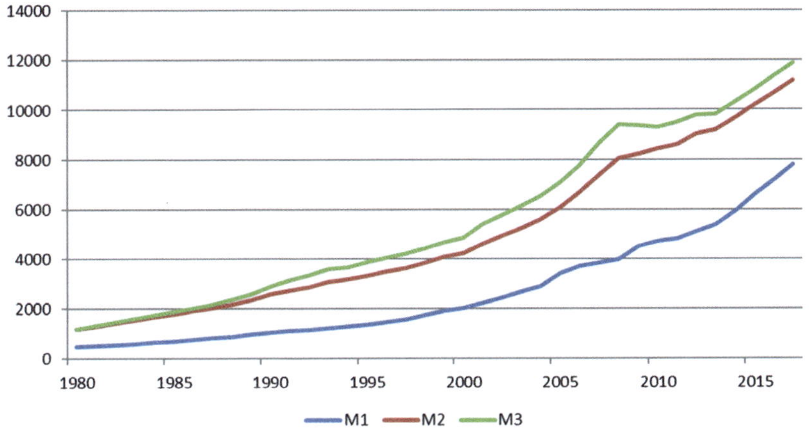

Source : Banque de France

Le graphique ci-dessus permet d'observer la croissance relative des différents agrégats de la zone euro et leurs montants respectifs, en particulier depuis que l'euro existe. On pourra se demander si la part de M1 dans M3 croît ou décroît, en tendance ou selon les périodes. Quand M3 et ses composantes augmentent plus rapidement, c'est le signe du caractère plus expansionniste de la politique monétaire. À partir de 2012, on perçoit une accélération de la croissance de M3 sous l'effet des stratégies de stimulation monétaire de la BCE (voir fiche 24 sur les politiques monétaires non conventionnelles).

Zone euro : Évolution des agrégats monétaires et de leur composition en % du PIB, entre 1999 et 2017

	1999	2007	2014	2017
Billets	5,1	6,7	9,5	10,0
Dépôts	23,7	34,2	49,0	59,4
M1	**28,8**	40,8	58,5	**69,3**
Dépôts < 2 ans	13,1	21,1	15,6	10,7
Dépôts < 3 mois	19,2	16,4	21,1	20,2

	1999	2007	2014	2017
M2	**61,1**	78,2	95,2	**100,3**
REPO	2,3	3,2	1,2	0,7
OPCVM	4,4	7,2	4,2	4,6
TCN	2,2	3,3	1,1	0,7
M3	**69,9**	92,0	101,7	**106,2**

Toutes les séries sont en % du PIB (PIB Eurostat).

Dans la zone euro, M1 représente 29 % du PIB en 1999 et près de 70 % en 2017. M2 représente 61 % du PIB en 1999 et plus de 100 % en 2017. M3 représente 70 % du PIB en 1999 et plus de 106 % en 2017.

4 Liens vers d'autres fiches

- Fiche 2 : Les formes de la monnaie
- Fiche 3 : Les fonctions de la monnaie
- Fiche 5 : Monnaie centrale et refinancement
- Fiche 8 : Les principes de la politique monétaire

7 EXERCICES

Exercice 1

Définissez les secteurs économiques que distingue la Banque de France : institutions financières monétaires, administrations publiques, secteur privé, agents non financiers.

Exercice 2

Quelles sont les caractéristiques des principaux types d'instruments financiers selon la Banque de France ?
Il s'agit des dépôts à terme, des dépôts avec un préavis inférieur ou égal à 3 mois, des pensions, des titres autres que des actions ou titres de créance, des titres de créance à court terme.

Exercice 3

Rappelez succinctement la composition des agrégats monétaires de la zone euro et complétez le tableau suivant.

	M1	M2	M3
Monnaie fiduciaire (pièces et billets)			
Dépôts à vue			
Dépôts remboursables avec un préavis inférieur ou égal à trois mois			
Dépôts à terme d'une durée initiale inférieure ou égale à deux ans			
Pensions			
Titres d'OPC monétaires			
Titres de créance de durée initiale inférieure ou égale à deux ans			

Exercice 4

À partir du schéma sur les agrégats monétaires :

1. Calculez la part de chaque agrégat et de chaque composante dans l'ensemble M3.

2. Quels enseignements peut-on en tirer ?

3. Calculez le rapport entre BM et MM, ainsi que le multiplicateur monétaire.

Exercice 5

Pour approfondir

Quelle relation peut-on établir entre base monétaire et masse monétaire ?

7 CORRIGÉS

Exercice 1

Les institutions financières monétaires (IFM) comprennent les établissements de crédit résidant dans la zone euro, tels que définis par la législation communautaire, et toutes les institutions financières résidentes dont l'activité est de recevoir des dépôts et/ou de proches substituts des dépôts d'entités autres que les IFM et qui, pour leur propre compte, du moins en termes économiques, consentent des crédits et/ou effectuent des placements en valeurs mobilières.

Aux termes de cette définition, les IFM résidant en France sont la Banque de France, les établissements de crédit au sens de la loi bancaire, à l'exception des sociétés de caution mutuelle, la Caisse des Dépôts et consignations, les OPCVM monétaires et la Caisse nationale d'épargne.

Administrations publiques (APU) = État + administrations d'États fédérés + administrations de Sécurité sociale + collectivités locales.

Secteur privé = sociétés non financières + ménages + sociétés d'assurance et fonds de pension + institutions à but non lucratif au service des ménages + autres intermédiaires financiers (OPCVM monétaires, entreprises d'investissement, fonds communs de créances, etc.).

Agents non financiers (ANF) = administrations publiques + secteur privé – autres intermédiaires financiers.

Cette catégorie englobe exclusivement les agents dont les décisions en matière de placement ou d'endettement ne résultent pas d'un comportement d'intermédiaire financier.

Exercice 2

Les dépôts à terme comprennent les dépôts qui ne peuvent être convertis en espèces avant un terme fixe convenu ou qui ne peuvent être convertis en espèces avant ce terme que moyennant sanction.

Les dépôts avec un préavis inférieur ou égal à 3 mois recouvrent les dépôts d'épargne à vue qui présentent, à la différence des dépôts à vue, un caractère de transférabilité incomplet. Il s'agit, par exemple, en France, des livrets A et bleus, des livrets de développement durable, des comptes d'épargne-logement, des livrets d'épargne populaire, des livrets jeunes et des livrets soumis à l'impôt.

Les pensions représentent des espèces perçues en contrepartie de titres vendus à un prix donné dans le cadre d'un engagement de rachat desdits titres (ou de titres similaires) à un prix et à une date déterminés.

Les titres autres que des actions ou titres de créance sont constitués de titres de créances négociables et échangés sur des marchés secondaires. La composante française de cette rubrique comprend, notamment, les obligations et les bons à moyen terme négociables (BMTN).

Les titres de créance à court terme correspondent à des titres émis par des IFM, des SNF ou des APU, d'une durée initiale inférieure ou égale à un an, négociables sur des marchés monétaires liquides. Au plan français, cette catégorie regroupe les certificats de dépôt, les billets de trésorerie et les bons du Trésor à taux fixe et à intérêt précompté (BTF).

Exercice 3

Les agrégats monétaires sont des indicateurs statistiques qui doivent permettre de mesurer la capacité de dépense des agents non financiers résidents. Ils regroupent l'ensemble des moyens de paiement de ces agents et leurs placements financiers qui peuvent être utilisés en règlement des transactions après conversion facile et rapide en moyens de paiement, sans risque important de perte en capital.

	M1	M2	M3
Monnaie fiduciaire (pièces et billets)	X	X	X
Dépôts à vue	X	X	X
Dépôts remboursables avec un préavis inférieur ou égal à trois mois		X	X
Dépôts à terme d'une durée initiale inférieure ou égale à deux ans		X	X
Pensions			X
Titres d'OPC monétaires			X
Titres de créance de durée initiale inférieure ou égale à deux ans			X

Attention

« **Seules les positions vis-à-vis des résidents de la zone euro, qui ne sont ni des IFM ni des institutions relevant de l'administration centrale, sont incluses dans M3.** Les **crédits** incluent les crédits à l'habitat, à la consommation, à l'investissement, de trésorerie, les autres crédits, les créances douteuses brutes, le crédit-bail, les avoirs en titres non négociables et les dettes subordonnées constituées sous la forme de dépôts ou de prêts. Par souci de prendre en compte d'éventuels mouvements de substitution entre actifs en euros et actifs en devises, le suivi des instruments financiers s'appuie sur un critère "**toutes devises**". (Source : Bulletin de la Banque de France • décembre 2016)

Exercice 4

1. (Billets +pièces) /M3 = 1 112 / 11 870 = 9,36 %
DAV/M3 = 6 676 / 11 870 = 56,24 %
M1/M3 = 7 788 /11 870 = 65,61 %
M2/M3 = 8 981 / 11 870 = 75,66 %

2. La monnaie fiduciaire représente moins de 10 % de la masse monétaire.

La monnaie scripturale (DAV) représente plus de la moitié de M3 (56 %).

L'ensemble de M1 (monnaie fiduciaire + monnaie scripturale) représente les deux tiers de M3 (un peu moins de 66 %).

Enfin, M2 (monnaie + quasi-monnaie) représente les trois quarts de M3 (75 %).

3. BM/M3 = 3 139 / 11 870 = 26,44 %
(Billets +pièces) / BM = 1 112 / 3 139 = 35,4 %
MM = mxBM → m = MM/BM = 11 870 / 3 139 = 3,78

La base monétaire représente un peu plus d'un quart de la masse monétaire.

La monnaie fiduciaire représente un peu plus d'un quart de la masse monétaire.

En 2017, le multiplicateur monétaire (m) est égal à 3,8. Autrement dit, pour 1 euro de base monétaire, 3,8 euros ont été créés dans la zone euro.

Exercice 5

Selon l'approche du multiplicateur de crédit (m), le pouvoir de création monétaire du système bancaire, et donc de croissance de la masse monétaire (MM), dépend de la base monétaire (BM). La masse monétaire est un multiple de la base monétaire. On a MM = m x BM.

Autrement dit, l'évolution de la base monétaire conditionne l'évolution de la masse monétaire. La banque centrale dispose donc d'un contrôle préalable sur la création monétaire des banques.

Le multiplicateur (m) est d'autant plus grand (et donc le contrôle de la BC) que les fuites, qui contraignent les banques à reconstituer leurs réserves en monnaie centrale sur leur compte à la BC, sont faibles pour les banques.

COURS

8 Les principes de la politique monétaire

[NOTIONS CLÉS : politique monétaire, stabilité des prix, neutralité de la monnaie, masse monétaire, refinancement, canaux de transmission]

DÉFINITION

Selon la Banque de France, la définition première de la politique monétaire est « *l'ensemble des moyens mis en œuvre par un État ou une autorité monétaire pour agir sur l'activité économique par la régulation de sa monnaie* ». Les autorités monétaires correspondent en général aux banques centrales. La Banque de France, en tant que membre de l'Eurosystème (Banque Centrale Européenne [BCE] + banques centrales nationales [BCN] des pays ayant l'euro comme monnaie) « *participe à l'accomplissement des missions et au respect des objectifs qui lui sont assignés* ».

1 Les fondamentaux

1.1 Objectifs de la politique monétaire

Selon l'article 105 du Traité de l'UE, la BCE est responsable de la définition et de la mise en œuvre de la politique monétaire et son objectif principal est de «*maintenir la stabilité des prix et, sans préjudice de l'objectif de stabilité des prix, d'apporter son soutien aux politiques économiques générales, en vue de contribuer à la réalisation d'un niveau d'emploi [...] élevé, d'une croissance soutenable et non inflationniste, d'un degré élevé de compétitivité et de convergence des performances économiques*». Si la Banque centrale des États-Unis (FED) a un double mandat (plein emploi et stabilité des prix), il y a bien une hiérarchie des objectifs pour la BCE. Pourtant, sans porter préjudice à l'objectif de stabilité des prix, la BCE peut contribuer à stabiliser l'économie.

Attention

La stabilité des prix est un concept. Ce n'est pas une réalité spontanée. De plus, il n'y a pas de définition consensuelle. En revanche, la mesure de l'inflation via un indice des prix, traduit en taux d'inflation, est partagée. Concrètement, l'objectif de stabilité des prix est un objectif de moyen terme (environ 18 mois, période considérée comme nécessaire pour que la politique monétaire influence l'économie) et consiste à maintenir le taux d'inflation à un taux annuel proche de 2 %.

Les avantages de la stabilité des prix et la justification de l'objectif

Maintenir la stabilité des prix revient à lutter contre l'inflation et ses effets pervers. Certes, l'inflation présente des coûts mais aussi des gains. Il y a donc des perdants et des gagnants dans une situation d'inflation. La stabilité des prix serait une situation « idéale » où les coûts et les gains de l'inflation s'équilibrent, où il n'y aurait ni perdants ni gagnants de l'inflation. *Ceteris paribus*, la stabilité des prix favorise la stabilité du pouvoir d'achat de la monnaie au niveau interne. Indirectement, la stabilité du taux de change (stabilité externe) peut aussi contribuer à assurer la stabilité des prix au niveau interne.

1.2 Indicateurs : mesurer la stabilité des prix et l'évolution de la masse monétaire

Pour tenter de mesurer l'inflation, il convient de définir ce que les économistes et statisticiens appellent le « **panier de la ménagère** », correspondant à tous les biens et services que les ménages consomment en moyenne. Dans ce panier représentatif, chaque prix est pondéré en fonction de l'importance de la dépense correspondante dans le budget (l'électricité pèse proportionnellement plus que le lait ou les pâtes). Sur cette base, on peut construire un indice de variation des prix permettant de calculer le taux d'inflation. En complétant ces informations monétaires d'autres informations économiques et financières, la BC peut mettre en place une stratégie de politique monétaire. Dans la zone euro, l'inflation est mesurée à partir du calcul de l'**IPCH (indice des prix à la consommation harmonisé)** défini de manière commune et calculé par Eurostat, l'office statistique de l'UE.

Pour estimer l'inflation et donc l'écart à la stabilité des prix, la stratégie de politique monétaire de la BCE s'appuie sur **un cadre d'analyse statistique à deux dimensions.** Dans le cadre de **l'analyse économique**, la BCE procède à une analyse des évolutions économiques et financières qui doit lui permettre d'estimer les situations respectives de l'offre et de la demande sur les marchés des biens et services et sur les marchés de facteurs de production afin de repérer et d'estimer, voire d'évaluer, les chocs économiques, les évolutions récentes et d'envisager les perspectives les plus probables (chocs d'offre tels que hausse des prix du pétrole et des prix des matières premières, chocs de productivité, tensions sur les capacités de production...). Dans le cadre de **l'analyse monétaire**, la BCE procède à une analyse des évolutions de la monnaie et du crédit en observant l'évolution de la quantité de monnaie en circulation et de son influence effective et potentielle sur l'inflation future, en observant la dynamique du crédit, laquelle peut être un facteur de déséquilibres économiques et financiers et peut encore faciliter la spéculation pour favoriser durablement la stabilité monétaire en faisant en sorte que la monnaie reste un instrument de référence à long terme.

La banque centrale (BC) doit contrôler l'évolution de la masse monétaire (MM), pour éviter une inflation trop forte. Étant donné que ce sont les banques qui créent de la monnaie pour les agents non financiers (ANF), via des crédits notamment, la BC doit contrôler la CM des banques. Les agrégats monétaires permettent de mesurer la MM et son évolution. Les agrégats monétaires sont présentés dans la **fiche 14 sur la monnaie**. La BCE suit l'évolution de l'agrégat M3 car, selon les théories monétaristes, le rythme de croissance de M3 est un indicateur fiable de l'inflation à moyen terme.

Évolution comparée de l'IPC et de M3 pour la zone euro

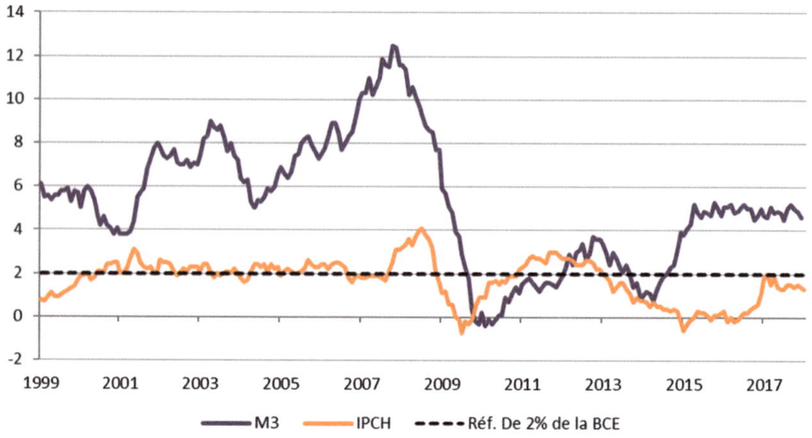

Source : Banque de France, mars 2018

1.3 Les instruments et mécanismes de la politique monétaire conventionnelle

Dans la zone euro, la BCE utilise principalement le levier des taux d'intérêt. Néanmoins, **pour atteindre ses objectifs, l'Eurosystème dispose de multiples instruments** : les **opérations d'open market, les facilités permanentes** et la constitution **de réserves obligatoires** rémunérées sur des comptes ouverts aux banques par les banques centrales nationales (BCN). Les opérations « d'open market » et les facilités permanentes permettent de couvrir l'essentiel du besoin de refinancement des établissements de crédit qui résulte des réserves obligatoires et des « facteurs autonomes de la liquidité bancaire ».

Les **opérations d'open market** (qui s'adressent à toutes les banques sans discrimination) consistent en un pilotage des taux d'intérêt pour la gestion des liquidités. Ce sont des opérations de cession temporaires (des prêts garantis par la prise en pension d'actifs ou collatéraux et non des achats fermes d'actifs) à l'initiative de la BCE par la voie d'appels d'offres hebdomadaires. Elles permettent de déterminer le principal taux d'intérêt directeur : le taux principal de refinancement. La BCE propose d'augmenter les liquidités aux plus offrants via les **opérations principales de refinancement** (MRO : *Main Refinancing Operations*). Ces concours sont d'une durée d'un jour à une semaine. Le guichet lié aux appels d'offres est donc ouvert temporairement. Les appels d'offres sont réalisés en général à taux fixe. La BCE contrôle donc le prix et peut ensuite allouer sa monnaie en quantité limitée ou illimitée, selon les besoins et les circonstances. Dans les cas des appels d'offres à taux variable, la BCE prête les liquidités selon un mécanisme d'enchère.

Les facilités permanentes correspondent à un guichet ouvert en permanence. Elles permettent de déterminer les **deux autres taux directeurs** de l'Eurosystème. Les facilités permanentes (facilités de prêt marginal et facilités de dépôt) permettent à la BDF de fournir aux banques ou aux banques de retirer auprès de la BDF, des liquidités par le biais de prêts ou de dépôts à 24h. Le taux des **facilités de prêt marginal** détermine le taux plafond. Les BCN accordent un prêt rémunéré à la journée, toujours contre collatéral, les prêts en blanc étant interdits. Le taux des **facilités de dépôt** que les établissements de crédit peuvent utiliser pour effectuer des dépôts à 24 heures auprès des BCN de l'Eurosystème détermine le taux plancher. Les taux des facilités permanentes délimitent le corridor de fluctuation du loyer de l'argent au jour le jour sur le marché monétaire. Le niveau de l'**EONIA** (*Euro Overnight Index Average*), un taux au jour le jour pratiqué sur le marché interbancaire pour les échanges (offre et demande de monnaie centrale), en résultera et oscillera autour du taux de refinancement, dans le corridor entre les deux taux de facilités marginales.

Le graphique suivant montre, dans le cas de la zone euro, que la baisse des TID (et des taux d'intérêt de marché) a atteint ses limites car les taux directeurs de la BCE et l'EONIA sont proches de zéro.

Évolution des taux directeurs de la BCE et du taux du marché monétaire sur la période 2007-2018

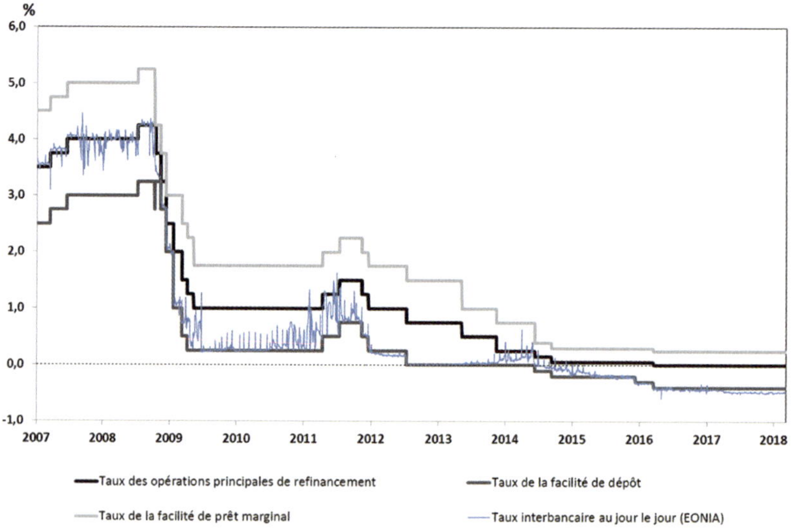

Source : Banque de France, mars 2018

Il existe encore d'**autres formules ponctuelles de refinancement** via des appels d'offres : les **opérations à plus long terme**, les **opérations de réglage fin** et les **opérations structurelles.** Par ailleurs, via **l'ELA** (assistance d'urgence à la liquidité), les BCN peuvent prêter aux banques (qui restent viables) auxquelles la BCE ne prête plus. Quant à l'instrument des **réserves obligatoires**, il reste peu utilisé désormais.

2 Les mécanismes de la politique monétaire conventionnelle : les canaux de transmission

Les mécanismes de transmission des effets de la politique monétaire, pour atteindre les objectifs finaux, correspondent aux canaux par lesquels celle-ci va transmettre ses effets à l'ensemble de l'économie en modifiant les comportements économiques monétaires et financiers des agents. Il est usuel de distinguer **quatre grands types de canaux de transmission** : canal du **taux d'intérêt** (canal de la demande de monnaie), canal du **crédit** (offre de crédit), canal du canal du **taux de change**, canal du **prix des actifs** (prise de risque).

La transmission de la politique monétaire : comment les taux d'intérêt influencent-ils les prix ?

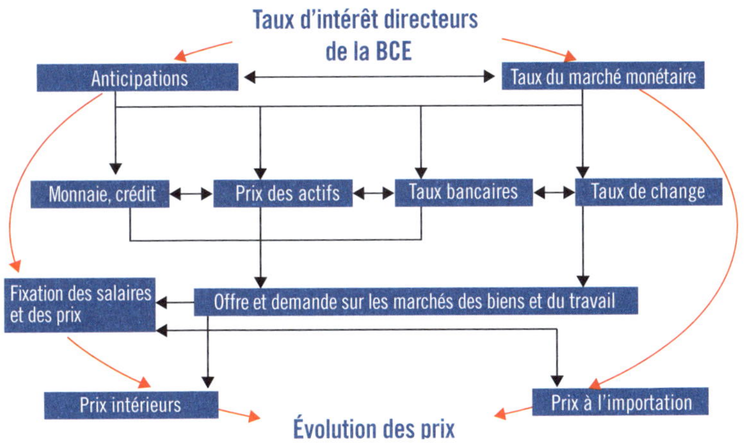

En passant par ces divers canaux, la politique monétaire va affecter la demande de biens et services. *In fine*, ses effets sur l'inflation dépendront aussi des variations de l'offre (capacité de production) et des équilibres/déséquilibres qui en découleront. Son efficacité dépend de ces mécanismes (canaux) de transmission des effets des variations des variables monétaires et financières aux variables de l'économie réelle. On peut distinguer **deux types de stratégie** : la **politique monétaire expansionniste** et la **politique monétaire restrictive.**

Une politique monétaire expansionniste, en se traduisant par une réduction des taux d'intérêt (une augmentation de la quantité de monnaie se traduit à la fois par une réduction du taux de l'intérêt [effet liquidité] et par une augmentation du revenu [effet revenu]) et du taux de change, devrait provoquer une accélération de l'investissement, un recul de l'épargne et donc une relance de la consommation, soit un accroissement de la demande globale. Cela devrait se traduire par une relance de la croissance et une diminution du chômage. Si le taux d'intérêt ne peut pas baisser (trappe à liquidité) ou si l'investissement n'est pas sensible au taux d'intérêt (inélasticité), le mécanisme de transmission est bloqué et la politique monétaire inefficace.

Une politique monétaire restrictive, en se traduisant par une hausse des taux d'intérêt (une diminution de la quantité de monnaie se traduit à la fois par une hausse du taux de l'intérêt [effet liquidité] et par une diminution du revenu [effet revenu]) et du taux de change, devrait provoquer un recul de l'investissement, une hausse de l'épargne et donc un recul de la consommation, soit une réduction de la demande globale. Cela devrait se traduire par un ralentissement de la croissance et une hausse du chômage.

Quand les canaux de transmission traditionnels ne fonctionnent pas, autrement dit quand la PM menée par la BC n'atteint pas les objectifs visés, la BC doit innover et développer/utiliser d'autres instruments et d'autres canaux pour atteindre ses objectifs.

Les controverses théoriques sur les effets de la politique monétaire sont abordées dans la partie 2 sur les théories de la monnaie et des politiques monétaires.

3 Liens et transition vers d'autres fiches

- Fiche 4 : La création de monnaie
- Fiche 5 : Monnaie centrale et refinancement
- Fiche 6 : Le rôle des taux d'intérêt
- Fiche 7 : La masse monétaire et les agrégats monétaires
- Fiche 24 : La politique monétaire face à la « grande récession » et l'instabilité financière

8 EXERCICES

Exercice 1

Questions ouvertes

1. Les objectifs de la politique monétaire menée par la BCE (zone euro) et par la FED (États-Unis) peuvent-ils être contradictoires ? Expliquez en précisant sur quelle relation économique empirique est fondée cette contradiction.
2. Quelle est la signification d'un objectif de taux d'inflation d'environ 2 % ?
3. Maintenir la stabilité des prix se réduit-il à lutter contre l'inflation ?
4. Qu'est-ce que la déflation ?
5. Expliquez la différence entre désinflation et déflation.
6. Rappelez les relations entre création monétaire, évolution de la masse monétaire et risques d'inflation.
7. Comment la monnaie centrale limite-t-elle la capacité de création monétaire des banques ?
8. Précisez ce qu'est le rôle de prêteur en dernier ressort de la banque centrale.
9. Explicitez l'enchaînement de causalité attendu entre politique monétaire, création monétaire, masse monétaire et inflation.
10. Précisez les modalités de ces autres formules de refinancement par voie d'appels d'offres que sont : les opérations à plus long terme, les opérations de réglage fin et les opérations structurelles.
11. Qu'est-ce que l'ELA ? Expliquez simplement pourquoi cette modalité existe.
12. Que sont les réserves obligatoires ?
13. Établissez et expliquez les liens entre les instruments, les objectifs opérationnels, les objectifs intermédiaires et les objectifs finaux de la politique monétaire.

Exercice 2

Explicitez les quatre mécanismes de transmission des effets de la politique monétaire à l'économie réelle.

1. Expliquez comment la politique monétaire peut transmettre ses effets via le canal du taux d'intérêt.
2. Expliquez comment la politique monétaire peut transmettre ses effets via le canal du crédit.
3. Expliquez comment la politique monétaire peut transmettre ses effets via le canal du taux de change.
4. Expliquez comment la politique monétaire peut transmettre ses effets via le canal du prix des actifs.

Exercice 3

QCM

1. Si la monnaie est neutre, les variations de la masse monétaire :

a. influencent les quantités.
b. influencent les prix et les quantités.
c. influencent les prix.

2. La BCE prête aux banques :

a. contre une garantie (collatéral).
b. sans garantie.
c. gratuitement.

3. Le principal taux d'intérêt directeur de la BCE est :

a. le taux de facilités de dépôt.
b. le taux de refinancement.
c. le taux de facilités de prêt marginal.

4. L'Eonia est :

a. le taux à trois mois du marché monétaire.
b. le principal taux de refinancement de la BCE.
c. le taux au jour le jour du marché monétaire.

5. Le canal du taux d'intérêt correspond au :

a. canal de la demande de monnaie.
b. canal de l'offre de monnaie.
c. canal de Suez.

6. Le canal du crédit correspond au :

a. canal du Panama.
b. canal de la demande de monnaie.
c. canal de l'offre de monnaie.

8 CORRIGÉS

Exercice 1

1. Selon la relation de Philips, il peut y avoir dilemme entre inflation et chômage à court terme mais pas à long terme. À court terme, l'illusion monétaire peut permettre à une hausse de l'inflation de favoriser une baisse du chômage.

2. Ce chiffre (2 %) n'est qu'une moyenne à la hausse car, dans une économie, chaque mois, chaque année, certains prix augmentent et d'autres diminuent. On parle d'inflation lorsqu'il y a une hausse généralisée des prix. Autrement dit, l'ensemble des hausses l'emporte sur celui des baisses.

3. Maintenir la stabilité des prix ne conduit pas à se contenter de lutter contre l'inflation. Il importe également d'éviter la déflation.

4. La déflation correspond à une période durable de forte baisse du niveau général des prix qui se traduit par une baisse de la demande globale, laquelle entretient le processus de baisse des prix.

5. Il ne faut pas confondre déflation et désinflation. Cette dernière correspond à un ralentissement de l'inflation, c'est-à-dire à une baisse du taux d'inflation, qui reste néanmoins positif. Mais une inflation trop faible présente de nombreux inconvénients comme la hausse des taux d'intérêt réels (pour des taux d'intérêt nominaux donnés), les risques de déflation…

6. La création monétaire entraîne, *ceteris paribus,* une hausse de la MM, quantité de monnaie en circulation (QMC) ou capacité de dépenses des agents non financiers (CDANF). Cela signifie que la capacité de dépenses des agents non financiers augmente. D'un point de vue macroéconomique, *ceteris paribus*, la demande globale augmente et les risques d'inflation également.

CM → ↑ MM ou ↑ QMC ou ↑ CDANF car MM = QMC = CDANF

7. Les banques n'ont pas un pouvoir de création monétaire illimité car elles ont besoin de détenir une proportion minimum de monnaie centrale sur leur compte à la banque centrale pour créer de la monnaie en accordant des crédits… Pour obtenir cette monnaie centrale, les banques peuvent s'adresser aux autres banques sur le marché interbancaire ou, en dernier recours, à la banque centrale.

8. Si les banques refusent de se prêter suffisamment entre elles, la banque centrale va jouer son rôle de prêteur en dernier ressort pour éviter une situation de *credit crunch* (forte restriction du crédit). Mais ce faisant, elle renforce simultanément les risques d'aléa moral.

9. La banque centrale peut réguler la masse monétaire afin de contrôler l'inflation. Étant donné que, *ceteris paribus*,

CM → ↑ MM ou ↑ QMC ou ↑ CDANF car MM = QMC = CDANF

Si, de surcroît, en vertu du respect des enseignements de la Théorie quantitative de la monnaie (voir plus bas) CM → ↑ MM et CM → ↑ Inflation alors, pour contrôler les risques d'inflation, la BC doit contrôler la capacité de création monétaire des banques en contraignant, plus ou moins, leur accès à la monnaie centrale via différents instruments de politique monétaire.

10. Il existe encore d'autres formules ponctuelles de refinancement via des appels d'offres : les opérations à plus long terme (pour prêter des liquidités à trois mois et plus, appels d'offres mensuels), les opérations de réglage fin (pour répondre à des besoins imprévus de liquidités en contrepartie de cessions temporaires, voire d'achats fermes d'actifs) et les opérations structurelles (permettant à la BC d'ajuster sa position structurelle par rapport au secteur financier).

11. Via l'ELA (*Emergency Liquidity Assistance* ou assistance d'urgence à la liquidité), les BCN peuvent prêter aux banques (qui restent viables) mais auxquelles la BCE ne prête plus. L'ELA est une procédure d'octroi de facilités d'urgence aux établissements de crédit par une banque centrale nationale (BCN) de l'Eurosystème. Ces opérations de fourniture temporaire de liquidités n'entrent pas dans le cadre de la politique monétaire unique. La responsabilité de l'octroi de facilités d'urgence incombe à la/aux BCN concernée(s) qui assume(nt) les coûts et les risques liés à la fourniture de liquidité d'urgence.

12. Les réserves obligatoires consistent en un dépôt minimum de monnaie centrale que les banques doivent détenir sur leur compte à la BC. Pour chaque banque, les RO sont calculées en pourcentages des dépôts de leurs clients. Ce taux est imposé par la BCE aux banques : le seuil était de 1 % des dépôts début 2014 et le dépôt était rémunéré au niveau du taux de refinancement.

13. Concrètement, les instruments (taux directeurs...) de la politique monétaire visent les objectifs opérationnels (taux du marché interbancaire, réserves des banques...), lesquels produisent leurs effets sur les objectifs intermédiaires (masse monétaire, taux d'intérêt...), afin d'atteindre les objectifs finaux (taux d'inflation...). *Grosso modo*, en pilotant le taux de refinancement, la BC souhaite contrôler la base monétaire, donc la masse monétaire et *in fine*, l'inflation.

Exercice 2

1. Via le canal du taux d'intérêt (canal de la monnaie), c'est le coût du capital pour l'emprunteur et donc la demande de crédit qui sont visés. Il est attendu un changement de comportement des ménages et entreprises en matière d'endettement. Les effets se produisent par le biais d'effets de revenu, de substitution et de richesse.

2. Via le canal du crédit, c'est l'offre de crédit qui sera l'objectif conduisant les banques à un rationnement du crédit ou non (compte tenu de l'existence d'asymétries d'informations entre prêteurs et emprunteurs).

3. Via le canal du canal du taux de change, la politique monétaire peut entraîner une variation du taux de change qui va amplifier ses effets sur les échanges commerciaux et modifier les flux de capitaux.

4. Via le canal du prix des actifs (prise de risque), c'est l'effet de richesse qui sera la courroie de transmission.

Exercice 3

1.c ; **2.**a ; **3.**b ; **4.**c ; **5.**a ; **6.**c

COURS

9 Le financement de l'économie : principes de base

[NOTIONS CLÉS : besoin de financement, capacité de financement, finance directe, finance indirecte, intermédiation/désintermédiation financière]

DÉFINITION

Le système financier correspond à un ensemble d'organisations, d'institutions et de produits (supports et titres divers) permettant le financement d'agents économiques interdépendants ayant besoin de réaliser différentes opérations économiques qui se révèlent, *ex post*, complémentaires. **Au niveau microéconomique**, le système financier va permettre aux agents à besoin de financement de trouver les capacités de financement nécessaires à leurs activités auprès des agents à capacité de financement. **Au niveau macroéconomique**, le système de financement rend possible le transfert de fonds des uns vers les autres et peut *in fine* favoriser l'activité économique. Ces échanges de moyens financiers peuvent se faire de manière directe (ou désintermédiée) sur des marchés ou de manière indirecte (ou intermédiée) via un intermédiaire financier qui est très souvent une banque. **Le financement** peut être **monétaire** ou **non monétaire**, à court terme, moyen terme ou long terme. Il peut être plus ou moins risqué, plus ou moins coûteux… Enfin, en matière de financement et de circulation des flux financiers, il n'existe pas vraiment de frontières nationales avec l'ouverture croissante des économies et le processus de globalisation financière.

L'importance d'un système financier développé et efficace dans une économie est une question majeure en science économique. **Empiriquement**, on peut observer une **forte corrélation entre développement d'un système financier et croissance économique**. Mais il y a **débat sur le sens de la causalité**. Ainsi, pour **Joseph Schumpeter** (1883-1950), les institutions financières sont nécessaires pour le développement d'innovations technologiques et la croissance. En revanche pour **Joan Robinson** (1903-1983), le développement de la finance suit la croissance économique. Les études empiriques ne proposent donc pas de réponses claires. Enfin, on peut retenir le **contre-exemple de la Chine** qui s'est développée en connaissant une très forte croissance au cours des années 2000-2016 alors que son système financier était peu développé, voire embryonnaire.

1 Les agents à besoin et à capacité de financement

En règle générale, chez les agents économiques, on observe un déséquilibre entre les montants désirés d'investissement et de placement, et les montants effectivement épargnés. Ce décalage permet de distinguer deux grands types d'agents : les agents à besoin de financement et les agents à capacité de financement.

Un agent qui présente une capacité de financement est un agent économique qui dispose d'une épargne car ses revenus sont supérieurs à ses dépenses. Sa capacité de financement correspond à la part de son épargne qu'il n'a pas utilisée pour ses propres investissements. Il finance lui-même ses investissements et dégage, de surcroit, une épargne financière qui pourra être placée. Seuls les ménages présentent une capacité de financement régulièrement positive, ce qui fait de leur épargne la variable stratégique du système financier. Globalement le secteur des ménages dispose, structurellement, d'une capacité de financement. Les sociétés financières ont aussi une capacité de financement, mais leur rôle est surtout de recycler, collecter et faire circuler, celle des ménages.

En comptabilité nationale, cette capacité de financement est le solde du compte de capital et désigne la somme qui reste aux agents lorsqu'on a déduit de leur épargne leurs investissements (leur formation brute de capital fixe, FBCF) soit en logements, soit en capital productif, ainsi que leurs acquisitions de terrains et d'actifs incorporels comme les brevets.

Un agent qui a des besoins de financement est dans une situation symétrique. C'est un agent économique qui ne dispose pas d'une épargne préalable pour financer ses investissements car ses revenus sont inférieurs à ses dépenses globales. Afin de financer ses investissements, il doit trouver tout ou partie des fonds auprès d'autres agents économiques. Il peut combiner plusieurs types de ressources : des emprunts (sous forme de crédits ou d'émissions de titres comme les obligations), son épargne antérieure (autofinancement)... Les entreprises non financières sont structurellement en situation de besoin de financement, car leurs projets d'investissement excèdent, le plus souvent et logiquement, leurs propres ressources. Depuis la fin des années 1970, les administrations publiques sont aussi structurellement emprunteuses et c'est en grande partie pour satisfaire ce nouveau besoin de financement public que les innovations financières sont apparues.

Cette distinction, entre agents à besoin et à capacité de financement, **est une simplification liée à l'approche macroéconomique du phénomène de financement**. En réalité, il peut exister des entreprises ayant une capacité de financement (investissement < épargne) et des ménages exprimant un besoin de financement (investissement > épargne) mais, globalement, les ménages sont en capacité, alors que les entreprises et les administrations publiques sont en besoin. Le système financier va donc permettre l'ajustement entre capacités et besoins de financement.

Les grandes catégories d'agents économiques dans le système financier

<table>
<tr><th>Secteur émetteur de monnaie</th><th rowspan="2">Secteur neutre</th><th colspan="3">Secteur détenteur de monnaie</th></tr>
<tr><th>Institutions financières monétaires (IFM)</th><th>Administrations publiques hors administrations centrale</th><th>Agents privés non financiers</th><th>Autres intermédiaires financiers</th></tr>
<tr><td rowspan="3">– BCE et BCN
– Établissements de crédit
– OPC monétaires</td><td>Administration centrale</td><td>– Administrations de sécurité sociale
– Administrations publiques locales</td><td>– Sociétés non financières
– Ménages</td><td rowspan="2">– Sociétés d'assurance et fonds de pension
– OPC non monétaires
– Entreprises d'investissement
– Fonds communs de créance
– Chambre de compensation, etc.</td></tr>
<tr><td colspan="3">Agents non financiers</td></tr>
<tr><td colspan="2">Administrations publiques</td><td colspan="2">Secteur privé</td></tr>
</table>

Source : Banque de France

Vous pourrez retrouver les définitions des différents secteurs économiques que distingue officiellement la Banque de France (institutions financières monétaires, administrations publiques, secteur privé, agents non financiers) dans la fiche 7, exercice 1.

2 Les différents types de financement

2.1 Financement interne et financement externe

Une autre approche du financement de l'économie peut s'appuyer sur l'origine des fonds pour l'entreprise. Elle distingue le financement interne du financement externe.

Le financement interne

Le **financement interne** provient d'abord des bénéfices non distribués des entreprises. Celles-ci ont, en effet, deux manières d'utiliser les profits qu'elles dégagent de leurs activités : soit les conserver pour financer leurs investissements nouveaux, soit les distribuer à leurs propriétaires sous forme de dividendes pour récompenser la confiance que ceux-ci leur ont accordée en apportant leur épargne. Ce bénéfice distribué vient alors en déduction des sommes initiales disponibles pour l'investissement. Ce partage interne, qui s'opère dans l'entreprise, peut être source d'une tension importante. Si les bénéfices distribués sont trop faibles, l'entreprise peinera à trouver de nouveaux financeurs ; s'ils sont trop importants, la firme sera obligée de diminuer ses investissements ou d'emprunter des ressources supplémentaires (coûteuses) pour les financer.

Ces dernières années, la part des bénéfices distribuée aux actionnaires a fortement progressé dans tous les pays pour dépasser parfois le bénéfice non distribué (voire le bénéfice total), obligeant certaines entreprises à augmenter leur endettement pour compenser ces fuites dans leurs ressources propres. À ces profits s'ajoutent les provisions que constituent les entreprises pour anticiper l'obsolescence du capital qu'elles utilisent. Locaux et machines s'usent en effet au fil du temps et les entreprises doivent prévoir les ressources financières nécessaires à leur remplacement. Enfin, les entreprises consacrent de plus en plus de dépenses courantes au paiement de leurs activités de recherche-développement (mais aussi de formation ou de développement de leurs marques). Ces dépenses sont souvent qualifiées d'investissements immatériels et, à ce titre, peuvent être considérées comme faisant partie des sommes qui financent l'investissement au sein de l'entreprise. **Bénéfices non distribués, provisions pour amortissement et dépenses d'investissement immatériel constituent l'autofinancement des entreprises**, c'est-à-dire le financement qu'elles assument à partir de leurs propres recettes.

Dans les années 90, les taux d'autofinancement des entreprises non financières étaient supérieurs à 100 % et cela n'était pas une bonne nouvelle (cf. exercice).

Si la forme de financement précédente peut être considérée, un peu trop rapidement, comme le meilleur choix pour un agent à la recherche d'une indépendance financière, elle n'est pas en général suffisante, notamment en période de forte croissance.

Le financement externe

L'agent économique doit faire appel à un **financement externe** qui lui sera fourni par d'autres agents. Les marchés de titres et les intermédiaires financiers se chargent alors de cette nouvelle forme de financement. Le financement externe regroupe ainsi l'ensemble des moyens de financement de l'entreprise autres que l'autofinancement, comme l'appel au marché financier par augmentation de capital (émission de nouvelles actions) ou par emprunt obligataire, ainsi que le recours au crédit bancaire.

Synthèse des mécanismes du système financier

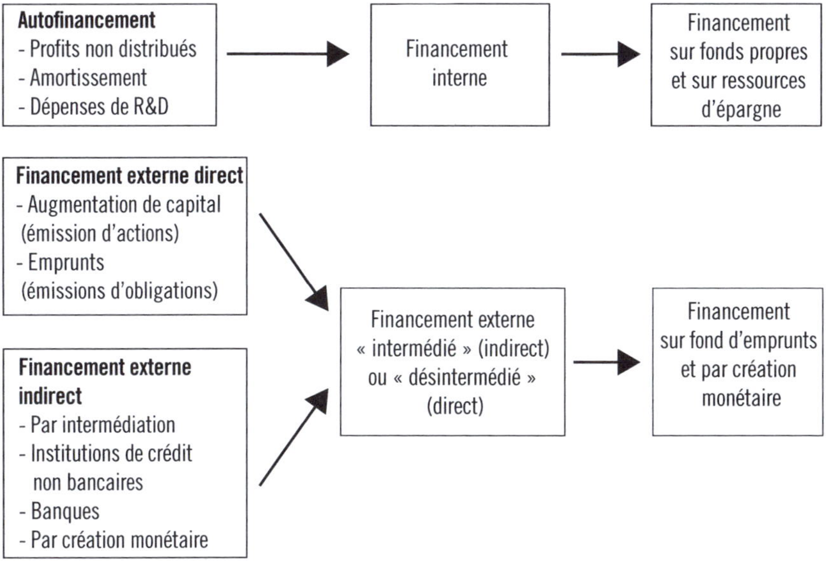

Source : L. Braquet et D. Mourey,
Comprendre les fondamentaux de l'économie,
De Boeck Supérieur, 2015.

2.2 Financement direct et financement indirect

Lorsqu'un agent souhaite recourir à un financement externe, deux grandes modalités s'offrent de nouveau à lui : la finance directe (désintermédiée) et la finance indirecte (intermédiée)

Le financement indirect

Dans le cadre de la finance indirecte, les agents à besoin de financement (débiteurs-emprunteurs...) obtiennent des fonds en s'adressant à des intermédiaires financiers qui ont collecté des fonds (des dépôts) auprès des agents à capacité de financement, d'une part, et qui peuvent créer de la monnaie *ex nihilo*, d'autre part. Les principaux intermédiaires financiers sont les banques via les crédits qu'elles accordent et les dépôts qu'elles collectent. Un des avantages du financement indirect par rapport au financement par les marchés est de rendre possible, ou de faciliter, le financement indispensable des petites et moyennes entreprises et des ménages.

De manière générale, les fonctions principales des intermédiaires financiers sont la réduction des coûts de transaction (expertise et rendements d'échelle croissants – économies d'échelle), le partage du risque via la diversification, la réduction des asymétries d'informations et des comportements néfastes qui peuvent en découler : comportements d'antisélection et d'aléa moral.

Depuis le début des années 80, d'autres intermédiaires financiers (organismes de placement collectif en valeurs mobilières, fonds de pension, sociétés d'assurances) participent activement à l'intermédiation. Ces « investisseurs institutionnels » (« zinzins ») achètent en effet des titres directement émis par les entreprises et les administrations, mais peuvent aussi acheter des titres émis par les banques elles-mêmes.

À retenir

Les banques et les autres intermédiaires financiers : Le rôle de l'intermédiation bancaire est spécifique. Les banques sont des intermédiaires financiers qui ont pour fonction de collecter l'épargne des agents économiques ayant une capacité de financement et de financer les agents ayant un besoin de financement. Mais, relativement aux autres intermédiaires financiers (sociétés d'assurance et organismes de placement collectif en bourse), les banques sont les seules à détenir le pouvoir de création monétaire, c'est-à-dire de créer de la monnaie *ex nihilo* en accordant des crédits.

Le financement direct

Le **financement direct** (désintermédié) est un mode de financement dans lequel les agents à besoin de financement émettent des titres (titres de propriété comme les actions ou titres de dettes comme les obligations...) qui seront acquis directement par les agents ayant une capacité de financement, sur des marchés financiers spécifiques, correspondant chacun à un type de titres vendus. Autrement dit, **c'est une modalité de financement fondée sur l'échange de titres**. Par exemple, les emprunteurs obtiennent directement des fonds de la part des prêteurs en leur vendant des titres (ou instruments financiers) sur le marché financier. Les titres achetés et détenus représentent des créances sur les revenus futurs de l'emprunteur ou sur ses actifs.

Théoriquement, dans ce cadre, un agent économique qui a un besoin de financement s'adresse directement à un agent à capacité de financement. Mais, en réalité, **cette opération d'appel public à l'épargne disponible des agents à capacité de financement** (émission d'actions ou d'obligations) **se réalise sur un marché qui suppose l'intervention d'un intermédiaire financier** dans une économie de marché financier (même si l'on doit distinguer plus précisément intermédiation de marché et intermédiation de bilan).

Il existe de **nombreuses catégories de marchés de capitaux** qui rendent possible le financement des agents et des opérations économiques. On peut ainsi distinguer les marchés de dettes des marchés de fonds propres, les marchés primaires des marchés secondaires, les marchés organisés des marchés de gré à gré, le marché monétaire des marchés financiers (cf. fiches 11 et 12). Enfin, l'internationalisation-globalisation des marchés financiers est un processus durable et de plus en plus profond (cf. fiche 13).

La distinction entre ces deux modalités de financement a été à l'origine de plusieurs typologies des systèmes financiers suivant la part occupée par le circuit de la finance directe et de la finance indirecte. Les économistes ont pris l'habitude de différencier les **économies d'endettement** et les **économies de marché.** Cependant, les transformations des systèmes financiers (processus de globalisation financière, innovations financières...), au cours des dernières décennies, ont rendu les frontières (entre ces idéaux-types de systèmes financiers) assez floues. En particulier, les évolutions de l'intermédiation rendent cette distinction discutable.

Synthèse des relations de financement

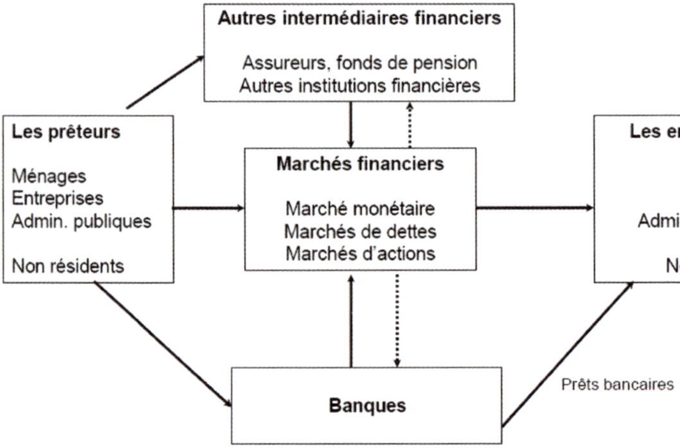

Source : Société générale, Études économiques, 2015

3 Économie d'endettement et économie de marché

Globalisation financière et financement

La finance globalisée a sensiblement complexifié le rôle des intermédiaires financiers. Ainsi, nonobstant l'existence de phénomènes universels à l'échelle mondiale (comme la montée en puissance des investisseurs institutionnels et des fonds spéculatifs), l'opposition traditionnelle entre les **économies d'endettement** (systèmes orientés « banques » à l'instar de l'Allemagne et de la France) et les **économies de marchés de capitaux** (systèmes orientés « marchés » comme aux États-Unis) demeure en partie pertinente pour distinguer des systèmes financiers encore largement différents dans leurs structures, fruits de l'histoire, des règles juridiques, mais aussi de la culture et des mentalités.

	Part de l'autofinancement	Part du crédit bancaire	Part des marchés de capitaux
Économie de marchés financiers	Forte	Assez faible et/ou minoritaire	Forte et/ou majoritaire
Économie d'endettement	Faible	Forte et/ou majoritaire	Faible et/ou minoritaire

Cette mutation financière internationale et globale s'est également accompagnée d'une redéfinition du rôle des banques, désormais largement liées à la finance directe et à l'innovation financière. Cette évolution a été porteuse d'une gestion optimisée de l'épargne, mais également d'une concentration des risques et d'une propagation des chocs, comme l'impact de la crise financière sur la contraction de l'offre de crédit à l'économie l'a amplement démontré en 2008-2009, jusqu'à menacer d'effondrement le système financier mondial.

Financement des agents non financiers privés (2011)

	en % du PIB			*en % du total*		
	France	Zone euro	États-Unis	France	Zone euro	États-Unis
Crédits bancaires	94%	106%	65%	61%	67%	27%
Titres de dettes privées (yc titrisations)	26%	27%	96%	17%	17%	40%
Actions cotées	33%	25%	80%	21%	16%	33%
Total	153%	158%	241%	100%	100%	100%

	France	Zone euro	États-Unis
Part du crédit bancaire dans la dette des ANF :	78%	80%	40%

Source : OCDE, BCE

- **France et zone euro : les financements bancaires dominent**
- **États-Unis : les financements de marchés dominent**

Source : Société générale, Études économiques, 2015

4 Liens vers d'autres fiches

- Fiche 4 : La création de monnaie
- Fiche 11 : Marché de capitaux et institutions financières
- Fiche 12 : Marché des changes et politique de change
- Fiche 13 : La globalisation financière

9 EXERCICES

Exercice 1

Complétez les tableaux en utilisant les termes suivants : *épargne financière, consommation, revenus, capacité de financement, épargne, besoin de financement, épargne non financière, investissement*

Cas d'un ménage		

Cas d'une entreprise	

Exercice 2

Questions ouvertes

1. Quelles sont les fonctions principales des intermédiaires financiers ?

2. Pourquoi certains agents ont structurellement des capacités de financement ?

3. Pourquoi certains agents ont structurellement des besoins de financement ?

4. Expliquez la différence entre « intermédiation de bilan » et « intermédiation de marché »

5. Exposez la différence entre banques de détail et banques d'investissement

Exercice 3

Pour approfondir

Pourquoi des taux d'autofinancement supérieurs à 100 % pour des entreprises non financières ne sont pas forcément de bonnes nouvelles ?

9 CORRIGÉS

Exercice 1

<table>
<tr><th colspan="3">Cas d'un ménage</th></tr>
<tr><td rowspan="3">Revenu</td><td>Consommation</td><td></td></tr>
<tr><td rowspan="2">Épargne</td><td>Investissement
Épargne
non financière</td></tr>
<tr><td>Épargne
financière
Capacité
de financement</td></tr>
</table>

<table>
<tr><th colspan="2">Cas d'une entreprise</th></tr>
<tr><td rowspan="2">Investissement</td><td>Épargne</td></tr>
<tr><td>Besoin
de financement</td></tr>
</table>

Exercice 2

1. Les fonctions principales des intermédiaires financiers sont la réduction des coûts de transaction (expertise et rendement d'échelle), le partage du risque via la diversification, la réduction des asymétries d'informations et des comportements néfastes qui peuvent en découler : comportements d'antisélection et d'aléa moral.

2. Les ménages ont pour fonction principale la consommation. Ils épargnent pour des projets mobiliers ou pour des placements financiers. La FBCF des ménages (mesure de leur investissement) est donc faible. Une fois celle-ci déduite, ils sont donc structurellement prêteurs, créanciers des autres agents économiques. Ceci est vrai au niveau macroéconomique ! Au niveau microéconomique, de nombreux ménages n'ont pas de capacités de financement.

3. La fonction principale des entreprises non financières et des administrations publiques est la production. Pour cela, ces agents économiques ont de gros besoins d'investissement. Or, l'investissement est une opération qui pèse très lourd dans les budgets. Au niveau macroéconomique, il est donc logique que les ENF et les APU soient emprunteurs nets, structurellement en besoin de financement.

4. L'intermédiation de bilan correspond à l'activité de transformation des banques, autrement dit, la transformation de l'épargne collectée, à court terme et peu risquée, en crédits de plus long terme et plus risqués.
L'intermédiation de bilan illustre donc le rôle des banques dans l'ajustement entre l'offre fonds (épargne collectée auprès des agents à capacité de financement) et la demande de fonds (des agents à besoin de financement) afin de rendre les exigences compatibles et l'échange possible.
Ce type d'intermédiation caractérise une économie d'endettement.
L'intermédiation de marché concerne l'activité des banques sur les marchés financiers. Dans une économie de marché, dans laquelle la finance directe prédominante, les banques jouent un rôle de courtier.
Il s'agit de faciliter les échanges « directs » (sur les marchés financiers) entre les agents à besoin de financement qui

émettent des dettes (vendent des titres) sur le marché primaire et les agents à capacité de financement qui vont acheter ces titres. Au-delà, les banques peuvent faciliter la recomposition des portefeuilles de titres sur le marché secondaire, ou les investisseurs peuvent échanger des titres contre de la monnaie...

5. Les banques n'ont pas le même type d'organisation dans le temps et dans l'espace : on observe une diversité des modèles bancaires. On distingue traditionnellement deux modèles de banque : la banque de détail et la banque d'investissement (ou de financement).
– La banque de détail, même si elle peut s'inscrire dans le cadre de groupes d'envergure internationale, est dédiée à une clientèle de particuliers, de petites et moyennes entreprises qui n'ont pas directement la possibilité d'emprunter sur les marchés financiers, de collectivités locales et d'associations auxquels elle propose des produits d'épargne ou d'assurance, en plus du service classique de gestion de compte.
– La banque d'investissement (ou de financement) s'adresse aux grandes entreprises et mène des opérations de taille nettement plus importante. Ces banques d'affaires sont généralement chargées des opérations de fusions/acquisitions, des émissions d'actions, du courtage en valeurs mobilières et de l'octroi de crédit aux grandes entreprises industrielles et commerciales *(corporate finance).* Les banques d'investissement ont également des départements de gestion d'actifs *(asset management)* dans le cadre de leurs filiales et ont récemment développé des activités pour compte propre *(trading)*, en particulier par le biais de fonds spéculatifs *(hedge funds).*

Exercice 3

Dans les années 90, les taux d'autofinancement des entreprises non financières étaient supérieurs à 100 % et cela n'était pas une bonne nouvelle. En effet, l'investissement étant une opération qui pèse très lourd dans les budgets, il est surprenant qu'au niveau macroéconomique (de manière globale), les ENF soient en capacité de financement une fois leurs investissements réalisés. Cela est souvent le signe d'un manque d'investissement productif qui pèse sur la demande globale à court terme et donc sur la croissance effective; et qui réduit à long terme le potentiel productif de l'économie et donc la croissance potentielle.
Enfin, le coût d'opportunité d'un taux d'autofinancement durablement supérieur à 100 % peut être dangereux, en termes de productivité, de compétitivité et de rentabilité, pour une entreprise non financière.

COURS

10 Le financement des économies ouvertes

[NOTIONS CLÉS : agents résidents, agents non résidents, économie fermée, économie ouverte, déséquilibres courants, déséquilibres épargne-investissement]

DÉFINITION

Le **financement des économies ouvertes**, c'est-à-dire le financement des opérations et des agents économiques en économie ouverte, nous conduit à nous interroger sur les équilibres/déséquilibres économiques et financiers internationaux. L'analyse de la relation entre épargne et investissement qui en découle, au niveau macroéconomique, est fondamentale pour comprendre le fonctionnement d'une économie. En économie ouverte, les **échanges de capitaux** permettent aux agents résidents d'être aussi financés par les agents non résidents et réciproquement. Avec le processus de **globalisation financière**, les possibilités se sont accrues de manière exponentielle. Alors qu'en économie fermée, au niveau macroéconomique, l'épargne domestique déterminait l'investissement, ce n'est plus vrai en économie ouverte.

Agents résidents et agents non résidents

Pour retracer l'ensemble des opérations des agents économiques d'un pays avec l'étranger, la comptabilité nationale imagine un agent « reste du monde ». Cet agent regroupe en fait les ménages, les entreprises, les administrations et les institutions financières non résidents qui effectuent des opérations avec des agents résidents. Un agent est considéré comme **résident** s'il exerce une activité sur le territoire national pendant au moins un an. Ainsi, un touriste anglais de passage pour une semaine à Paris est **non résident**, mais une entreprise allemande ou un travailleur immigré installé en France sont des agents résidents. Inversement, un Français travaillant à l'étranger est un non-résident (du point de vue de l'économie française).

Afin d'aborder rigoureusement les relations de financement, au niveau macroéconomique, il convient de présenter l'équilibre ressources-emplois en biens et services.

1 Déséquilibres macroéconomiques et financiers en économie fermée

En économie fermée, autrement dit, en l'absence d'échanges entre l'économie nationale et le reste du monde (RDM), entre les agents résidents et les agents non résidents, l'équilibre ressources-emplois en biens et services est donné par l'équation suivante :

Y = C + I **(1) Approche par la demande**

Cette relation est une identité. Elle est toujours vérifiée, du fait de sa construction, et elle signifie que les biens et services à notre disposition ont **une seule origine possible : notre propre production** (Y = PIB). Ils sont utilisés pour la consommation (C) et l'investissement (I). Dans ce modèle, très simplifié, on ne fait pas la distinction entre les agents publics et les agents privés.

Étant donné que **Y = C +S** **(2) Approche par le revenu**

En combinant (1) et (2), on obtient, C + I = C + S

S = I **(3) Équilibre Épargne = Investissement**

Clairement, la satisfaction des besoins de financement des uns est limitée par la capacité de financement des autres. Si S < I, il ne sera possible de financer I qu'au prix d'une baisse de C.

En économie ouverte, nous allons voir que cette contrainte de l'épargne va être, en partie, levée.

2 Déséquilibres macroéconomiques et financiers en économie ouverte

En économie ouverte, quand on ignore la distinction entre les agents publics et les agents privés, l'équilibre ressources-emplois en biens et services devient :

Y + M = C + I + X **(1) Approche par la demande**

Cette relation est une identité. Elle est toujours vérifiée, du fait de sa construction. Elle signifie que les biens et services à notre disposition ont **deux origines possibles : notre propre production** (Y = PIB) **et nos importations** (M). Ils sont utilisés pour la consommation (C), l'investissement (I) et les exportations (X). Dans ce modèle, très simplifié, on ne fait pas la distinction entre les agents publics et les agents privés.

Étant donné que **Y = C + S** **(2) Approche par le revenu**

En combinant (1) et (2), on obtient, C + I + X – M = C + S

Après annulation de C et passage de I du côté droit de l'équation, il reste

(X – M) = (S – I) **(3)**

Cette identité est l'équation des déséquilibres en économie ouverte.
Que nous apprend concrètement cette identité comptable ?

« Elle nous montre qu'en économie ouverte, la contrainte de financement est plus faible qu'en économie fermée. L'identité comptable du revenu national indique que les flux financiers internationaux destinés à l'accumulation du capital et les flux de biens et services sont les deux faces d'une même pièce. »
G. N. MANKIW, *Macroéconomie*, De Boeck Supérieur, 2015, p. 172

Il existe donc une relation entre les flux financiers internationaux (S-I) et les flux réels internationaux (X-M). En effet, **à partir de cette** simple **identité on peut comprendre pourquoi les déséquilibres extérieurs**, observés en utilisant les balances des paiements courants (transactions courantes) des différentes économies, **ont pour contrepartie des déséquilibres dans les flux de capitaux** qui les financent. Autrement dit, **les déséquilibres des paiements courants s'expliquent par les déséquilibres** au niveau domestique (interne) **entre épargne et investissement**.

Les **flux financiers internationaux**, destinés au financement de l'investissement et l'accumulation de capital, et **les flux réels** (de biens et services), sont comme les deux faces d'une même pièce, d'une même réalité.

Deux cas de figure sont le plus souvent observés (l'équilibre extérieur est davantage l'exception que la règle) : **excédent extérieur** et **déficit extérieur.**

L'équilibre extérieur est davantage l'exception que la règle étant donné les millions de décisions et opérations dont dépendent ces différentes variables.

Considérons les deux cas observables (excédent ou déficit) pour donner du sens au financement des économies ouvertes, donc des agents et des opérations économiques en économie ouverte.

Cas 1 : Excédent extérieur et excédent d'épargne

$$(X - M) = (S - I)$$
$$> 0 \qquad > 0$$

Un excédent extérieur (X – M) > 0 aura nécessairement pour **contrepartie** une **épargne nette positive (S – I) > 0.**

***Ceteris paribus*, dans un pays où** on observera un **excédent extérieur,** nous aurons également un excédent de l'épargne sur l'investissement. Cette capacité de financement supplémentaire, relativement aux investissements domestiques, ira financer des besoins de financement dans des économies où les capacités de financement seront insuffisantes par rapport aux besoins. On observera, dans cette économie en excédent d'épargne (et en excédent courant), des **sorties nettes de capitaux**. *In fine*, les agents à capacité de financement du pays créditeur, les créanciers-prêteurs, deviennent propriétaires d'une partie du rendement futur du capital du pays débiteur.

Cas 2 : Déficit extérieur et déficit d'épargne

$$(X - M) = (S - I)$$
$$< 0 \qquad < 0$$

Un déficit extérieur (X – M) < 0 aura nécessairement pour **contrepartie** une **épargne nette négative. *Ceteris paribus*, dans un pays où on observera un déficit extérieur,** nous aurons également un déficit d'épargne par rapport à l'investissement. Ce besoin de financement supplémentaire, relativement à l'épargne domestique, sera financé par des capacités de financement excédentaires provenant des économies où les besoins de financement seront insuffisants par rapport aux capacités. On observera, dans cette économie en déficit d'épargne (et en déficit courant), des **entrées nettes de capitaux**. *In fine*, les agents à besoin de financement du pays débiteur, les débiteurs-emprunteurs, cèdent une partie de la propriété du rendement futur du capital de leur économie.

3 La compétitivité au regard des déséquilibres macroéconomiques et financiers en économie ouverte

Selon Paul Krugman (Prix Nobel en 2008 pour ses travaux en économie internationale), ***« la compétitivité est un mot vide de sens lorsqu'il est appliqué aux économies nationales »*** et *« un problème de compétitivité d'une économie nationale [peut] être purement et simplement un problème intérieur de productivité »*. Pourtant, cette approche macroéconomique, globale, de la compétitivité marque les travaux et les décisions politiques internationales, en particulier en Europe. Un pays ayant un déficit commercial n'est pas nécessairement en mauvaise santé. Un déficit commercial (ou courant) n'est pas forcément le signe de dysfonctionnement de l'économie. « ***Les déficits et excédents commerciaux sont des phénomènes macroéconomiques*** *[...], la réalité est qu'****il n'y a pas de relation simple entre la réussite d'une économie et sa situation d'excédent ou de déficit commercial.*** »

L'analyse microéconomique nous explique pourquoi les pays se spécialisent et échangent (avantages comparatifs, dotations factorielles...) et non pourquoi ils sont en situation de surplus ou de déficit commercial ! **Les déséquilibres extérieurs** (commercial, courant) **dépendent** donc **des décisions d'épargne et d'investissement** des agents économiques (privés et publics) des pays qui échangent !

L'excédent extérieur (qui semble être un signe de compétitivité et de bonne santé économique) **est lié à un excédent d'épargne**, c'est-à-dire un manque d'investissement (ce qui n'est pas bon signe à long terme) **et à une insuffisance de consommation** (ce qui n'est pas une bonne nouvelle à court terme). **Le déficit extérieur** (qui semble être un signe de faible compétitivité et de mauvaise santé économique) **est lié à un excédent d'investissement** (ce qui n'est pas mauvais signe à long terme) **et à une consommation élevée** (ce qui n'est pas forcément une mauvaise nouvelle à court terme). De surcroît, une économie qui possède un excédent d'épargne est une économie dans laquelle les agents résidents disposent d'une capacité de financement qui servira à financer les besoins de financement des agents économiques des économies qui sont en déficit extérieur, en manque d'épargne et de capacité de financement.

Autrement dit, **dans un monde qui est une économie fermée, les excédents extérieurs ont nécessairement pour contrepartie les déficits extérieurs des autres.** Les premiers ne peuvent exister sans les seconds. À cette aune, la question de la compétitivité extérieure mesurée par le solde extérieur prend un tout autre sens. **Simultanément, les capacités de financement des économies en excédent extérieur et en excédent d'épargne ont pour contrepartie les besoins de financement des économies en déficit d'épargne**. Autrement dit, les capacités de financement des premiers permettent de prêter aux seconds afin que ces derniers puissent acheter (importer) davantage à ceux qui vendent (exportent).

En résumé, on en déduit qu'un pays qui achète plus (M) qu'il ne vend (X) au reste du monde est un pays qui n'épargne pas assez par rapport à son investissement. Il a donc un besoin de financement. Notez que le déficit extérieur s'explique par un déficit d'épargne. Le déficit extérieur n'est que le symptôme d'un déséquilibre interne, le déficit d'épargne par rapport à l'investissement, lié à un excès de consommation.

Dans les économies ouvertes, nous avons donc des agents résidents d'un pays qui ont une capacité de financement et qui vont prêter aux agents d'autres pays qui ont un besoin de financement. Voilà comment les excédents extérieurs des uns financent les déficits extérieurs des autres.

4 La zone euro et les déséquilibres macroéconomiques et financiers

On peut observer cela dans le cas de la zone euro, au cours des années 2000. La zone euro étant une grande économie, et résultant des logiques de la construction économique européenne, elle est relativement plus fermée que la moyenne des économies beaucoup plus petites.

En effet, dans la zone euro, les capacités de financement des pays dits du Nord qui sont en excédents extérieurs [(X – M) > 0] (Allemagne, Pays-Bas…) couvrent les besoins de financement des pays du Sud qui sont en déficit extérieur [(X – M) < 0] (Grèce, Portugal, Espagne).

Zone euro : Balance courante en % du PIB en volume, 1990-2018

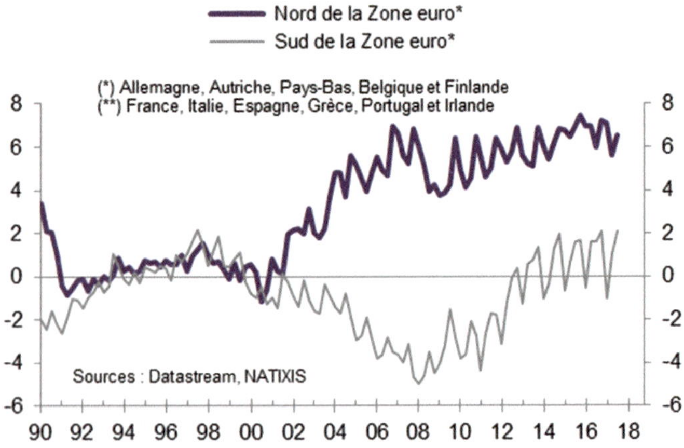

Source : Patrick Artus, Natixis, 2018

On observe clairement que les excédents courants des uns s'accompagnent de sorties de capitaux, et ont pour contreparties les déficits courants des autres, qui s'accompagnent d'entrées de capitaux.

Zone euro : Actifs et dettes extérieurs nets, 1990-2016

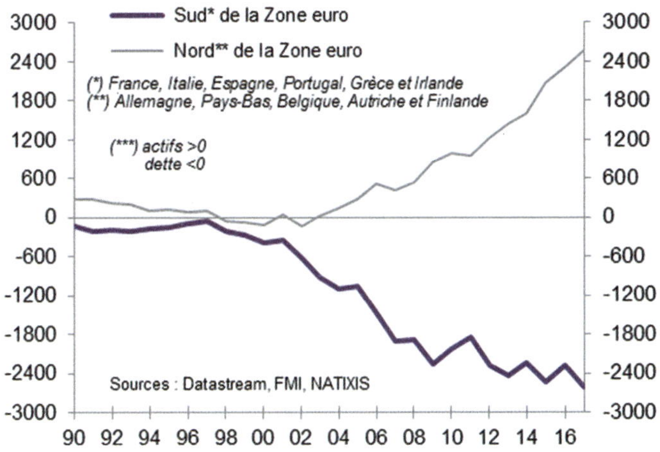

Source : Patrick Artus, Natixis, 2018

5 Liens vers d'autres fiches

- Fiche 9 : Le financement de l'économie : principes de base
- Fiche 11 : Marchés de capitaux et institutions financières
- Fiche 12 : Marché des changes et politique de change
- Fiche 13 : La globalisation financière

10 EXERCICES

Exercice 1

Questions ouvertes

1. Qu'est-ce qu'une économie fermée?

2. Pourquoi importons-nous? Pourquoi exportons-nous?

3. Pourquoi un déficit extérieur peut-il exister?

Exercice 2

Complétez le tableau avec les éléments suivants : (X – M) > 0 ; (X – M) < 0 ; (X – M) < 0 ; Prêts aux non-résidents ; Emprunts aux résidents ; Emprunts aux non-résidents ; (X – M) > 0 ; Prêts aux résidents

Monde (économie fermée)	
Économie nationale (ouverte)	Reste du monde (autres économies ouvertes)

Exercice 3

En vous aidant de l'équation des déséquilibres en économie ouverte, explicitez la situation d'un pays en excédent extérieur.

Exercice 4

En vous aidant de l'équation des déséquilibres en économie ouverte, explicitez la situation d'un pays en déficit extérieur.

Exercice 5

Présentez les déséquilibres extérieurs et les déséquilibres épargne-investissement **en économie ouverte <u>avec distinction entre agents privés et agents publics</u>.** Vous utiliserez et vous préciserez le sens des lettres-abréviations suivantes : Y; C; X; I; M; G; T; S.

1. Écrivez l'équation de l'équilibre ressources = emplois en biens et services pour une économie ouverte <u>avec distinction entre État et secteur privé</u>.

2. Déduisez-en l'équation des déséquilibres macroéconomiques en économie ouverte et donnez du sens aux deux parties de cette équation

3. Vous pourrez expliciter les sens multiples d'un excédent extérieur, d'un déficit extérieur et la signification de ces déséquilibres dans une économie mondiale fermée.

10 CORRIGÉS

Exercice 1

1. C'est une économie dans laquelle les agents résidents n'échangent pas avec les agents non résidents, ceux qui résident dans les autres économies nationales (pays). Il n'y a donc ni importation ni exportation.

2. Nous exportons pour pouvoir importer. Les importations (M) sont des achats. Les exportations (X) sont des ventes. Or, pour pouvoir acheter, il faut vendre, sinon il faut d'endetter.

3. Un déficit extérieur ne peut exister que s'il est financé. En situation de déficit extérieur [(X-M) < 0], les recettes issues des exportations ne permettent pas de payer les importations. Sans financement externe, les importations doivent baisser. C'est seulement l'existence d'un potentiel financement, provenant des non-résidents, qui permet de financer l'achat des produits importés, donc l'existence d'un déficit extérieur.

Exercice 2

Monde (économie fermée)	Monde (fermé)
Économie nationale (ouverte)	Reste du monde (autres économies ouvertes)
(X – M) > 0 → Prêts aux non-résidents	(X – M) < 0 → Emprunts aux résidents
(X – M) < 0 → Emprunts aux non-résidents	(X – M) > 0 → Prêts aux résidents

Exercice 3

Un pays est en excédent extérieur (X – M) > 0 quand il vend plus (X) qu'il n'achète (M) au reste du monde. C'est aussi un pays qui épargne (S) plus qu'il n'investit (I), et donc qui ne consomme (C) pas assez. C'est donc un pays dans lequel les agents ont globalement une capacité de financement. Les agents résidents peuvent financer (prêts) des dépenses d'agents non résidents. Notez que l'excédent extérieur s'explique aussi par un excédent d'épargne sur l'investissement, et non seulement par une grande compétitivité. L'excédent extérieur n'est donc que le symptôme d'un déséquilibre interne, l'excédent d'épargne sur l'investissement (l'insuffisance de consommation). Étant donné que le monde est divisé en deux pays (l'économie nationale et le reste du monde) et que, de surcroît, le monde est une économie fermée (aux échanges avec les extraterrestres), si l'un des pays est en excédent extérieur, l'autre sera nécessairement en déficit extérieur.

Exercice 4

Un pays est en déficit extérieur (X – M) < 0 quand il achète (M) plus qu'il ne vend (X) au reste du monde. C'est aussi un pays qui épargne (S) moins qu'il n'investit (I) et donc qui consomme (C) trop. C'est un pays dans lequel les agents ont globalement un besoin de financement. Les agents résidents doivent emprunter (se faire financer) par des agents non résidents. Concrètement, des résidents empruntent à des résidents, mais comme cela ne suffit pas, des résidents empruntent aussi à des non-résidents, car l'épargne des résidents est insuffisante.

Exercice 5

1. Équilibre ressources = emplois en biens et services pour une économie ouverte

$Y + M = C + I + X + G \rightarrow$

$Y = C + I + G + X - M \qquad (1)$

Cette identité signifie que les biens et services à notre disposition ont deux origines possibles : notre propre production (Y = PIB) et nos importations (M). Ils sont utilisés pour la consommation C, l'investissement I, les dépenses publiques G et les exportations X.

Selon une autre approche, par le revenu et son utilisation, on a aussi :

$Y = C + S + T \qquad (2)$

Avec T, les recettes fiscales

2. En combinant (1) et (2), on obtient

$C + I + G + X - M = C + S + T$

Il vient $(X - M) = (S - I) + (T - G)$; Équation des déséquilibres en économie ouverte

Cette identité est une égalité comptable qui est toujours réalisée du fait de sa construction. Le déséquilibre extérieur est la somme des déséquilibres entre épargne et investissement pour les secteurs privés et publics.

3. Deux cas de figure sont le plus souvent observés : excédent extérieur et déficit extérieur. L'équilibre extérieur est davantage l'exception que la règle.

Cas 1 : Excédent extérieur et excédent d'épargne	Cas 2 : Déficit extérieur et déficit d'épargne
$(X - M) = (S - I) + (T - G)$ $> 0 \quad > 0 \quad > 0$ Ou $(X - M) = (S - I) + (T - G)$ $> 0 \quad > 0 \quad < 0$ Ou $(X - M) = (S - I) + (T - G)$ $> 0 \quad < 0 \quad > 0$ L'excédent extérieur $(X - M) > 0$ aura pour contrepartie une épargne nette positive du secteur privé $(S - I) > 0$. <u>et/ou</u> une épargne nette positive du secteur public $(T - G) > 0$. On a donc ici des sorties nettes de capitaux. Ceteris paribus, pour un solde (épargne – investissement) équilibré pour le secteur privé, dans un pays où on observe un excédent extérieur, nous avons toutes les chances de constater un excédent budgétaire au niveau de l'État.	$(X - M) = (S - I) + (T - G)$ $< 0 \quad < 0 \quad < 0$ Ou $(X - M) = (S - I) + (T - G)$ $< 0 \quad < 0 \quad > 0$ Ou $(X - M) = (S - I) + (T - G)$ $< 0 \quad > 0 \quad < 0$ Le déficit extérieur $(X - M) < 0$ aura pour contrepartie une épargne nette négative du secteur privé $(S - I) > 0$. <u>et/ou</u> une épargne nette négative du secteur public $(T - G) > 0$. On a donc là des entrées nettes de capitaux. *Ceteris paribus*, pour un solde (épargne – investissement) équilibré pour le secteur privé, dans un pays où on observe un déficit extérieur, nous avons toutes les chances de constater un déficit budgétaire au niveau de l'État.

COURS 11 Marchés de capitaux et institutions financières

[NOTIONS CLÉS : valeurs mobilières, places financières, produits dérivés, banques, *private equity*, *hedge funds*, fond souverains]

DÉFINITION

Le **marché financier** est le lieu d'émission et d'échange des valeurs mobilières qui servent aux financements et aux placements à long terme des agents économiques. Il s'agit d'un marché sur lequel des personnes, des sociétés privées et des institutions publiques peuvent négocier des titres financiers, matières premières et autres actifs, à des prix qui reflètent l'offre et la demande. Les marchés financiers ont pour fonction principale de faciliter la collecte et le placement de capitaux, le transfert des risques et la fixation des valeurs (cotations). La comptabilité nationale qui fournit une représentation synthétique, simplifiée et détaillée de l'activité économique de la nation retient **six secteurs institutionnels (SI)** : parmi eux, les sociétés financières regroupent les unités dont les fonctions principales sont de collecter, transformer et répartir les disponibilités financières ou de gérer ces moyens de financement. Les sociétés financières participent au financement de l'économie et regroupent les banques, les compagnies d'assurance et les « auxiliaires financiers » (courtiers, sociétés de bourse, etc.). Contrairement à une idée dominante, les marchés n'émergent pas spontanément et nécessitent pour fonctionner un ensemble de dispositifs humains, techniques et juridiques pour assurer l'ensemble des fonctions dont ils ont la charge et ils sont soumis au respect de règles strictes par les autorités de contrôle.

1 Les différents segments du marché financier

Les marchés financiers sont composés de différents segments qui sont articulés entre eux. On y distingue quatre grands compartiments :

- Le **marché des changes**, sur lequel s'achètent et se vendent les devises. Le cours des devises est coté en continu électroniquement par des opérateurs (les cambistes) dispersés dans le monde entier et qui travaillent dans une salle de marchés bancaires (il s'agit donc d'un marché virtuel qui n'a pas de localisation « physique »).
- Le **marché des actions**, qui est lui-même séparé en un **marché primaire**, sur lequel les entreprises émettent les titres, et un **marché secondaire** (marché de « l'occasion »), sur lequel les titres émis sont

échangés. Une action est un titre de propriété dont la rémunération est appelée dividende. L'émission d'actions contribue au financement à long terme de l'entreprise, en complément de l'émission d'obligations, qui sont des titres de créance, ou de l'endettement bancaire.

- Le **marché des matières premières**. Trois grandes familles de matières premières sont échangées sur les marchés : l'énergie (pétrole, gaz, électricité...), les métaux (or, argent, cuivre...) et les produits agricoles (blé, riz, cacao, café...).
- Le **marché des taux d'intérêt**. Ce marché est divisé en deux segments principaux : le marché monétaire et le marché obligataire.

Le **marché monétaire** désigne le marché sur lequel sont cotés des taux d'intérêt à court terme (moins d'un an), avec les bons du Trésor, les certificats de dépôts et les billets de trésorerie. Le **marché obligataire**, quant à lui, est le compartiment à long terme du marché des taux d'intérêt. Une obligation est un titre de financement à long terme, dont la rémunération versée à l'acheteur est appelée « coupon » et s'exprime sous la forme d'un taux d'intérêt. Le marché obligataire est celui de la dette à long terme. La plupart des obligations ont une échéance supérieure à cinq ou dix ans et sont à taux fixe. Le niveau du taux d'intérêt est lié au risque de l'émetteur, c'est-à-dire à la plus ou moins grande probabilité que celui-ci parvienne à rembourser sa dette.

Il existe une **forte interdépendance** entre les différents segments des marchés financiers, permise par la mobilité internationale des capitaux dans le cadre de la globalisation financière.

2 Les acteurs sur les marchés financiers

Les banques, les compagnies d'assurance, les fonds, les entreprises, mais aussi les États, sont les principaux acteurs qui interviennent sur les marchés financiers.

- Agissant pour leur propre compte ou celui de leurs clients, les **banques** sont des acteurs majeurs de la globalisation financière. Elles peuvent transférer instantanément des capitaux d'un pays à un autre par un simple jeu d'écritures. Elles sont généralement détentrices d'un portefeuille internationalement diversifié d'actifs financiers, elles jouent un rôle déterminant dans la formation du prix des actifs financiers sur chacun des compartiments.

- Les **fonds d'investissement** sont des structures de collecte d'épargne qui interviennent sur les différents segments du marché international des capitaux. Il existe des fonds d'actions, des fonds monétaires, obligataires, spécialisés dans les matières premières, qui contribuent aussi largement à la formation des prix sur les marchés financiers.
- Les **grandes entreprises** ont également recours aux marchés financiers internationaux. Leur financement est par exemple devenu mondial et la gestion de leurs avoirs en devises, liés par exemple à un flux d'exportation, répond désormais à une logique d'anticipation sur l'évolution des cours de change.
- Les **États** interviennent également sur les marchés financiers, à travers leur politique d'émission de titres obligataires. D'une part, la part de dette publique détenue par les agents non-résidents est de plus en plus importante (notamment en France), d'autre part, une partie de cette dette est libellée en monnaie étrangère. Il existe également des fonds souverains, c'est-à-dire des fonds de placements financiers (actions, obligations, etc.) détenus par un État. Les fonds souverains gèrent l'épargne nationale et l'investissent dans des placements variés (actions, obligations, immobiliers).

3 Marchés financiers et gestion du risque

3.1 « Un commerce de promesses » (Pierre-Noël Giraud)

Si les agents à besoin de financement (entreprises, États) disposent de nombreuses solutions pour couvrir leurs besoins de capitaux à court et à long terme, leur recours aux marchés financiers peut être bridé par l'incertitude et le risque qu'ils présentent pour les financeurs. Même si le rôle des marchés financiers est de transférer de la richesse dans le temps, il n'existe en effet aucun moyen sûr de le faire et la finance reste donc, selon la formule de l'économiste Pierre-Noël Giraud, un « commerce de promesses » (de remboursement) dont personne ne peut garantir qu'elles seront tenues. Ceci explique le développement d'un certain nombre de techniques et d'une organisation pour contenir cette incertitude.

La **liquidité des marchés** est la première garantie importante pour les prêteurs, car elle leur assure qu'ils pourront à tout moment revendre leurs titres et récupérer en contrepartie de la monnaie pour régler les dépenses immédiates qu'ils envisagent. Outre le fait que tous les titres ne présentent pas un volume de transactions suffisant pour l'assurer, il est évident que cette possibilité de revente à tout moment, qui suppose déjà une organisation complexe, n'élimine pas le risque de non-remboursement et le risque de fluctuations de la valeur des titres entre le moment de l'achat et le moment de la revente.

3.2 Les marchés de produits dérivés

Les marchés de produits dérivés constituent une dernière solution pour affronter l'incertitude liée à la détention des titres. Certains considèrent d'ailleurs leur développement comme la véritable révolution financière des vingt dernières années. Ces marchés, techniquement très complexes, ont la fonction simple de dissocier le risque de la détention des titres et de le faire porter par les agents qui ont, *a priori*, la meilleure aptitude à l'assumer. Ils n'apportent donc aucun financement aux entreprises ou aux États, mais proposent des produits (dont la valeur « dérive » des évolutions des cours des titres sous-jacents – actions, obligations, devises, etc.) qui procurent à ceux qui veulent acheter des titres une assurance sur la valeur de revente de ces derniers. Ils permettent de réaliser des opérations à terme (c'est-à-dire dont l'échéance est différée dans le temps) sur les divers sous-jacents.

D'autres marchés de produits dérivés se sont développés au gré de l'innovation financière. Nés en 1997, les « dérivés de crédit » ont occupé le devant de la scène financière dans la crise récente de 2007-2008 avec les *Credit default swaps (CDS)*. Comme leur nom l'indique, ces derniers permettent, en échange du versement d'une prime de la part du détenteur, d'assurer ce dernier contre le risque de défaillance d'un emprunteur. Conçus au départ pour assurer et rassurer les prêteurs, ces produits sont devenus rapidement des objets de spéculation. De manière générale, les marchés de produits dérivés ne peuvent fonctionner sans spéculation car, pour qu'ils existent, il faut que les acheteurs et vendeurs fassent des anticipations différentes sur le futur ; ils sont cependant considérés comme dangereux car les 4/5 des produits dérivés sont négociés sur des marchés de gré à gré, qui échappent souvent à tout contrôle.

4 Liens vers d'autres fiches

- Fiche 13 : La globalisation financière
- Fiche 14 : Monnaie, finance et croissance
- Fiche 22 : La régulation financière face à l'instabilité financière

11 EXERCICES

Exercice 1

QCM

1. Dans la comptabilité nationale, les unités dont les fonctions principales sont de collecter, transformer et répartir les disponibilités financières ou de gérer ces moyens de financement sont :

- Les banques
- Les institutions capitalistes
- Les sociétés financières
- Les marchés de capitaux

2. Une action est :

- Un titre de propriété qui permet de percevoir une rémunération sous forme de dividende
- Un titre de créance émis par les États qui permet de percevoir un intérêt
- Un titre de créance émis par les entreprises privées
- Un titre de propriété émis uniquement par les banques

3. Les États interviennent sur les marchés financiers en :

- Émettant des actions
- Émettant des obligations publiques
- Créant des produits dérivés
- Fixant les prix des actifs financiers

4. Les produits qui ont la fonction de dissocier le risque de la détention des titres et de le faire porter par les agents qui ont la meilleure aptitude à l'assumer sont :

- Les indices boursiers
- Les actions
- Les bons du Trésor
- Les produits dérivés

5. La liquidité sur les marchés financiers est :

- L'assurance de pouvoir revendre à tout moment leurs titres et récupérer en contrepartie de la monnaie pour régler les dépenses immédiates qu'ils envisagent
- La capacité à revendre n'importe quel actif financier à tout moment au juste prix
- La capacité à revendre les actifs financiers au prix le plus élevé
- La certitude de revendre ses actifs financiers avant le krach boursier

Exercice 2

La finance est un commerce de « promesses »

Toute économie fonctionne grâce à une immense pyramide de dettes entre acteurs, née de la division sociale du travail et de la dimension temporelle de la production. À la base de la pyramide, la monnaie est déjà une dette née d'une dette. D'une part, la monnaie est en elle-même une sorte de titre de dette, remboursable instantanément en biens et services déjà produits. D'autre part, la monnaie est créée par les banques quand elles achètent aux acteurs économiques des titres de dette – les créances bancaires – avec les monnaies privées qu'elles créent et qui, étant ultimement garanties par l'État, sont ainsi acceptées comme « la » monnaie. Dès ce niveau élémentaire, nous trouvons donc les deux premiers étages de la « pyramide de dettes » d'une économie marchande : la monnaie bancaire et les créances bancaires. Mais naturellement, la pyramide est bien plus haute que cela. En effet, la monnaie ainsi créée permet aussitôt d'acheter d'autres titres créés et vendus par des acteurs qui veulent de la monnaie, mais ne souhaitent pas passer par les banques, tels les grandes entreprises et les États. Ces titres dont nous avons déjà rencontré les archétypes (actions et obligations) ne sont, comme tous les titres financiers, que les promesses de revenus futurs, porteurs d'une espérance de revenus et d'un risque. Ils sont vendus contre monnaie sur les « marchés financiers » « de particulier à particulier », par des entreprises et États à des « investisseurs », qui sont des individus fortunés ou des fonds regroupant des investisseurs individuels ayant de la monnaie à investir. Sur ces bases, les acteurs de la finance ont aussitôt inventé d'autres étages de la pyramide des dettes : d'autres types de titres, que l'on peut qualifier d'instruments « complexes » et d'instruments « dérivés », car ils sont construits sur d'autres titres et sont en théorie payables dans le sous-jacent sur lequel ils ont été construits.

Source : Pierre-Noël Giraud, *Principes d'économie*, La Découverte, 2016.

Questions

1. Pourquoi les titres financiers échangés sur les marchés financiers sont un « commerce de promesses » selon Pierre-Noël Giraud ?

2. Comment fonctionnent les produits dérivés sur les marchés financiers ?

Exercice 3

Pour approfondir

Qu'est-ce que le mécanisme de la titrisation ?

11 CORRIGÉS

Exercice 1

1. Les sociétés financières

2. Un titre de propriété qui permet de percevoir une rémunération sous forme de dividende

3. Émettant des obligations publiques

4. Les produits dérivés

5. L'assurance de pouvoir revendre à tout moment leurs titres et récupérer en contrepartie de la monnaie pour régler les dépenses immédiates qu'ils envisagent

Exercice 2

1. On peut parler de « commerce de promesses » selon Pierre-Noël Giraud car les titres financiers émis constituent une anticipation sur la production de biens et services et portent nécessairement un risque en situation d'incertitude.

2. Un produit ou instrument dérivé est un instrument financier dont la valorisation dépend (dérive) de la valeur d'un autre instrument qu'on appelle alors le « sous-jacent ». La partie qui échange un instrument dérivé négocie en fait les termes d'un contrat qui vont permettre de déterminer les flux financiers issus de la négociation en fonction, principalement, de l'évolution de la valeur du ou des sous-jacent(s). L'instrument sous-jacent n'est pas physiquement échangé au moment de la négociation. Cet échange peut être optionnel (cas des options), différé (*futures* ou contrats à terme), voire ne jamais avoir lieu (swap de taux). Il existe des produits dérivés pour toutes les classes d'actifs négociables au comptant et donc des risques associés : taux, change, capital, matières premières, crédit.

Exercice 3

La titrisation est une technique financière consistant à transformer des actifs illiquides en titres négociables : elle permettait initialement à une banque de refinancer leurs prêts. Les risques afférents à ces crédits sont ainsi transférés et partagés entre de multiples acteurs. La titrisation fait partie des opérations financières « structurées » : il s'agit d'une technique de financement par laquelle des actifs homogènes générateurs de revenus qui, seuls, pourraient être difficiles à échanger – sont rassemblés et vendus à une entité tierce créée pour l'occasion, laquelle les utilise comme sûreté pour émettre des titres qu'elle vend sur les marchés financiers. La titrisation est donc un montage financier qui consiste à émettre des titres adossés à un panier d'actifs, le plus souvent des créances. Les actifs sous-jacents sont pour ainsi dire « transformés » en titres, d'où l'expression « titrisation » (*securitization* en anglais) : les revenus versés au détenteur du titre sont issus des produits des actifs sous-jacents, d'où le terme générique ABS, *Asset-Backed Securities*. La titrisation a conduit à une transformation du modèle bancaire traditionnel (*originate to hold* – « accorder des crédits et les garder jusqu'à échéance »), avec la déconsolidation des actifs les plus risqués des bilans et leur revente sur les marchés financiers par l'intermédiaire d'établissements de crédit (modèle *originate to redistribute* – « accorder des crédits pour les revendre »).

COURS

12 Marché des changes et politique de change

[NOTIONS CLÉS : régime de change, taux de change, système monétaire international, politiques de change]

DÉFINITION

Le **marché des changes** est un marché sur lequel se confrontent l'offre et la demande de monnaies étrangères (ou devises) et où se fixent les taux de change (cours d'une devise).

Le règlement des opérations effectuées avec l'étranger soulève un problème de conversion des devises : le marché des changes est un marché qui fonctionne en continu et où les différents intervenants (établissements de crédit, courtiers de change et banque centrale) sont reliés par un réseau de communication (téléphone, télex, etc.). Les échanges de devises se réalisent entre banques et chaque transaction donne lieu à la fixation d'un cours. Au sein de l'économie mondiale, le marché des changes revêt une grande importance : la fixation des taux de change (ou cours de change) s'inscrit dans le cadre d'un système monétaire international, qui désigne l'ensemble des règles, accords et institutions destinés à organiser les opérations monétaires entre les nations.

1 Explications théoriques et débats

1.1 Taux de change et compétitivité

Le **taux de change** influence l'échange international, car il est un élément important de la compétitivité-prix. La manipulation du taux de change peut constituer un instrument au service des objectifs de la politique économique.

Les variations du taux de change exercent un impact sur le volume des exportations et des importations : au niveau macroéconomique, le revenu et les prix relatifs sont les deux déterminants principaux. Les flux commerciaux dépendent donc des demandes exprimées par les différents pays, tandis que la demande globale est également liée à l'évolution des revenus.

- Toutes choses égales par ailleurs, les exportations d'un pays comme la France sont une fonction croissante de la demande du reste du monde. Si le revenu du reste du monde s'améliore, le reste du monde demandera davantage de produits aux firmes situées sur le territoire français, d'où une hausse des exportations du pays.
- De la même manière, les importations françaises sont une fonction croissante du revenu national : une hausse du revenu national implique une hausse de la demande globale et une plus grande consommation des ménages français, et une augmentation des importations de biens.

La demande dépend également des prix relatifs des biens dans les différents pays. À revenus constants dans tous les pays, la baisse du prix relatif des biens d'un pays (comme la France) devrait avoir tendance à augmenter la demande pour ses biens, soit les exportations de la France. Les deux facteurs principaux des prix relatifs qui déterminent la compétitivité-prix sont les coûts de production (eux-mêmes fonction des coûts et de la productivité du travail) et le taux de change.

Les variations du taux de change influent donc sur les prix relatifs et la compétitivité-prix, c'est-à-dire la capacité, pour une nation, à offrir des produits comparables à un prix plus bas et à conquérir des parts de marché.

1.2 La compétitivité hors-prix

L'autre composante de la compétitivité est la **compétitivité hors-prix (ou structurelle)** : elle dépend de facteurs autres que le prix tels que l'innovation technologique, la performance des produits, la fiabilité, la réputation de la marque, les conditions de financement ou encore le service après-vente.

La variation du taux de change peut constituer un instrument de la politique commerciale : la dépréciation de la monnaie nationale sur le marché des changes peut stimuler la compétitivité-prix des produits.

2 Une typologie des régimes de change

Le système monétaire international implique un régime de change spécifique. On distingue deux types de régimes de change en fonction des divers objectifs de la banque centrale :

- Un **régime de change flottant**, où les autorités monétaires laissent fluctuer le taux de change en fonction de l'offre et de la demande sur le marché;

- Un **régime de change fixe**, dans le cadre duquel la banque centrale s'engage à défendre un taux de change à un niveau fixé d'avance, selon des règles précises (généralement liées à des accords entre pays).

Si le système monétaire international en vigueur de 1944 jusqu'au milieu des années 1970 prévoyait une fixité des changes, l'effondrement, en 1976, du système dit « de Bretton Woods », a ouvert une période de flottement des monnaies (même si certaines banques centrales interviennent afin de contrôler l'évolution du taux de change).

3 Les déterminants de l'évolution des taux de change

3.1 Les flux financiers

L'évolution du taux de change sur le marché des changes dépend tout d'abord de facteurs monétaires et financiers, comme les différences de taux d'intérêt entre les places financières et les écarts de taux d'inflation.

Si les taux d'intérêt sont plus rémunérateurs sur les places financières étrangères, les mouvements de capitaux quittant le pays entraînent des conversions de la monnaie nationale en devises : son prix (le taux de change) baisse ; on dit alors que la monnaie nationale subit une dépréciation sur le marché des changes.

Si le taux d'inflation est plus faible dans le pays par rapport aux pays étrangers, les capitaux affluent (anticipation d'un meilleur pouvoir d'achat) et leur conversion entraîne une appréciation de la monnaie nationale sur le marché des changes.

3.2 Le solde commercial

Les taux de change dépendent aussi du solde de la balance commerciale. Un déficit entraîne une dépréciation de la monnaie nationale sur le marché des changes car les importations, supérieures aux exportations, engendrent des ventes de la monnaie nationale (achat de devises) pour acquérir les biens étrangers (baisse du taux de change). Au contraire, un excédent de la balance commerciale favorise une appréciation de la monnaie nationale : les exportations, supérieures aux importations, favorisent des achats de la monnaie nationale de la part des partenaires commerciaux (hausse du taux de change).

4 Liens vers d'autres fiches

- Fiche 8 : Les principes de la politique monétaire
- Fiche 10 : Le financement des économies ouvertes
- Fiche 14 : Monnaie, finance et croissance
- Fiche 24 : La politique monétaire face à la récession et l'instabilité financière

12 EXERCICES

Exercice 1

Reliez chaque concept à sa bonne définition

Taux de change	Capacité d'une entreprise à vendre des biens et services à un prix inférieur à ses concurrents
Régime de change	Système de change où les taux de change fluctuent librement
Changes fixes	Systèmes de change où les taux de change sont fixés par rapport à des parités officielles
Changes flottants	Prix d'une monnaie exprimée en unités de monnaie étrangère
Compétitivité-prix	Ensemble de règles qui déterminent l'intervention des autorités monétaires sur le marché des changes et donc le comportement du taux de change

Exercice 2

Le dollar, pivot du système monétaire international

Les tensions qui traversent le système monétaire international (SMI) s'expriment ainsi : les pays émergents ont besoin d'une dépréciation du dollar pour consolider les bilans des agents endettés en dollars alors que l'Europe et le Japon ont besoin d'une appréciation du dollar pour redresser une croissance que la demande interne est incapable d'entretenir. Dans ces conditions, il est difficile d'envisager une coordination entre les politiques monétaires des grandes puissances. Le cycle d'appréciation du dollar, qui s'était accéléré à la mi-2014, a été stoppé contre l'euro et s'est inversé contre le yen dès que Janet Yellen (la présidente de la Réserve fédérale des États-Unis) a fait part de ses doutes sur l'évolution de l'économie mondiale, en dépit de l'accentuation des politiques monétaires expansives en Europe et au Japon.

CEPII, *L'économie mondiale 2017*, La Découverte, 2017.

Questions

1. Pourquoi les pays émergents et l'Europe ont-ils des attentes contradictoires en matière de taux de change vis-à-vis des États-Unis ?
2. Que montre le passage souligné ?

Exercice 3

Pour approfondir

Quelles peuvent être les implications de l'évolution du taux de change de la livre Sterling pour l'économie britannique et ses partenaires commerciaux ?

1. Taux de change de la livre

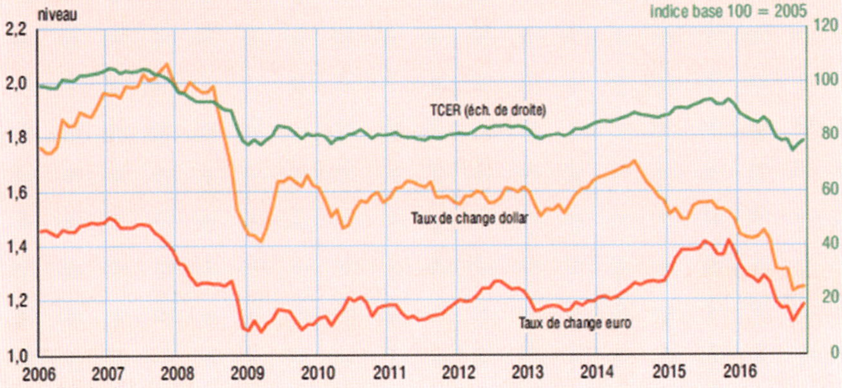

Source : Macrobond.

12 CORRIGÉS

Exercice 1

- Taux de change → Prix d'une monnaie exprimée en unités de monnaie étrangère
- Régime de change → Ensemble de règles qui déterminent l'intervention des autorités monétaires sur le marché des changes et donc le comportement du taux de change
- Changes fixes → Systèmes de change où les taux de change sont fixés par rapport à des parités officielles
- Changes flottants → Système de change où les taux de change fluctuent librement
- Compétitivité-prix → Capacité d'une entreprise à vendre des biens et services à un prix inférieur à ses concurrents

Exercice 2

1. Les pays émergents souhaitent une dépréciation du dollar qui allègerait le poids des dettes qu'ils ont à rembourser exprimées en monnaie américaine, tandis que les pays européens souhaitent quant à eux une appréciation pour améliorer la compétitivité-prix de leurs produits exportés.

2. Le passage souligné montre que les déclarations des banquiers centraux (comme J. Yellen) ont un impact sur les variations des taux de change, en ce sens qu'elles conduisent par exemple les marchés financiers à modifier leurs portefeuilles d'actifs en anticipant l'appréciation (ou la dépréciation) d'une monnaie.

Exercice 3

Le taux de change effectif réel (TCER) de la livre britannique, c'est-à-dire la moyenne pondérée des taux de change avec tous les partenaires commerciaux du Royaume-Uni, s'est déprécié de plus de 20 % entre 2005 et fin 2016 (échelle de droite sur le graphique, base 100 en 2005). Comme on le voit sur le graphique, la baisse des taux de change de la livre n'est pas un fait nouveau mais elle s'est accentuée depuis l'annonce du Brexit (juin 2016). La devise britannique est désormais à son plus bas niveau depuis 2009, lors de la crise financière. La dépréciation de la livre a un certain nombre d'effets positifs à court terme pour l'économie britannique. Elle peut stimuler les exportations en renforçant la compétitivité-prix des entreprises exportatrices du Royaume-Uni. Elle contribue à diminuer les importations en renchérissant les prix des produits importés, l'impact global sur le commerce extérieur tenant à l'élasticité-prix relative des exportations et des importations britanniques. Évidemment, cette évolution des taux de change affecte certains partenaires commerciaux du Royaume-Uni, en particulier l'Irlande dont les échanges avec le Royaume-Uni représentent une part importante dans son commerce extérieur, tandis que d'autres pays européens qui utilisent l'euro peuvent voir leur compétitivité-prix se dégrader.

COURS

13 La globalisation financière

[NOTIONS CLÉS : désintermédiation, décloisonnement, déréglementation, dématérialisation]

DÉFINITION

La **globalisation financière** est un processus d'intégration financière au niveau mondial. Ce mouvement d'intégration et d'unification des marchés financiers est souvent caractérisé par ce que l'on appelle la règle des « 3D » : pour « décloisonnement » et « dérèglement » des marchés des capitaux et « désintermédiation » des financements.

1 Un mouvement de globalisation financière

La globalisation financière implique un recours accru aux marchés financiers dans le financement des économies, une concurrence plus forte entre les acteurs qui interviennent sur ces marchés et la possibilité élargie de participer à tous les compartiments de ces marchés. Cette évolution a été permise autant que favorisée par l'application de la règle des « 3D » (décloisonnement, déréglementation, désintermédiation) et conduit à la constitution d'un marché unique de l'argent à l'échelle mondiale, au sein duquel les différents marchés sont complètement interdépendants, en particulier grâce à l'utilisation de réseaux informatiques sophistiqués qui réduisent les coûts de transaction.

1.1 Le décloisonnement

Le décloisonnement consiste en l'ouverture des marchés financiers nationaux à deux niveaux : **sur le plan externe, par la suppression des entraves réglementaires** afin de garantir une complétude des marchés, c'est-à-dire la possibilité donnée à un agent économique de disposer du contrat financier qu'il souhaite (à partir de 1985 a été ouvert en France un marché de titres de créances négociables, ouvert à tous les agents économiques, qui offre la possibilité à un investisseur ou un emprunteur de choisir la durée de son placement); **sur le plan interne, par une déspécialisation des activités bancaires** (effacement de la séparation entre activités de banques de dépôt et de banques d'affaires depuis la fin des années 1990 aux États-Unis).

1.2 La déréglementation

Ce décloisonnement a été rendu possible par une déréglementation qui a **renforcé la concurrence financière entre les acteurs et abouti à une grande liberté de circulation de capitaux**, en quête des meilleurs rendements au gré des variations des différents paramètres financiers (taux d'intérêt, mais aussi taux de change dans le cadre d'un système de changes flottants à partir des années 1970). Cette évolution a d'ailleurs suscité des innovations financières afin de gérer la double instabilité des taux d'intérêt et des cours de change (en particulier les produits dérivés).

1.3 La désintermédiation

Enfin, la désintermédiation financière renvoie au **processus de titrisation** qui consiste en la substitution, dans le bilan des banques, de l'activité traditionnelle de transformation des dépôts en crédits par des opérations de marché.

2 Une dynamique de convergence des systèmes financiers

2.1 La globalisation financière : un choix politique

La globalisation financière s'est déployée à partir des années 1990 sous l'impulsion de la finance anglo-saxonne et a fait l'objet d'un consensus entre les gouvernants dans un contexte d'approfondissement des autres dimensions de la mondialisation de l'économie (échanges internationaux de biens et services, multinationalisation des firmes et nouvelle division internationale du travail), et de regain d'intérêt pour les idées libérales, doctrine promue par les grandes organisations financières internationales, de telle manière que l'économiste John Williamson a pu évoquer le « consensus de Washington », puisque le Fonds Monétaire International (FMI) et la Banque mondiale ont leur siège situé au sein de la capitale politique américaine. Ces institutions ont diffusé un certain nombre de **principes de bonne gouvernance** à portée universelle : désengagement de l'État de la sphère économique et financière et primauté donnée aux mécanismes du marché (baisse des dépenses publiques et des prélèvements fiscaux en particulier sur le capital), incitation à la concurrence, promotion du secteur privé (privatisations des entreprises publiques) et libéralisation de l'environnement financier par la suppression des réglementations afin de favoriser la pénétration des investisseurs étrangers (ouverture des marchés de capitaux).

2.2 La domination du marché financier américain

Les États-Unis, première puissance économique mondiale, ont concilié la mondialisation d'une finance déréglementée (sous l'impulsion du *lobby* de Wall Street et de la concurrence avec la place de Londres) avec celle des échanges commerciaux : **les modes d'organisation de la finance américaine** (déréglementation financière et fiscale), **la suprématie du dollar au sein des relations monétaires internationales et la domination des acteurs globaux de la finance américaine** (marchés, banques d'affaires, investisseurs institutionnels, etc.) **ont conduit à édifier aux États-Unis un modèle de développement économique tiré par la finance (et l'endettement)**. Mais les performances économiques américaines à partir des années 1990 (forte croissance, faible chômage) ont incité les autres États à converger vers les structures du modèle américain, présenté comme référence en matière d'efficience par les institutions internationales, par une série de profondes réformes de leur système financier (déréglementation du secteur bancaire, innovations financières, abaissement de la fiscalité du capital pour accroître l'attractivité du territoire, etc.). Si l'hégémonie de la finance américaine a ainsi conduit à une certaine homogénéisation du système financier mondial, elle n'a pas pour autant altéré la variété des capitalismes nationaux.

3 La persistance de la variété des modèles nationaux de financement

La finance globalisée a sensiblement complexifié le rôle des intermédiaires financiers : malgré des phénomènes universels à l'échelle mondiale (comme la montée en puissance des investisseurs institutionnels et des fonds spéculatifs), l'opposition entre les systèmes orientés « banques » et les systèmes orientés « marchés » demeure en partie pertinente pour distinguer des systèmes financiers encore largement hétérogènes dans leurs structures, fruits de l'histoire (place relative des marchés de titres), des règles de droit (diversité des règles juridiques, modalité de protection des intérêts privés), mais aussi de la culture (rapport au risque et au gain, mentalités plus ou moins favorables aux placements boursiers, etc.).

4 Liens vers d'autres fiches

- Fiche 9 : Le financement de l'économie : principes de base
- Fiche 11 : Marchés de capitaux et institutions financières
- Fiche 21 : Instabilité des marchés de capitaux et récurrence des crises financières
- Fiche 22 : La régulation financière face à l'instabilité financière

Exercice 1

Vrai ou faux ?

1. La globalisation financière est fondée sur trois mouvements qui sont la désintermédiation, la déréglementation et le décloisonnement des marchés de capitaux.
2. La désintermédiation suppose le retrait total des banques dans le financement de l'économie.
3. La globalisation financière s'est déployée à partir des années 1990.
4. La globalisation financière a permis d'abaisser les coûts de transaction dans les opérations financières.
5. La globalisation financière a été permise par un ensemble de mesures de libéralisation des marchés de capitaux souhaitées par les pouvoirs publics.
6. La globalisation financière a conduit à une convergence totale des systèmes financiers vers le modèle anglo-saxon.
7. La globalisation financière est imbriquée avec les autres dimensions de la mondialisation de l'économie (échanges de biens et services, globalisation de la production).

Exercice 2

L'impact de la globalisation financière

Entre la fin de la Seconde Guerre mondiale et les années 1980, les systèmes financiers nationaux étaient :

- *Cloisonnés : l'épargne constituée dans un territoire y était « piégée » par des contrôles stricts des mouvements de capitaux à travers les frontières, ce qui permettait, entre autres choses, de laminer par l'inflation la petite épargne placée à taux fixes et de pratiquer ainsi à grande échelle la recommandation de Keynes d'« euthanasier » les rentiers ;*
- *Dominés par l'intermédiation bancaire ;*
- *Divisés par une nette séparation, du moins aux États-Unis, depuis le Gass-Steagal Act (1933), entre les banques commerciales et les banques d'affaires, qui seules avaient le droit d'intervenir sur des marchés financiers moins développés et complexes qu'aujourd'hui.*

Aujourd'hui s'est mis en place un système global caractérisé par :

- *Une libre circulation des capitaux entre pays. L'épargne constituée dans un pays et dans une monnaie peut acheter des titres émis par des acteurs d'un autre pays dans une autre monnaie. En termes simples, il y a « libertés de circulation » des capitaux entre pays riches, mais aussi entre eux et les grands pays émergents ;*

- *La finance de marché domine la finance «intermédiée» dans le financement de l'économie;*
- *Le rôle des banques s'est profondément transformé. Elles sont devenues des actrices majeures de l'innovation et des marchés financiers. Certaines sont devenues des banques universelles, assumant toutes les fonctions monétaires et financières, et de très grande taille;*
- *Les investisseurs institutionnels sont montés en puissance et ont transformé les règles du «gouvernement d'entreprise»;*
- *Les marchés dérivés, la titrisation et la structuration se sont énormément développés;*
- *Entre les banques qui font l'objet d'une réglementation étatique et les autres institutions financières qui ne le sont pas, les «fonds» de toutes sortes, la frontière s'est effacée avec le développement du «shadow banking system».*

Source : Pierre-Noël Giraud, *Principes d'économie*, La Découverte, 2016.

Question

Synthétisez dans le tableau suivant les caractéristiques des systèmes financiers avant et après la globalisation financière.

Les systèmes financiers *avant* le processus de globalisation financière	Les systèmes financiers *après* le processus de globalisation financière

Exercice 3

Pour approfondir

En quoi les places financières et les secteurs financiers sont-ils des acteurs stratégiques pour la croissance et l'emploi dans une économie?

13 CORRIGÉS

Exercice 1

1. Vrai
2. Faux
3. Vrai
4. Vrai
5. Vrai
6. Faux
7. Vrai

Exercice 2

Les systèmes financiers *avant* le processus de globalisation financière	Les systèmes financiers *après* le processus de globalisation financière
– Contrôle strict des mouvements de capitaux; – Inflation relativement forte; – Rôle majeur de l'intermédiation bancaire; – Cloisonnement des activités bancaires.	– Libéralisation des mouvements de capitaux; – Domination de la finance de marché (relativement à l'intermédiation bancaire); – Création de banques universelles et effacement de la frontière entre banque de détail et banque d'affaires; – Développement de la technique de la titrisation et des produits dérivés.

Exercice 3

Pour un pays développé inséré dans l'économie globale, posséder une place financière de premier plan constitue un atout essentiel sur le plan stratégique (85 % des flux mondiaux sont gérés par les vingt premières places localisées dans les grandes métropoles des pays les plus riches), afin de contrôler les centres de décision d'allocation des ressources vers le système productif (information, gestion et couverture des risques, assurance). Chaque grande place financière au sein des pays avancés recherche la taille maximale afin de devenir la place de référence dans un univers très concurrentiel, et tente d'attirer les flux de capitaux, les sièges sociaux des grandes sociétés industrielles, les centres de recherche en économie et en finance, et la main-d'œuvre hautement qualifiée (universités, grandes écoles), dans le but de bénéficier de la valeur ajoutée ainsi créée. L'existence d'une place financière de premier plan, dans la mesure où elle favorise le bon développement de l'industrie financière par les effets d'agglomération qu'elle génère, présente un intérêt réel pour l'économie nationale.
Le secteur financier exerce des effets d'entraînement importants sur l'activité et l'emploi : en France, la part du secteur financier dans la valeur ajoutée est ainsi comprise entre 4 % et 5 % depuis quarante ans, soit à un niveau comparable à celui observé en Allemagne, en Italie ou en Espagne. La contribution de l'industrie financière au produit intérieur brut (PIB) y est ainsi dix fois plus importante que celle de l'industrie automobile. Le secteur financier génère ainsi une contribution significative sur le plan budgétaire : les impôts et prélèvements sur la masse salariale acquittés par les entreprises du secteur

financier représentent près de 5 % de l'ensemble des prélèvements obligatoires. Le poids de l'industrie financière n'est pas négligeable en termes d'emploi : les effectifs de la banque et de l'assurance sont estimés à plus de 750 000 emplois temps plein en France.

COURS 14 Monnaie, finance et croissance

[NOTIONS CLÉS : cycle du crédit, taux d'intérêt, anticipations]

DÉFINITION

Si l'analyse économique admet que la finance puisse contribuer à la croissance à travers divers mécanismes (transfert d'épargne d'agents en excédent de financement vers des agents en déficit, transfert des risques), elle considère le plus souvent que les cycles n'ont que des origines réelles (essentiellement sous forme de chocs « exogènes » comme les chocs technologiques). Pourtant, les crises financières successives témoignent de la **composante financière indiscutable des fluctuations économiques** : la finance globalisée, en démultipliant les sources de déséquilibre, a contribué à réinstaller cette instabilité au cœur des économies capitalistes, tout en compliquant les tentatives pour la réguler.

1 Explications théoriques et débats

Les bulles spéculatives scandent l'histoire du capitalisme depuis plusieurs siècles. Les premiers exemples significatifs sont la bulle sur les actions de la Compagnie du Mississippi (affaire John Law) en France et sur celles de la *South Sea Company* en Angleterre en 1720. Isaac Newton, victime de l'effondrement des cours de la *South Sea Company*, déclare d'ailleurs à cette occasion : « *Je peux prévoir les mouvements des astres mais je ne peux pas prévoir la folie des hommes* » ; il ouvre par là le débat sur la rationalité des comportements conduisant à ce type de bulle, qui divise encore aujourd'hui l'analyse économique. Ces bulles deviennent récurrentes au XIXe siècle en accompagnant les phases d'essor cycliques des économies en train de s'industrialiser. Elles trouvent leur point d'orgue dans la phase spéculative des années 1920 avant de réapparaître depuis la fin des années 1980 (bulle sur les marchés d'actions et sur l'immobilier à la fin des années 1980, bulle sur les actions des entreprises de la « nouvelle économie » à la fin des années 1990, bulle sur l'immobilier dans les années 2000). Ces « manias » (selon l'expression de l'économiste Charles Kindleberger), ces phases d'engouement dans laquelle l'euphorie des agents les pousse à acheter des titres à un prix toujours plus élevé, sont souvent considérées comme un mal nécessaire accompagnant la **diffusion des nouvelles technologies** (à l'instar de la railwaymania des années 1840 ou de la « bulle Internet » dans les années 1990) ou **des innovations financières** (banque de Law, produits liés aux crédits subprimes dans les années 2000 jusqu'à la crise financière de 2007), même si leur éclatement reste une source importante de gaspillage de ressources productives.

2 La double composante des crises financières

2.1 Les bulles financières

Les crises des marchés financiers sont essentiellement liées à l'éclatement des bulles spéculatives. Ces bulles se nourrissent de l'écart croissant entre la valeur fondamentale des actifs (actions, biens immobiliers) et leur valeur de marché. Il est certain aujourd'hui que ces déviations des prix des actifs de leurs niveaux normaux (les bulles) ont des effets très néfastes sur la stabilité financière et économique, que ce soit à la hausse (excès d'endettement, insuffisance d'épargne), ou à la baisse (risque de déflation et de crise bancaire). L'impact le plus négatif des krachs vient de **l'effet de richesse** : l'effondrement du cours des titres provoque un appauvrissement des agents. Il se combine souvent à **l'effet psychologique négatif** que la baisse des cours produit sur les anticipations de croissance (en référence aux écrits de Keynes).

2.2 De la crise financière à la crise bancaire

Le plus souvent, l'effondrement des cours (actions, obligations ou produits plus élaborés comme les « produits structurés ») affecte les intermédiaires financiers à travers les chaînes d'endettement qui les relient. Si les banques sont limitées par la réglementation dans leur possibilité d'acheter des titres (qui constituent cependant une part significative aujourd'hui de leur actif), elles prêtent souvent à des spéculateurs divers les sommes importantes qui permettent à ces derniers de prendre des risques de manière amplifiée (levier d'endettement). Ainsi, les prêts aux courtiers distribuant des crédits aux ménages américains pour leurs achats immobiliers ou les prêts aux *hedge funds* ont-ils permis un développement sans précédent des positions risquées aux États-Unis dans les années 2000.

La crise des intermédiaires bancaires est souvent la plus coûteuse en termes de croissance économique. Non seulement ceux-ci ont en charge le système de paiements, mais ils jouent un rôle considérable par le crédit qu'ils octroient aux différents agents à court et à long terme.

2.3 Le rationnement du crédit

La crise bancaire, qui mêle l'insolvabilité de certaines banques (du fait de créances irrécouvrables) et l'illiquidité des autres (du fait de demandes de retrait trop importantes par rapport à l'actif mobilisable immédiatement par les banques pour rembourser leurs clients), provoque en général un **rationnement du crédit** (« credit crunch ») aux effets dévastateurs. Ayant trop prêté dans la phase expansive du cycle, les banques surréagissent avec le même excès en réduisant quantitativement les crédits accordés. Refusant de prêter, elles bloquent en même temps le refinancement bancaire (c'est-à-dire le crédit que se font les banques entre elles) et le financement de l'ensemble des acteurs économiques.

3 Surendettement et « déflation par la dette »

3.1 Le cycle du crédit

Les phases de boom s'accompagnent inévitablement d'une montée de l'endettement. L'économiste américain **Hyman Minsky** y voit l'expression d'un **« paradoxe de la tranquillité »**. C'est en effet pendant la phase de boom que l'instabilité financière trouve sa source. C'est pour cela que, pour Minsky, les économies connaissent régulièrement une fragilisation financière qui les fait passer du boom à la crise de manière inéluctable parce qu'elles glissent au cours du cycle d'un régime de financement stable à un régime de financement spéculatif. **L'instabilité financière vient donc des économies capitalistes elles-mêmes**. En effet, adoptant souvent un comportement prudent au début du boom économique, les entreprises proportionnent d'abord leurs demandes de crédit aux anticipations de profit qui permettent de rembourser le capital emprunté et les intérêts. Puis, poussées par leur confiance dans l'expansion, elles acceptent un plus fort taux d'endettement en misant sur un crédit facile et sur le fait qu'elles n'auront à rembourser que les intérêts, les prêts se renouvelant facilement. Cette phase spéculative trouve son point d'orgue lorsque les entreprises remboursent les intérêts en empruntant de nouvelles sommes (endettement dit « Ponzi »). Cette fragilisation croissante est favorisée par le comportement des acteurs du système financier : au fur et à mesure de l'éloignement de la crise précédente, les banques tendent à relâcher leur vigilance dans l'octroi des prêts et à pêcher par excès d'optimisme dans les garanties demandées aux emprunteurs. D'autre part, les autorités monétaires tendent à desserrer les contraintes qu'elles avaient imposées à la finance au sortir de la crise précédente.

En même temps, les acteurs financiers développent des innovations qui permettent de contourner les réglementations contraignantes.

3.2 La déflation par la dette

Si l'économiste américain **Irving Fisher** voit, dès les années 1930, le surendettement comme une dérive inévitable des économies à monnaie de crédit, il insiste surtout sur les effets déflationnistes des dettes accumulées dans la phase de croissance en mettant en évidence le **mécanisme dit de « déflation par la dette »** en 1933. La nécessité de rembourser les crédits contractés dans la phase d'expansion oblige les entreprises à procéder à des ventes en catastrophe pour trouver les recettes nécessaires. Ces ventes précipitent les stocks de produits sur les marchés et entraînent une baisse des prix. Cette baisse des prix fait chuter les recettes des entreprises et aboutit au résultat paradoxal suivant : « *plus les emprunteurs remboursent et plus ils doivent* » car le poids de leurs remboursements (capital et intérêt) croît par rapport à leurs revenus. Ce mécanisme a depuis été étendu aux effets de la baisse des prix des actifs financiers.

4 Liens vers d'autres fiches

- Fiche 6 : Le rôle des taux d'intérêt
- Fiche 21 : Instabilité des marchés de capitaux et récurrence des crises financières
- Fiche 24 : La politique monétaire face à la récession et l'instabilité financière

Exercice 1

Vrai ou faux?

1. La formation de bulles spéculatives est une constante dans l'histoire des économies capitalistes.

2. L'instabilité financière devient récurrente avec l'industrialisation des économies au XIXe siècle.

3. Les bulles spéculatives ne sont jamais liées à l'introduction des innovations technologiques.

4. Lors d'un krach, l'effet de richesse négatif lié à la baisse des cours se combine souvent à l'effet psychologique négatif sur les anticipations de croissance.

5. Selon le «paradoxe de la tranquillité» d'Hyman Minsky, l'instabilité financière naît en raison des asymétries d'information et de l'aléa moral dans le secteur financier.

6. Le mécanisme de «déflation par la dette» a été démontré par l'économiste Irving Fisher.

7. On parle d'endettement de «Ponzi» lorsque les entreprises remboursent les intérêts en empruntant de nouvelles sommes.

Exercice 2

Le rôle du «mistigri» dans les crises financières

La dissymétrie de la politique monétaire engendre en moyenne la création de droits financiers en excès sur ce que sera, sauf scénario absolument exceptionnel, la richesse future. Ces droits financiers en excès, c'est ce que j'ai appelé le «mistigri». Ce genre de politique monétaire est le résultat d'un «biais favorable à la croissance» chez la plupart des gouvernements, du moins depuis la grande crise des années 1930. On ne veut surtout pas la casser quand, les cours des actions montant, l'effet de richesse (les acteurs qui détiennent des actions se sentent plus riches) pousse les entreprises à investir et les consommateurs à consommer. Et, naturellement, on veut retrouver au plus vite la croissance lors des récessions, en maintenant des taux monétaires très bas, voire nuls, pour stimuler la relance. C'est donc, de manière plus générale, la volonté des gouvernements de maximiser en toutes circonstances la croissance qui entraîne la création et le gonflement du «mistigri». Or ce «mistigri» finit par être perçu comme tel : les prix de certains actifs sont perçus par un nombre croissant d'acteurs comme étant devenus excessifs par rapport à ce que pourrait être, selon toute vraisemblance, leur rémunération à l'avenir. Personne ne peut bien sûr savoir de manière précise quelle est la taille du «mistigri», il faudrait connaître l'avenir. Mais à partir du moment où la vision dominante est qu'il en existe bien un, il est purgé. Complètement? La purge est-elle excessive? Cela aussi, personne ne le sait.

Source : Pierre-Noël Giraud, *Principes d'économie*, La Découverte, 2016.

Questions

1. Pourquoi l'auteur parle-t-il du « mistigri » dans la finance contemporaine ?

2. En quoi les pouvoirs publics entretiennent-ils un « biais favorable à la croissance » ?

3. Quel est le rôle des anticipations dans la survenue d'une crise financière ?

Exercice 3

Pour approfondir

Quelles sont les implications de l'effet de levier dans les économies monétaires modernes ?

14 CORRIGÉS

Exercice 1

1. Faux
2. Vrai
3. Faux
4. Vrai
5. Faux
6. Vrai
7. Vrai

Exercice 2

1. Le « mistigri » est une image utilisée par l'auteur pour désigner l'écart entre les droits financiers créés par les bulles de crédit et la production réelle de biens et services.

2. Les pouvoirs publics soutiennent, par leurs stimulations monétaires et/ou budgétaires, le crédit et donc les effets de richesse qui à leur tour, soutiennent la demande globale (consommation et investissement).

3. Les acteurs économiques anticipent soudainement la déconnexion entre la valeur des titres et leur rémunération raisonnable dans le futur, et l'éclatement de la bulle spéculative peut alors survenir.

Exercice 3

Une question récurrente que se posent les chefs d'entreprise est de savoir s'il vaut mieux privilégier le financement de l'investissement par autofinancement (on parle également de financement « par fonds propres ») ou le financement par endettement. L'autofinancement n'est toutefois pas toujours suffisant pour couvrir les besoins d'une entreprise et un financement externe peut être envisagé. Pour cela, il convient d'envisager correctement l'effet de levier, soit le mécanisme par lequel l'endettement contracté dans un but d'investissement ou de placement financier, a des conséquences positives (négatives) sur la rentabilité des capitaux engagés par un agent. On distingue généralement l'effet de levier au niveau d'une entreprise (investissement) et l'effet de levier sur les marchés financiers (placement), mais il est question également d'effet de levier au niveau des banques (dont les engagements sur les marchés financiers peuvent être nettement supérieurs aux fonds propres dont elles disposent).

Pour comprendre les implications de l'effet de levier, il convient de distinguer rentabilité économique et rentabilité financière :

– Pour calculer la rentabilité financière, on rapporte le bénéfice après paiement des impôts et versement des intérêts financiers aux capitaux investis par les actionnaires et associés (capitaux propres). Ce ratio s'appelle le *Return On Equity* (ROE).

– Pour calculer la rentabilité économique, on rapporte le résultat d'exploitation après paiement des impôts à l'ensemble des capitaux mis en œuvre (immobilisations nécessaires à l'exploitation et besoins en fonds de roulement d'exploitation).

Ainsi, on peut prendre l'exemple d'une entreprise qui dispose de 2 millions d'euros de fonds propres, et dont le taux de rentabilité économique est de 15 %, soit un profit de 300 000 euros. Si on suppose que l'entreprise s'endette d'un million d'euros à un taux d'intérêt réels de 2 %, son profit passe à 430 000 euros compte tenu des frais financiers de 20 000 euros, soit (3 000 000 x 0,15) – (0,02 x 1 000 000). Le taux de rentabilité financière de ses fonds propres passe à 21,5 %, soit (430 000 / 2 000 0000). Dans cette hypothèse, l'effet de levier est positif, c'est-à-dire que les profits augmentent car le taux d'intérêt réel est inférieur au taux de rentabilité des fonds propres.

Partie 2

Les théories monétaires et financières

SOMMAIRE

COURS

15 L'approche classique : la monnaie « voile »

[NOTIONS CLÉS : loi des débouchés, dichotomie (forte/faible), niveau général des prix]

DÉFINITION

Contre la vision mercantiliste du siècle précédent, qui voyait dans l'accumulation des métaux précieux un des fondements de la richesse, **les économistes classiques réaffirment d'abord le fondement réel de la richesse**. La plupart d'entre eux (Say, Ricardo, Mill) adhèrent aussi à la loi des débouchés qui énonce que « *les produits s'échangent contre les produits* » (Jean-Baptiste Say) dans une économie qui fonctionne essentiellement suivant les principes d'une économie de troc et dans laquelle « *l'argent n'est que la voiture de la valeur des produits* ». La présence de la monnaie est un fait incontestable mais n'est pas fondamentale dans la mesure où les rapports de valeur entre les objets sont déterminés avant l'échange, principalement, selon les classiques, par les quantités de travail qu'ils incorporent. Dans la conception des classiques, **la monnaie peut apparaître dans le raisonnement, simplement dans un second temps, et les principaux résultats de l'analyse économique peuvent être établis sans faire l'hypothèse de sa présence initiale.** Les échanges pourraient très bien se réaliser sans monnaie mais, comme l'affirmait David Hume dès le XVIIIe, « *la monnaie est l'huile qui rend le mouvement des engrenages plus doux et plus aisé* ».

2. Les théories monétaires et financières

1 Explications théoriques et débats

1.1 La neutralité de la monnaie

On dit que la monnaie est neutre, au sens de la dichotomie forte, lorsqu'on considère qu'elle n'a **que des effets nominaux et pas d'effet sur l'économie réelle** (niveau de l'emploi, par exemple). De fait, il est absurde pour les classiques de conserver de la monnaie puisque cela reviendrait pour les agents à se priver de la satisfaction que seule autorise l'utilisation des biens que la monnaie permet d'acheter. Comme la monnaie n'est demandée que pour un motif de transaction, c'est-à-dire comme un « intermédiaire des échanges », toute l'épargne sera soit investie, soit dépensée, et la monnaie ne saurait être, en conséquence, demandée pour elle-même, dans une logique de thésaurisation. La neutralité de la monnaie signifie donc que **les variations (exogènes) de la quantité de monnaie n'ont pas d'effets sur les prix relatifs, mais uniquement sur les prix nominaux** (et donc sur le niveau général des prix).

1.2 La tradition quantitativiste

La tradition de la théorie quantitative de monnaie s'inscrit dans cette perspective de dichotomie forte. **Jean Bodin** (1530-1596) cherchant à expliquer la hausse des prix qui se manifeste au XVIe siècle, considère que cette inflation a pour cause principale l'augmentation de la quantité d'or et d'argent en circulation dans le royaume. Cette tradition quantitativiste se poursuit notamment avec **John Locke** (1632-1704), puis avec **David Hume** (1711-1776). Au XIXe siècle, ce sont **David Ricardo** (1772-1823) puis la *Currency School* qui incarnent le quantitativisme. La hausse des prix en Grande-Bretagne est expliquée par l'augmentation de la circulation monétaire rendue possible par l'inconvertibilité du papier-monnaie en or instaurée en 1797. La loi des débouchés de **J.-B. Say** est étroitement liée aux idées quantitativistes car, si la monnaie constitue un simple voile, il n'y a pas de différence entre économie monétaire et économie de troc et «*toute offre crée sa propre demande*».

2 La théorie quantitative de la monnaie : la dichotomie forte

2.1 L'approche classique et néoclassique

Dans l'approche classique et néoclassique, l'analyse dichotomique exclut donc toute influence d'une variation de la masse monétaire sur l'activité économique, exprimée en volume : c'est ce que les économistes appellent la «théorie quantitative de la monnaie». Dès le XVIIIe siècle, David Hume énonce le principe de neutralité à long terme de la monnaie : un doublement de la quantité de monnaie en circulation n'engendre qu'un doublement du niveau général des prix. Dans ses *Principes de l'économie politique de l'impôt*, David Ricardo montre en 1817 que la masse monétaire et le volume des transactions sont déterminés par des facteurs différents : la quantité de signes monétaires dépend de la production des mines de métaux précieux et des autorités monétaires (émission de papier-monnaie), tandis que les échanges réels sont liés aux besoins des agents économiques et au volume des affaires.

2.2 L'équation des échanges : Irving Fisher

Les auteurs néoclassiques ont repris par la suite la théorie quantitative en la reformulant à l'aide d'équations, dont la plus connue est celle de l'économiste mathématicien américain **Irving Fisher** de l'Université de Yale : dans son ouvrage *Le pouvoir d'achat de la monnaie* (1911), il pose **l'équation des échanges M x V = P x T**, selon laquelle le produit de la masse monétaire (M) par la vitesse de circulation de la monnaie (V) est égal au produit du volume des transactions (T) par le niveau général des prix (P). Si certaines hypothèses sont respectées (T ne varie pas lorsque M augmente, la vitesse de circulation V est constante), la théorie quantitative établit que toute augmentation de la quantité de monnaie *(«le total de la monnaie payée»)* entraîne une augmentation proportionnelle du niveau général des prix («la valeur des biens achetés avec cette monnaie»). L'apport d'Irving Fisher a également consisté à préciser le lien entre les variations de la masse monétaire, les taux d'intérêt *réels*, et les fluctuations cycliques : pour un taux d'intérêt nominal donné, la croissance de la masse monétaire diminue les taux réels, stimule l'investissement, la production, et provoque une augmentation proportionnelle du niveau général des prix. Malgré des phases transitoires à court terme, la théorie quantitative retrouve donc ses droits à long terme.

2.3 La monnaie comme épiphénomène

En définitive, cette conception de la dichotomie forte conduit à considérer que rien n'est moins important que la monnaie, puisque celle-ci n'affecte pas ce qui est essentiel : les prix relatifs. Du point de vue de la politique économique, il est vain, dans cette perspective, de vouloir affecter le fonctionnement «réel» de l'économie (emploi, production, etc.) en agissant sur la quantité de monnaie. Cette conclusion se retrouve aujourd'hui au sein de la Nouvelle École Classique (NEC) qui se fonde sur l'hypothèse d'anticipations rationnelles.

3 La dichotomie faible

3.1 L'approche monétariste

Une autre approche, celle de la dichotomie faible, considère que la monnaie a des effets réels transitoires. C'est **M. Friedman** qui illustre le mieux cette conception de la dichotomie faible. Pour M. Friedman, les agents ont des anticipations adaptatives, c'est-à-dire qu'ils sont victimes d'illusion monétaire à court terme, mais pas à long terme. Par conséquent, ce sont les variations de la quantité de monnaie qui expliquent pour l'essentiel les variations à court terme de l'activité économique (la monnaie a donc des effets réels). Mais les agents ne se laissent pas abuser durablement et, pour obtenir une relance d'une ampleur déterminée, les autorités gouvernementales doivent injecter des quantités croissantes de monnaie. Par conséquent, la monnaie est active à court terme et neutre à long terme.

3.2 Controverses théoriques autour de la monnaie

Le rôle de la monnaie dans l'économie est une des lignes de fracture de l'analyse économique depuis deux siècles. Alors que les classiques au XIXe et les néo-classiques au XXe considèrent en général que l'analyse économique ne perd rien d'essentiel en négligeant, au départ, le rôle de la monnaie, **Marx** puis **Keynes** et **Schumpeter** ont affirmé successivement **l'importance initiale du fait monétaire dans les économies modernes** puisque la monnaie est à la fois ce avec quoi on compte et ce avec quoi on paie. Cette position a été renforcée par des études historiques qui montrent la présence de la monnaie avant la généralisation des échanges marchands, ce qui mettrait fin, pour certains, à la « fable du troc » précédant l'échange monétaire que racontent les économistes en général. D'autre part, l'introduction *a posteriori* de la monnaie dans le raisonnement, soit comme intermédiaire des échanges, soit comme réserve de valeur, pose des problèmes insurmontables à la théorie économique dominante et semble difficile à concilier avec l'omniprésence du fait monétaire dans la croissance et les fluctuations des économies capitalistes depuis la naissance du capitalisme. Pourtant, la nouvelle macroéconomie classique est venue depuis une trentaine d'années réaffirmer les conclusions de la dichotomie classique en défendant l'idée de l'inutilité d'une politique monétaire visant à relancer la croissance et celle de l'origine réelle des fluctuations économiques.

4 Liens vers d'autres fiches

- Fiche 17 : L'approche keynésienne de la monnaie
- Fiche 18 : Les approches monétaristes : le « néo-quantitativisme »
- Fiche 19 : La monnaie selon l'approche des « nouveaux classiques » : les anticipations rationnelles
- Fiche 20 : L'approche des nouveaux keynésiens : le retour à la monnaie « active »

15 EXERCICES

Exercice 1

Vrai ou faux ?

1. L'approche classique ne reconnaît qu'une fonction à la monnaie : la fonction d'intermédiaire des échanges

2. L'approche classique de la dichotomie forte est fondée sur la théorie quantitative de la monnaie

3. Dans l'approche de la dichotomie forte, les variations de la masse monétaire n'ont aucun impact sur les prix relatifs

4. David Ricardo a combattu dans ses travaux la théorie quantitative de la monnaie

5. L'approche de la dichotomie forte peut être associée aux travaux de M. Friedman

6. Dans l'approche de la dichotomie faible, la monnaie a des effets transitoires sur l'activité économique

7. La Nouvelle École Classique (NEC) a réactivé les principes de la dichotomie défendue par les économistes classiques

Exercice 2

Si l'on poursuit avec l'idée que la monnaie ne sert à rien d'autre qu'échanger et n'est là que parce qu'elle facilite les échanges de produits, alors découle une autre hypothèse, selon laquelle les comportements monétaires des agents sont stables, puisqu'ils ne demandent de la monnaie que pour régler leurs échanges. En associant à cette stabilité de la demande de monnaie l'idée que toutes les encaisses disponibles sont investies et que le circuit fonctionne à plein régime (pas de production inutilisée), on parvient à la théorie quantitative de la monnaie : la quantité de monnaie en circulation n'a d'incidence que sur les prix. Autre ingrédient des thèses de la neutralité, la rationalité et l'absence d'illusion monétaire. Pour les économistes néoclassiques, les agents raisonnent non pas à partir des grandeurs nominales mais à partir de grandeurs réelles et ne se laisseraient donc pas berner par une augmentation du salaire nominal, si celle-ci s'accompagne dans le même temps d'une augmentation de l'inflation. Le seul rôle que Friedman entend concéder à la politique monétaire, puisqu'il est un fervent adepte de la théorie quantitative, c'est celui de préserver la stabilité des prix. C'est également sur l'absence totale d'illusion monétaire et l'hypothèse d'anticipations rationnelles que les nouveaux classiques (Robert Lucas, Robert Barro) ont radicalisé l'approche de Friedman en matière monétaire [...] La vitesse d'ajustement des prix constitue un autre des ingrédients majeurs de la neutralité qui s'articule parfaitement aux précédents. Si l'on a en tête, d'un côté, un circuit économique qui tourne à plein régime, donc des facteurs de production complètement employés, et, de l'autre, des agents économiques parfaitement rationnels, absolument pas victimes d'illusion nominale, alors forcément les ajustements économiques se font par les prix.

Source : Jézabel Couppey-Soubeyran,
Monnaie, banques, finance, PUF, 2015.

Questions

1. Pourquoi l'hypothèse de rationalité est-elle importante dans l'approche néoclassique ?

2. Qu'est-ce que l'illusion monétaire ?

3. Pourquoi l'hypothèse de facteurs de production totalement employés est-elle importante ?

Exercice 3

Pour approfondir

Quel est l'enjeu du débat sur la neutralité de la monnaie dans le cadre de la macroéconomie contemporaine ?

CORRIGÉS

Exercice 1

1. Vrai
2. Vrai
3. Vrai
4. Faux
5. Faux
6. Vrai
7. Vrai

Exercice 2

1. L'hypothèse de rationalité suppose que la monnaie n'est demandée que pour un motif de transaction, c'est-à-dire comme un «intermédiaire des échanges» et, dans ce cadre, toute l'épargne sera soit investie, soit dépensée. La monnaie ne saurait être, en conséquence, demandée pour elle-même, dans une logique de thésaurisation, qui est irrationnelle.

2. On dit que les agents économiques sont victimes d'une illusion monétaire lorsqu'ils raisonnent en fonction des valeurs nominales, c'est-à-dire sans tenir compte des variations futures du pouvoir d'achat de la monnaie.

3. Dans l'approche néoclassique, le postulat du plein emploi implique que les variations de la quantité de monnaie ont un impact sur le niveau général des prix. Pour les économistes keynésiens qui raisonnent en situation de sous-emploi, la monnaie injectée dans le circuit économique réduira la quantité de facteur travail inemployée *avant* d'augmenter le niveau général des prix.

Exercice 3

Les modèles dominants de la macroéconomie ont cherché à établir une synthèse des perspectives néoclassiques et néo-keynésiennes en termes d'horizon temporel (court terme/moyen-long terme). Il en ressort un court terme avec des propriétés keynésiennes et un long terme où les facteurs liés à l'offre sont dominants et où la croissance dépend de la technologie et de la démographie, tandis que la monnaie est neutre. C'est ce que les universitaires et les institutions internationales ont appelé les modèles «d'équilibre général dynamique stochastique» (ou DGSE, *dynamic stochastic general equilibrium*) qui intègrent un certain nombre de rigidités et d'imperfections dans l'économie, mais dans un cadre proche de la théorie des cycles réels, d'inspiration néoclassique. Les implications sont très importantes pour la conduite de la politique économique : 1) le modèle de référence est celui de l'école néoclassique des cycles réels, 2) la politique économique doit éliminer les rigidités sur les marchés et il convient de mener prioritairement des réformes structurelles pour ramener l'économie vers l'optimum, 3) les imperfections des marchés empêchent les agents de former des anticipations correctes, 4) la flexibilité des prix et des salaires est efficace pour absorber les chocs et 5) les politiques macroéconomiques actives sont inefficaces pour stabiliser l'activité économique et il est préférable de fixer des normes monétaires et budgétaires et s'y tenir. Dès lors, la stimulation de la croissance passe par de profondes réformes structurelles du marché des biens et services et du marché du travail. Ces modèles macroéconomiques ont largement inspiré les institutions économiques de la zone euro et les préconisations de politique économique en matière de réformes afin de réduire le chômage structurel et redresser la croissance potentielle en Europe. Depuis la crise de 2008, les macroéconomistes ont toutefois nuancé la séparation entre le court terme et le long terme que les modèles de référence présupposaient, en insistant désormais sur l'idée que les effets à court terme et à long terme des réformes structurelles ne peuvent être dissociés, en en cherchant à intégrer davantage le rôle de la monnaie dans les fluctuations économiques.

COURS

16 L'approche autrichienne : monnaie, taux d'intérêt et cycle

[NOTIONS CLÉS : taux d'intérêt monétaire, taux d'intérêt naturel, crédit]

DÉFINITION

Dans l'histoire de l'analyse monétaire, un clivage théorique important oppose les tenants d'une conception exogène de la monnaie aux défenseurs de l'idée d'une monnaie endogène. Si les théoriciens de la monnaie exogène considèrent que la monnaie trouve son origine en dehors des mécanismes économiques (découvertes de métaux précieux, décisions des autorités monétaires) et insistent sur la quantité de monnaie en circulation, les partisans de la monnaie endogène pensent au contraire que la monnaie provient du cœur même des relations économiques, et des banques commerciales avec la distribution du crédit. Un autre débat théorique oppose ceux pour qui la monnaie est neutre et n'influence pas les variables réelles de l'économie, et ceux pour qui, à l'instar des monétaristes, elle n'a que des effets à court terme (mais pas à long terme), alors que d'autres défendent l'idée que la monnaie est active et qu'elle influence bel et bien les variables réelles. Ainsi, dans l'école autrichienne, qui refuse la neutralité de la monnaie et met en évidence les causes monétaires du cycle économique, certains auteurs (comme **Friedrich Hayek**) pensent que la monnaie est exogène, tandis que d'autres (comme **Knut Wicksell**) considèrent que la monnaie est endogène.

2. Les théories monétaires et financières

1 Les théories de la monnaie exogène

Pour certains auteurs qui appartiennent au courant libéral, **la monnaie est exogène, mais elle n'est pas neutre**. Elle a des effets durables et nocifs sur les variables réelles de l'économie. Friedrich Hayek (1899-1992) pour sa part, s'inspirant de la théorie autrichienne du capital, considère qu'une émission excessive de monnaie conduit à une baisse des taux d'intérêt non justifiée par le niveau d'équilibre entre épargne et investissement. Cette baisse des taux d'intérêt est perçue par les agents comme un signal qui les pousse à allonger leur détour de production (et générer une surcapitalisation) qui perturbe gravement la production et l'emploi. La monnaie n'est donc pas neutre dans le système économique. C'est la raison pour laquelle, afin de neutraliser les effets de la monnaie, Hayek propose la mise en place de monnaies privées soumises à la concurrence : selon lui, la meilleure façon de gérer la monnaie est ainsi de la soumettre à la régulation du marché.

2 Les théories de la monnaie endogène

2.1 L'approche « intégrationniste »

Une autre tradition théorique, qu'on appelle « intégrationniste », considère que la distinction d'une sphère réelle et d'une sphère monétaire au sein de l'économie n'est pas pertinente. Il n'est pas possible de considérer que la monnaie trouve son origine à l'extérieur de l'activité économique (exogène) : selon les auteurs de ce courant, la monnaie est donc endogène. Dans l'histoire de la pensée monétaire, cette tradition « intégrationniste » se manifeste tout d'abord par la ***Banking School*** et en particulier par l'œuvre de **Thomas Tooke** (1774-1858). Alors que la ***Currency School*** focalisait son attention sur la quantité de monnaie, la *Banking School* introduit une **distinction essentielle entre la monnaie métallique** (à laquelle s'applique la théorie quantitative) **et la monnaie de crédit** (billets de banque). S'agissant des billets, ils ne peuvent pas être considérés comme exogènes puisque leur création s'opère à l'occasion d'une opération de crédit : le « réel » et le « monétaire » ne peuvent pas être séparés. Toute mise en circulation de billets est transitoire puisqu'à l'échéance du crédit, ces billets reviennent vers la banque à titre de remboursement (c'est la « loi du reflux »). Dans cette approche, tant que les crédits sont accordés à des opérateurs solvables qui utilisent la monnaie mise à leur disposition pour financer des opérations de création de richesses, le crédit est remboursé et la monnaie détruite (le circuit monétaire est donc bouclé). Dans de telles conditions, il serait dangereux de limiter le pouvoir de création monétaire des banques car cela constituerait un obstacle à la croissance de la production. Des difficultés économiques peuvent néanmoins surgir si la monnaie est créée en contrepartie de créances douteuses ou au bénéfice d'emprunteurs insolvables.

2.2 L'approche « wickselienne »

La tradition « intégrationniste » a aussi été illustrée par les travaux de **Knut Wicksell** (1851-1926). Knut Wicksell envisage **l'hypothèse d'une économie de crédit pur** (c'est-à-dire d'une économie où la seule monnaie est la monnaie scripturale), qu'il distingue d'une **économie d'encaisses** dans laquelle le crédit n'existe pas et où tous les paiements se font au comptant. Il fait valoir que la théorie quantitative de la monnaie est valide dans une économie d'encaisses, alors qu'elle ne l'est pas dans une économie de crédit pur. Pour Wicksell comme pour Myrdal, la monnaie n'est donc pas exogène, elle l'est d'autant moins que le crédit est plus développé. De plus, la monnaie est susceptible d'exercer des effets importants sur l'économie réelle par l'intermédiaire du taux d'intérêt. En effet, lorsque le taux d'intérêt naturel (dont le niveau correspond en première approche à celui du taux de profit) est supérieur au taux d'intérêt monétaire, un processus cumulatif se déclenche. Les entrepreneurs ont des profits plus élevés que ce qu'ils prévoyaient, ce qui les pousse à investir davantage : la demande s'accroît et les prix augmentent.

3 Les causes monétaires du cycle économique

3.1 L'analyse de Friedrich Hayek

Les premiers travaux de Friedrich Hayek dans les années 1930 sont consacrés, comme ceux de beaucoup d'économistes à l'époque, à **l'analyse du cycle**. Représentant éminent de l'école autrichienne, il va s'opposer, point par point, à John Maynard Keynes, malgré les relations amicales qu'il entretenait avec lui, dans les explications de la crise. Pour lui, l'origine des cycles vient de la récurrence des dérives du crédit bancaire. Reprenant la distinction de Knut Wicksell entre le taux d'intérêt monétaire (offert par les banques à leurs emprunteurs) et le taux naturel d'intérêt (qui ajuste l'offre de capital des épargnants à la demande de capital des entreprises), Hayek montre que, lorsque le premier devient inférieur au second, du fait d'une création monétaire intempestive, les agents économiques sont incités à développer les achats (et donc la production) de biens d'équipement (investissement) au détriment des biens de consommation. Cet investissement conduit à un allongement des étapes de la production. Le déséquilibre finit par se manifester parce que les consommateurs n'ont pas épargné plus et renoncé à leur consommation. Les prix des biens de consommation s'élèvent sous la pression de cette demande intacte et finissent par rendre plus rentable la production de biens de consommation. Les équipements excédentaires sont mis au rebut (décapitalisation), le chômage se développe dans le secteur des biens d'équipement et les étapes de la production se réduisent.

C'est ce **mouvement d'accordéon** (qualifié par Kaldor d'« effet concertina ») qui s'exprime dans les crises et les fluctuations. C'est donc parce que les agents ne discernent pas dans les évolutions de prix (taux d'intérêt = prix du capital) les causes réelles (vraies) des causes monétaires (artificielles) qu'ils font des erreurs (l'épargne est moins abondante en réalité et le capital plus cher) et que les dérives se produisent jusqu'à leur correction. Comme le crédit bancaire est consubstantiel aux économies capitalistes, ces crises sont pour Hayek inéluctables et doivent se dérouler jusqu'à leur terme, pour résorber ce *« mal-investissement »*, sans intervention extérieure.

3.2 L'héritage hayékien

Sur le plan théorique, **Robert Lucas**, représentant de la nouvelle macroéconomie classique, s'est réclamé explicitement de Hayek. Malgré des thèses sensiblement différentes, il retrouve effectivement ce dernier dans l'idée que le brouillage du système de prix empêche le mécanisme de prix de fonctionner comme dans le système walrassien et que ces erreurs d'interprétation viennent des interférences monétaires. D'autre part, l'analyse hayekienne du cycle a été encore récemment utilisée par « l'école néo-autrichienne » pour expliquer le surinvestissement des années 1990 dans la « nouvelle économie » et, surtout, la crise des subprimes. Cette école réaffirme à ce propos deux propositions fortes contenues dans la thèse de Hayek. La crise des années 2007-2009 s'explique d'abord par la politique accommodante des banques centrales qui, en abaissant artificiellement le prix du crédit, ont mené à un surinvestissement dans le secteur des biens d'équipement (ordinateurs, construction) puis à une décapitalisation lorsque ces excès ont été perçus par les agents. Mais ces politiques sont aussi, dans les deux cas, le fruit de la prétention des autorités monétaires à juguler les fluctuations que l'on aurait dû laisser aller jusqu'au bout de leur fonction d'apurement des déséquilibres. Enfin, l'économiste régulationniste Robert Boyer, pourtant très éloigné de ce courant, a souligné la dimension « hayekienne » de la crise actuelle : l'innovation financière, en participant à la disparition du contenu informationnel du système de prix des actifs, aurait, pour lui, conduit à *« l'allocation perverse du crédit, du capital et des talents »*.

4 Liens vers d'autres fiches

- Fiche 14 : Monnaie, finance et croissance
- Fiche 17 : L'approche keynésienne de la monnaie
- Fiche 20 : L'approche des nouveaux keynésiens : le retour à la monnaie « active »

16 EXERCICES

Exercice 1

QCM

1. Pour les tenants de la monnaie endogène, la monnaie provient :
- De l'extérieur du système économique
- Du crédit des banques commerciales
- De la découverte de gisements précieux
- De la création de monnaie virtuelle

2. Selon les défenseurs de la monnaie exogène, la monnaie :
- Provient de la politique monétaire de la banque centrale et de l'extérieur du système économique
- Est liée à la décision des banques commerciales d'accorder des crédits aux acteurs privés
- Dérive seulement des réserves d'or des Banques centrales
- Dérive de la création monétaire du Fonds Monétaire International

3. Pour la *Banking School*, l'émission de billets de banque :
- Doit être libre de toute encaisse métallique et répondre aux besoins des agents privés
- Doit être strictement liée aux réserves d'or de la banque centrale
- Doit être pilotée par la banque centrale en suivant le taux d'intérêt réel
- Doit être liée aux besoins des ménages uniquement

4. Pour Hayek, le cycle économique est lié :
- Aux fluctuations de la productivité
- À des causes monétaires dues aux dérives du crédit bancaire
- À l'introduction des innovations technologiques
- Aux variations de la consommation des ménages

5. La distinction entre taux d'intérêt monétaire et taux d'intérêt naturel est due aux travaux de :
- Milton Friedman
- David Ricardo
- Knut Wicksell
- John Stuart Mill

Exercice 2

En vous appuyant sur les fiches 15, 17, 18, et 19 de cet ouvrage, remplissez le tableau suivant pour intégrer ces éléments : *Nouvelle École Classique (NEC); Knut Wicksell; Monétarisme de Milton Friedman;* Currency School*;* Banking School*; Friedrich Hayek.*

Les courants de l'histoire de la pensée monétaire

Origine de la monnaie	Conceptions de la monnaie et effets sur l'économie		
	Dichotomie forte	Dichotomie faible	Refus de la dichotomie
Monnaie exogène			
Monnaie endogène			

Exercice 3

Pour approfondir

En quoi l'analyse «wiksellienne» est-elle toujours pertinente?

16 CORRIGÉS

Exercice 1

1. Du crédit des banques commerciales

2. Provient de la politique monétaire de la banque centrale et de l'extérieur du système économique

3. Doit être libre de toute encaisse métallique et répondre aux besoins des agents privés

4. À des causes monétaires dues aux dérives du crédit bancaire

5. Knut Wicksell

Exercice 2

Les courants de l'histoire de la pensée monétaire

Origine de la monnaie	Conceptions de la monnaie et effets sur l'économie		
	Dichotomie forte	Dichotomie faible	Refus de la dichotomie
Monnaie exogène	Nouvelle École Classique (NEC) *Currency School*	Monétarisme de Milton Friedman	Friedrich Hayek
Monnaie endogène	Knut Wicksell *Banking School* Tradition « intégrationniste » (Thomas Tooke, John Maynard Keynes)		

Exercice 3

La pensée wicksellienne a alimenté les réflexions aussi bien de l'école de Vienne (Schumpeter, Hayek, Von Mises) que celles de l'école keynésienne. La théorie des deux taux d'intérêt de Knut Wicksell a été raffinée, de John Maynard Keynes à Edmond Malinvaud en passant par James Tobin et la synthèse classico-keynésienne, mais elle n'a pas été fondamentalement invalidée. L'analyse de Wicksell souligne en particulier les inconvénients d'une politique monétaire trop (et trop longtemps) accommodante, qui déclenche des processus cumulatifs. Aux États-Unis, dans les années 2000, le taux monétaire d'intérêt a été systématiquement inférieur au taux naturel, alimentant certes l'expansion mais aussi l'inflation. Une inflation qui s'est portée pour l'essentiel sur les prix des actifs financiers, avec la constitution de bulles spéculatives. Il faut donc compléter le modèle initial de Wicksell en introduisant l'inflation des actifs, mais l'intuition wicksellienne des processus cumulatifs qui naissent dans la sphère monétaire demeure fondamentalement juste. Une partie de l'analyse économique enseigne en effet que le régime des taux d'intérêt durablement bas (lorsque le taux d'intérêt monétaire reste en dessous du taux d'intérêt naturel déterminé par l'équilibre du marché du capital comme l'avait démontré Knut Wicksell) accroît l'instabilité financière. Les taux d'intérêt faibles avantagent les emprunteurs durant une période d'anticipations optimistes plus ou moins longue, jusqu'au retournement brutal des conventions sur les marchés financiers. À l'inverse, lorsque le taux d'intérêt monétaire passe durablement au-dessus du taux d'intérêt naturel, l'investissement productif est découragé et peut alors s'installer une période de «croissance molle», comme en Europe durant les années 1990, avec l'apparition d'un chômage «wiksellien», tel que certains économistes l'ont décrit (notamment Jean-Paul Fitoussi et Jacques Le Cacheux).

COURS 17 L'approche keynésienne de la monnaie

[NOTIONS CLÉS : monnaie, détention de monnaie, encaisse, motif de transaction/précaution/spéculation, préférence pour la liquidité, taux d'intérêt]

DÉFINITION

Les agents économiques détiennent de la monnaie. Comprendre les motifs de détention de la demande de monnaie est un impératif. Non seulement les réflexions pour y parvenir nous ramènent à la nature de la monnaie, mais elles nous conduiront aux effets potentiels de la politique monétaire sur l'économie réelle.

Dans le **modèle classique, version stylisée par Keynes**, les agents sont supposés rationnels et ils évoluent dans une économie où l'information est parfaite. Ils cherchent à maximiser leurs objectifs de production, d'utilité... et ils ne sont pas victimes de l'illusion monétaire. Les anticipations sont stables. Sur des marchés, les prix étant parfaitement flexibles et les ajustements s'effectuant par la médiation d'un commissaire-priseur (ou secrétaire de marché), les transactions ne peuvent avoir lieu qu'une fois les prix d'équilibre atteints sur tous les marchés. Toutes ces conditions « naturelles » de fonctionnement d'une économie de marché contribuent à l'établissement d'un équilibre général au sens de Walras. C'est contre ces conclusions « Klassiques » et le modèle d'économie décrit par ces derniers que John Maynard Keynes va se situer. En particulier, il va tenter de renverser les convictions classiques en rejetant trois postulats fondamentaux du modèle alors dominant. Dans un premier temps, **Keynes n'admet pas l'existence de marchés fonctionnant selon le principe de la main invisible** et rejette l'existence d'un marché du travail classique s'ajustant par les variations du salaire réel. L'existence de contraintes macroéconomiques rend possible un équilibre de sous-emploi ou de chômage involontaire. Dans un second temps, **il rejette la loi de Say** selon laquelle « l'offre crée sa propre demande » et il va inverser la relation de causalité en accordant une place privilégiée à la demande dans la détermination de la production et de l'emploi en formulant le principe de la demande effective. Dans un troisième temps, **du fait du rejet des deux principes précédents, Keynes ne pouvait accepter la théorie quantitative de la monnaie** selon laquelle la monnaie est neutre. Keynes infirme la loi des débouchés de Say et la théorie de la « monnaie-voile » où la monnaie n'est qu'un simple intermédiaire des échanges. Pour lui, cette théorie n'est acceptable qu'en situation de plein emploi. Il explique la possibilité du sous-emploi par l'instabilité de la vitesse de circulation de la monnaie à court terme. En effet, la **théorie de la préférence pour la liquidité** (TPL) permet de déterminer la demande de monnaie pour différents motifs.

1 Théorie de la préférence pour la liquidité et motifs de demande de monnaie

Keynes rejette la **théorie quantitative de la monnaie (TQM)** selon laquelle la monnaie est neutre et propose la **théorie de la préférence pour la liquidité (TPL)**. La TQM n'est acceptable qu'en situation de plein emploi. Il explique la possibilité du sous-emploi par l'instabilité de V, la vitesse de circulation, à court terme. La TPL permet de déterminer la demande de monnaie. John Maynard Keynes introduit le rôle de l'incertitude et des anticipations. Ainsi, dans une économie monétaire fondée sur le crédit et l'endettement, les agents économiques, soumis à l'incertitude, peuvent désirer la monnaie pour elle-même. Il distingue trois motifs de détention de monnaie : **transaction, précaution et spéculation**.

Selon le **motif de transaction**, la monnaie est un moyen de paiement dont la demande est croissante avec le niveau de revenu. Ici, la détention d'encaisses pour les échanges peut varier en fonction du décalage qui peut exister entre la perception des revenus. Si les revenus sont perçus mensuellement, la demande de transaction sera plus importante que si les agents économiques sont rémunérés à la journée. Dans ce dernier cas, ils détiendront en moyenne ce qu'ils gagnent chaque jour.

Selon le **motif de précaution**, en raison de l'incertitude concernant les revenus et dépenses dans le futur, la demande de monnaie augmentera avec cette incertitude et le niveau de revenu. De surcroît, la fréquence de perception des revenus aura encore un impact sur ce motif de détention de monnaie. Si les revenus sont perçus au jour le jour, l'incertitude est plus faible et la demande de monnaie sera plus faible. Si les revenus sont perçus mensuellement, l'incertitude est plus grande et la demande d'encaisse sera plus élevée. Cette demande d'encaisse vise à éviter les problèmes de trésorerie.

La demande de monnaie pour les motifs de transaction et de précaution est donc une fonction croissante du niveau de revenu. Cependant, en période de croissance des revenus (prospérité), la demande de transaction augmente alors que la demande de précaution baisse. *A contrario*, en période de ralentissement ou baisse des revenus (récession), la demande de transaction baisse alors que la demande de précaution augmente.

À court terme, la stabilité des revenus se répercute sur la stabilité de la demande de monnaie pour motif de transaction et précaution. À long terme, l'instabilité croissante des revenus rend la demande d'encaisse, pour ces motifs, plus volatile.

Selon le **motif de spéculation**, la monnaie est demandée afin de pouvoir acheter des titres, comme des obligations[1]. Cette demande d'encaisses de spéculation dépend des anticipations des agents économiques en situation d'incertitude, du niveau présent et des variations anticipées des taux d'intérêt (du niveau futur des taux). Dans leur arbitrage entre monnaie et titres, la demande de monnaie sera une fonction inverse des taux d'intérêt liée à la relation inverse entre niveau des taux d'intérêt et cours des obligations.

Quand le niveau des taux d'intérêt est faible, la valeur des titres est élevée, les agents anticipent une hausse des taux et donc une baisse de la valeur des titres. Ils sont donc incités à vendre des titres pour éviter de réaliser ultérieurement des moins-values. La demande de monnaie diminue.

Quand le niveau des taux d'intérêt est élevé, la valeur des titres est faible, les agents anticipent une baisse des taux et donc une hausse de la valeur des titres. Ils sont donc incités à acheter des titres pour réaliser ultérieurement des plus-values. La demande de monnaie augmente.

Il existe un cas limite, un plancher à la baisse des taux d'intérêt et à ses effets sur la demande de titres. Si le niveau des taux d'intérêt devient très faible, la demande de monnaie peut devenir infinie : c'est la **trappe à liquidité** ou trappe monétaire. C'est une situation dans laquelle la préférence pour la liquidité est telle que les désirs d'achats de titres sont nuls.

Keynes montre donc que, dans le cadre de la TPL, les fluctuations de la demande de monnaie sont imprévisibles du fait de l'importance de la demande de monnaie pour motif de spéculation (maintien du taux d'intérêt). Selon la TPL, le désajustement entre la demande de monnaie et l'offre de monnaie permet d'expliquer les effets réels de toute variation de l'offre de monnaie dans la courte période particulièrement. La préférence pour la liquidité des agents peut se traduire par une restriction potentielle de la demande et du volume des transactions.

2 Taux d'intérêt et demande de monnaie

Pour les économistes classiques, la monnaie est neutre, au sens où elle n'a pas d'influence sur l'économie réelle (celle de la production de biens et de services).

1 Les obligations sont la catégorie de titres utilisée par Keynes. Cependant, le raisonnement reste valable pour les actions et autres catégories de titres à court terme et à taux fixes.

L'introduction de facteurs psychologiques (incertitude, crainte de l'avenir) permet à Keynes d'expliquer l'instabilité fondamentale des économies de marché : le taux d'intérêt, variable monétaire, agit sur l'économie réelle en influençant l'incitation à investir des entreprises. La monnaie est active !

Dans sa *Théorie générale*, John Maynard **Keynes** explique que **le taux d'intérêt se fixe sur le marché de la monnaie** et non sur celui du capital, comme l'affirment les néoclassiques.

Pour ces derniers, le taux d'intérêt (réel), qui est fonction de la préférence pour le présent, détermine le partage entre épargne et consommation et permet l'égalisation de l'épargne et de l'investissement. Le taux d'intérêt est déterminé sur le marché du capital par l'équilibre entre l'épargne (offre de capitaux) et l'investissement (demande de capitaux). Il établit le prix de la renonciation à la consommation présente.

Pour Keynes, le taux d'intérêt (nominal) **influence le partage de l'épargne entre monnaie et titres**. La répartition entre consommation et épargne dépend du **niveau de revenu** et de la **loi psychologique fondamentale**, selon laquelle la propension marginale à consommer est décroissante : quand le revenu augmente, la consommation augmente également mais à taux décroissant. Le taux d'intérêt est déterminé sur le marché de la monnaie par l'équilibre entre l'offre de monnaie et la demande de monnaie. C'est une variable purement monétaire qui exprime le prix de la renonciation à la liquidité.

3 La politique monétaire et monnaie active

Dans le cadre macroéconomique de Keynes, c'est la **demande effective** qui détermine le niveau de production globale, d'emploi et de chômage. Une baisse des salaires peut donc provoquer les effets contraires aux effets positifs attendus selon les enseignements de la théorie néoclassique. **Cependant**, Keynes reconnait **un cas particulier** dans lequel la baisse des salaires nominaux, en induisant une baisse du taux d'intérêt (par le biais de la diminution de la demande de monnaie), serait favorable à l'investissement, composante de la demande, et donc à l'emploi. Mais cet effet positif est peu probable lorsque celui-ci atteint un plancher en situation de **trappe monétaire** (toute la monnaie créée est thésaurisée) car **la demande de monnaie est infiniment élastique aux taux d'intérêt** et l'investissement devient peu sensible aux variations du taux d'intérêt quand l'efficacité marginale du capital est faible.

Pourtant, avant cette **situation monétaire extrême**, de trappe à liquidité, une politique monétaire souple pour soutenir et relancer l'économie est préférable à une politique de flexibilité à la baisse des salaires nominaux, qui risquerait de déprimer davantage la demande globale, la production globale et l'emploi. La politique monétaire de la banque centrale peut accroître l'offre de monnaie et faire baisser le taux d'intérêt, en agissant ainsi sur la variable « motrice » qu'est l'investissement productif à court terme, afin de stimuler la production, l'emploi et les revenus distribués.

La croissance de la quantité de monnaie en circulation n'accélère pas forcément l'inflation, selon Keynes : elle l'est seulement dans un cas très particulier, lorsque l'économie est au plein emploi. Tant qu'il existe des capacités de production inutilisées dans l'économie, la stimulation monétaire agit positivement sur la production, l'emploi et les prix.

4 L'interprétation orthodoxe de la théorie de Keynes

Selon P. A. Samuelson (1988), « *la révolution keynésienne est l'événement le plus important de la science économique au XXe siècle* ».

L'école keynésienne orthodoxe, à partir d'une lecture de Keynes négligeant les aspects relatifs à la monnaie et à l'incertitude, propose une analyse plutôt mécanique de la macroéconomie. Selon les tenants de cette école (J.Hicks, A. Hansen, P.A. Samuelson...), la vitesse d'ajustement des marchés est faible, les prix sont donc peu flexibles. Il existe de nombreux frottements et l'ajustement sur les marchés se réalise par les quantités réelles échangées. Les anticipations sont adaptatives, ce qui ne favorise pas un ajustement des marchés en courte période à leur niveau d'équilibre de plein emploi. L'économie est caractérisée par un équilibre de sous-emploi permanent dû aux variations de la demande autonome, principal facteur d'instabilité, l'offre étant limitée par la population active. Le cycle économique est donc d'origine réelle. Et la courte période est la période temporelle de référence chez les keynésiens orthodoxes. Dans ces conditions, la gestion macroéconomique de court terme doit favoriser le retour de l'économie vers son équilibre de plein emploi par l'intermédiaire d'une politique monétaire souple, mais surtout par le biais d'une politique budgétaire active. L'État doit alors intervenir de manière discrétionnaire dans l'économie. Les keynésiens orthodoxes s'appuient sur le modèle IS-LM dont l'origine remonte à J. Hicks (modèle IS-LM de 1937). Le modèle IS-LM s'est très rapidement imposé comme le cadre de base de la théorie macroéconomique et a exercé une forte influence sur les politiques macroéconomiques jusqu'au milieu des années 1960. On peut résumer de la manière suivante les principales convictions des keynésiens orthodoxes :

- **L'économie est intrinsèquement instable et sujette à des chocs erratiques** fonctions essentiellement des variations de l'efficacité marginale du capital (même si les anticipations ne sont pas prises en compte de manière suffisante, relativement à la position de Keynes).

- **L'ajustement de l'économie par le mécanisme du marché est lent** (existence de rigidités).
- **Les niveaux de production et d'emploi sont déterminés par la demande globale** (qui peut être influencée par les pouvoirs publics).
- **En tant que politique de stabilisation, la politique budgétaire est préférable**.

Ainsi, sur le marché des biens, les facteurs d'offre sont négligés par rapport aux facteurs de demande. De manière analogue, sur le marché de la monnaie, l'offre de monnaie est une donnée (exogène). C'est donc la demande de monnaie (partage entre monnaie et titres en fonction de la préférence pour la liquidité) qui va permettre le maintien de l'équilibre.

En particulier, **une hypothèse revêt une importance cruciale pour l'analyse de l'équilibre de sous-emploi chez les keynésiens orthodoxes**, car elle permet de justifier leur préférence pour la politique budgétaire de stabilisation. C'est **le cas limite de la trappe à liquidité**. Dans un tel cas, **la politique monétaire est inefficace** pour relancer la demande et donc la production et l'emploi. En effet, le taux d'intérêt ne peut plus diminuer car tous les agents anticipent la hausse du taux d'intérêt (une baisse du prix des titres). Or, les études empiriques menées par certains tenants de cette école ont mis en évidence la très grande sensibilité de la demande de monnaie au taux d'intérêt et la faible élasticité de l'investissement à ce même taux d'intérêt (LM aplatie et IS pentue). Dans ces conditions, les actions directes sur les variables réelles, par le biais de la politique budgétaire, sont préférables. (Une controverse intense opposera keynésiens orthodoxes et monétaristes orthodoxes en ce qui concerne les pentes respectives de LM et IS.)

5 Liens vers d'autres fiches

- Fiche 8 : Les principes de la politique monétaire
- Fiche 15 : L'approche classique : la monnaie « voile »
- Fiche 18 : Les approches monétaristes : le « néo-quantitativisme »
- Fiche 20 : L'approche des nouveaux keynésiens : le retour à la monnaie « active »
- Fiche 24 : La politique monétaire face à la récession et l'instabilité financière

17 EXERCICES

Exercice 1

QCM

1. L'analyse keynésienne de la monnaie est surtout une critique scientifique des :
- Théories néoclassiques
- Théories keynésiennes
- Théories marxistes
- Théories autrichiennes

2. Pour les keynésiens, la fonction de demande de monnaie est :
- Instable
- Stable
- Variable
- Fixe

3. Selon l'école keynésienne, la réduction du taux de chômage passe (deux réponses) :
- Par une croissance de la masse monétaire
- Par des réformes structurelles des institutions du marché du travail et du marché des biens
- Par une relance budgétaire
- Par des mesures de protectionnisme commercial

4. L'analyse monétaire de Keynes repose sur :
- La dichotomie faible
- La dichotomie forte
- La monnaie super neutre
- Le rejet de la dichotomie

5. À court terme, selon les keynésiens, la courbe de Phillips est :
- Neutre
- Verticale
- Horizontale
- Décroissante

6. Pour Keynes, l'encaisse de transaction s'explique par :
- Un décalage temporel entre revenus et dépenses
- Un décalage entre revenus et épargne
- Un décalage entre épargne et investissement

7. Pour Keynes, l'encaisse de précaution s'explique par (deux réponses) :
- Un décalage temporel entre revenus et dépenses
- L'incertitude liée au décalage temporel entre revenus et dépenses
- Le risque de chute du cours des titres

8. Selon Keynes, l'encaisse de spéculation est détenue :
- Sous forme de titres
- Sous forme de monnaie
- Sous forme de titres et de monnaie

9. Selon Keynes, l'encaisse de spéculation baisse :
- Quand le taux d'intérêt anticipé augmente
- Quand le taux d'intérêt anticipé diminue
- Quand le taux d'intérêt anticipé reste stable

10. Selon Keynes, l'encaisse de spéculation augmente :
- Quand le taux d'intérêt anticipé augmente
- Quand le taux d'intérêt anticipé diminue
- Quand le taux d'intérêt anticipé reste stable

Exercice 2

Questions ouvertes

1. Pourquoi le taux d'intérêt serait la variable cruciale dans la détermination de la détention de monnaie?

2. Pourquoi Keynes rejette l'analyse dichotomique?

3. Comment expliquer la préférence pour la liquidité des agents?

4. Pourquoi selon Baumol, l'encaisse de transaction dépend aussi du taux d'intérêt?

5. En quoi la notion de taux critique de Tobin est-elle un apport à la théorie de la demande de spéculation de Keynes?

6. Quelle relation peut-on établir entre l'incertitude keynésienne et la rationalité des choix?

Exercice 3

Pour approfondir

Pourquoi l'approche de l'équilibre épargne-investissement donne des éléments complémentaires sur le financement de l'économie et le rôle des taux d'intérêt?

17 CORRIGÉS

Exercice 1

1. Théories néoclassiques
2. Instable
3. Par une croissance de la masse monétaire
Par une relance budgétaire
4. Le rejet de la dichotomie
5. Décroissante
6. Un décalage temporel entre revenus et dépenses
7. L'incertitude liée au décalage temporel entre revenus et dépenses
Le risque de chute du cours des titres
8. Sous forme de monnaie
9. Quand le taux d'intérêt anticipé diminue
10. Quand le taux d'intérêt anticipé augmente

Exercice 2

1. Selon la TQM, V, la vitesse de circulation de la monnaie est supposée constante, stable, en raison de la stabilité des comportements des agents en matière d'utilisation de la monnaie. Or, dans nos économies, V peut être impactée par de nombreuses variables en situation d'incertitude. Parmi celles-ci, le taux d'intérêt représente le coût d'opportunité de la détention de monnaie relativement à la détention de titres offrant une rémunération. L'étude des déterminants de la demande de monnaie devra donc accorder une place centrale au taux d'intérêt.

2. Pour Keynes, il n'y a pas dichotomie entre la sphère réelle et la sphère monétaire. La monnaie n'est pas qu'un simple intermédiaire des échanges. La monnaie peut être demandée pour elle-même. Elle peut donc faire l'objet d'une demande spécifique. Le taux d'intérêt retrouve dans ce cadre une place centrale. La monnaie est active dans la mesure où les variations de la quantité de monnaie en circulation peuvent avoir des effets sur l'économie réelle. La politique monétaire consistant à faire baisser des taux d'intérêt pour soutenir et relancer la demande globale est efficace, au moins temporairement et en situation de sous-emploi.

3. Il y a préférence pour la liquidité quand les agents économiques préfèrent détenir une part de leur richesse sous forme monétaire. L'incertitude, le fait que l'avenir n'est pas connu, explique cette tendance à la préférence pour la liquidité. Les agents économiques se méfient de leurs propres anticipations et la détention de monnaie réduit les inquiétudes car une quantité de monnaie est une réserve de richesse qui reste complètement et immédiatement disponible pour faire face à l'imprévisible. De surcroit, la valeur réelle de la monnaie est bien plus stable que celle de tous les titres existants, dont les cours peuvent être très volatils et représentent donc des pertes potentiellement très élevées.

4. Selon William Baumol, la demande de monnaie pour motif de transaction (au sens de Keynes) ne dépend pas que du niveau des revenus. Elle est également déterminée par le niveau du taux d'intérêt. En effet, en prenant l'exemple d'un agent qui perçoit son revenu de chaque période à date fixe mais qui l'utilise pour ses dépenses de manière progressive au cours de la période, la détention d'encaisses monétaires présentera un coût d'opportunité d'autant plus élevé que le taux d'intérêt sera élevé. En effet, l'agent aurait pu placer, à chaque période, la partie non dépensée de son revenu. Cependant, pour Baumol, la détention de titre peut représenter un coût de transaction quand l'agent devra transformer ces derniers en liquidités pour ses besoins de transaction. Finalement, la demande de monnaie pour motif de transaction croît avec le niveau des revenus mais décroît quand le niveau du taux d'intérêt augmente.

5. James Tobin s'est plus particulièrement intéressé à la théorie de la demande de monnaie pour motif de spéculation, proposée par Keynes. Il a mis en évidence un taux critique, niveau du taux d'intérêt en dessous duquel la préférence pour la détention de liquidité sera complète. L'agent renoncera à toute détention de titre.

6. En situation d'incertitude, au sens de Frank Knight, une part du « risque » n'est pas probabilisable, calculable. Les comportements, les choix, les décisions, sur les marchés financiers ne sont pas dictés par la rationalité des agents en matière d'analyse de l'information disponible. Ils sont guidés par les pulsions, les émotions, les « esprits animaux » (« animals spirits » selon Keynes). Autrement dit, quand les vagues de pessimisme succèdent aux vagues d'optimisme, les comportements changent et parfois, ce qui devient rationnel, c'est de suivre le sens du mouvement collectif et peu importe le contenu effectif de l'information économique *stricto sensu*. Les comportements moutonniers, panurgiens, sont en certaines situations les plus rationnels.

Exercice 3

Pour les classiques, au sens strict, il y a identité entre S et I. Mais c'est S, l'épargne préalable, qui détermine I. La monnaie n'est qu'un simple instrument d'échange.
Pour les néoclassiques, le taux d'intérêt est une variable réelle qui permet l'égalisation entre l'épargne (S) et l'investissement (I). S précède I. La monnaie n'est qu'un simple instrument d'échange. Il n'y a pas identité.
Selon les keynésiens, le taux d'intérêt est une variable monétaire qui s'établit sur le marché de la monnaie, en fonction de l'équilibre entre l'offre et la demande de monnaie. Il y a identité *ex post* entre S et I. La hausse de I, en produisant une hausse du revenu global (effet multiplicateur), se traduit par une hausse de l'épargne. C'est donc I qui détermine S. La monnaie active peut donc faire croître l'investissement et donc *in fine* l'épargne.

COURS 18 Les approches monétaristes : le « néo-quantitativisme »

[NOTIONS CLÉS : masse monétaire, théorie quantitative de la monnaie, taux naturel de chômage, courbe de Phillips augmentée des anticipations, illusion monétaire, anticipations adaptatives, K%]

DÉFINITION

Le **monétarisme** est un courant de l'analyse économique qui relève du libéralisme économique et qui a été développé pour l'essentiel par les économistes de l'École de Chicago : **K. Brunner** (1916-1989), **A. Meltzer** (1928-2017) et **M. Friedman** (1912-2006) notamment. Ce courant de pensée voit son influence grandir pendant les années 1980, notamment par son analyse de la politique monétaire que doivent mettre en œuvre les banques centrales. L'école monétariste développe une critique argumentée des politiques économiques keynésiennes : selon Milton Friedman, son chef de file, les politiques de stimulation de la demande globale ne peuvent que perturber le fonctionnement des marchés. Dès lors, les politiques monétaire et budgétaire ne peuvent réduire durablement le taux de chômage qu'en acceptant un taux d'inflation supérieur, car seules des réformes structurelles sont à même d'améliorer les performances du marché du travail.

Les monétaristes défendent un certain nombre de principes théoriques : la fonction de demande de monnaie est stable ; la quantité nominale de monnaie en circulation est déterminée pour l'essentiel par les autorités monétaires (banque centrale) ; il existe un taux naturel de chômage dû à des dysfonctionnements structurels du marché du travail.

1 L'analyse monétariste de l'inflation

La **théorie quantitative de la monnaie** a depuis longtemps établi un **lien entre la quantité de monnaie en circulation et le niveau général des prix**. Cette approche est reprise à partir des années 1950 par le monétarisme de Milton Friedman dans le cadre d'une analyse dite « néo-quantitativiste ». Selon Friedman, *« l'inflation est toujours et partout un phénomène monétaire en ce qu'elle est et qu'elle ne peut être générée que par une augmentation de la quantité de monnaie plus rapide que celle de la production »* (Friedman, 1987). C'est donc le laxisme des autorités monétaires qui constitue la cause permissive de l'inflation. Par conséquent, pour lutter contre l'inflation, il faut assurer la stabilité de la croissance de la masse monétaire. La quantité de monnaie doit croître à taux constant (éventuellement inscrit dans la Constitution) pour ne pas perturber les anticipations des agents, et parce que les autorités monétaires doivent s'interdire toute politique discrétionnaire perturbatrice. La croissance de la quantité de monnaie doit correspondre au taux de croissance en volume à long terme de la production nationale, de sorte que, la production et la quantité de monnaie s'accroissant au même rythme, le niveau général des prix reste stable. **La monnaie peut** donc **impacter** à court terme **les variables réelles** de l'économie, **mais ses effets ne sont que transitoires (théorie de la dichotomie faible)**.

2 La recherche d'une validation empirique

Les monétaristes réhabilitent cette relation entre variations monétaires et variations des prix en s'appuyant sur des **vérifications empiriques menées notamment par Milton Friedman et Anna Schwartz (1963)**, qui testent les liens entre les cycles économiques et les variations de la masse monétaire sur longue période, entre 1870 et 1960. En considérant dix-huit cycles économiques, ils démontrent que **les fluctuations de la croissance de la masse monétaire ont précédé les pics et les creux de tous les cycles américains depuis la Guerre de Sécession** ; précisément, d'après leurs travaux, la croissance de la masse monétaire précède d'environ six mois les pics et d'environ un trimestre les creux, les délais variant cependant assez fortement d'un cycle à l'autre. Pour les monétaristes, la théorie macroéconomique doit ainsi sans cesse être confrontée aux faits stylisés (partir des faits et arriver à des faits après en avoir discuté de long en large). Pour Milton Friedman, la « Grande Dépression » des années 1930 et la forte inflation des années 1970 auraient pu être évitées si la banque centrale américaine, la Réserve fédérale (FED), avait suivi la prescription d'une croissance modérée et stable de la masse monétaire. Ainsi, pour la « Grande Dépression », la variation de la masse monétaire fut selon Milton Friedman une cause majeure de la dépression (avec la baisse d'un tiers du stock de monnaie) sous l'effet des décisions erronées de la Réserve fédérale. D'ailleurs, selon les monétaristes, la reprise économique n'est pas due aux dépenses du « New Deal » de Roosevelt et aux mesures protectionnistes, mais à la dévaluation du dollar.

3 La courbe de Phillips augmentée des anticipations

Dans un article de 1958, l'économiste d'origine néo-zélandaise **A. W. Phillips** a mis en évidence une relation empirique inverse entre le taux de chômage et le taux de variation des salaires nominaux, à partir d'une estimation statistique portant sur le Royaume-Uni sur longue période (1861-1957). Sur le plan théorique, la relation découverte par Phillips peut s'expliquer par le fonctionnement du marché du travail : les variations du taux de salaire nominal résultent d'un déséquilibre entre l'offre et la demande de travail qui implique un certain taux de chômage (celui qui assure la stabilité des salaires se situerait à 5,5 % au Royaume-Uni selon Phillips). Une demande excédentaire de travail des entrepreneurs entraîne une pression à la hausse des salaires nominaux et une diminution du taux de chômage, notamment car la puissance contractuelle des salariés est renforcée. Inversement, une croissance du taux de chômage implique le ralentissement de la croissance des salaires nominaux, alors que le pouvoir de négociation des travailleurs diminue. Si l'on suppose un lien stable entre la croissance des salaires nominaux et l'inflation, en raison du comportement de marge des firmes (relation stable entre les prix de vente et le coût salarial), et une proportionnalité entre la variation du salaire réel moyen et la productivité du travail, on peut en déduire une relation inverse entre le taux d'inflation et le taux de chômage.

La courbe de Phillips devient alors une relation inflation/chômage et fournit une représentation rigoureuse du dilemme des politiques macroéconomiques au sens des économistes de la synthèse néoclassique (Robert Solow, Paul Samuelson) : une accélération de l'inflation semble alors le prix à payer pour réduire le taux de chômage (politique de relance), tandis que la désinflation entraîne une remontée du taux de chômage (politique de rigueur).

La courbe de Phillips augmentée des anticipations

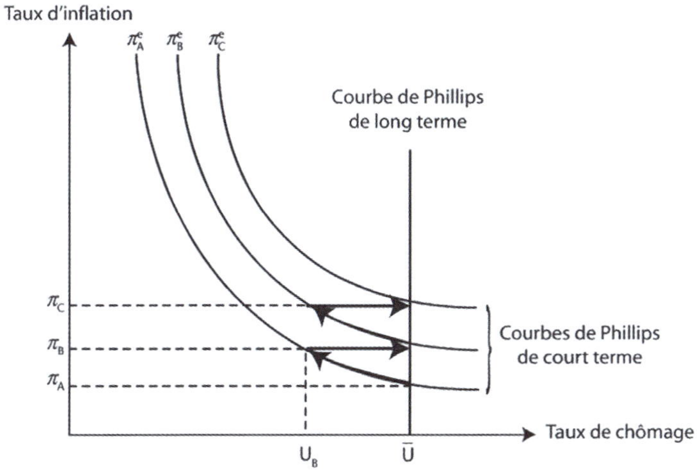

À la fin des années 1960, les travaux de Milton Friedman critiquent la courbe de Phillips en postulant **un taux *naturel* de chômage déterminé par les imperfections du marché du travail** (rigidités salariales, syndicats, allocation chômage) **et du marché des biens** : la politique de relance monétaire peut tromper *temporairement* les agents économiques victimes de l'illusion monétaire (les salariés ne perçoivent qu'avec retard l'érosion de leurs salaires réels, les entreprises croient à une baisse du coût salarial réel), mais ces derniers intègrent ensuite l'inflation, et le taux de chômage revient systématiquement à son niveau naturel. Selon Friedman, les agents économiques font des **anticipations adaptatives** : dans le domaine de l'inflation, l'anticipation des agents se fonde sur la valeur présente d'une variable et sur les erreurs de prévisions faites à la période précédente. Les anticipations adaptatives tiennent compte des erreurs commises par le passé qui influent sur la variable et que l'agent adapte à la situation actuelle (en plus de la tendance présente). C'est la raison pour laquelle la réaction des agents économiques n'est pas instantanée : le niveau futur anticipé des prix est issu d'un mécanisme d'ajustement qui nécessite des délais. Les anticipations adaptatives impliquent ainsi des erreurs de prévisions systématiques qui sont coûteuses pour les agents économiques car elles entraînent des distorsions répétées au niveau de l'allocation des ressources, sources de perte de bien-être.

De surcroît, ces anticipations entravent la possibilité de manipuler les taux d'intérêt pour faire baisser le chômage ou pour stimuler la demande effective des keynésiens; ainsi, les salariés anticipant l'inflation à long terme liée à de telles politiques demandent une hausse des salaires nominaux (provoquant l'inflation), ce qui décourage la demande de travail des entreprises. En effet, sur le graphique ci-dessus, supposons que ce taux naturel de chômage soit de 5,5 % et que l'économie se trouve initialement au point A : à court terme, il est possible d'atteindre un taux de chômage de 3 % (au point B), mais uniquement par un taux d'inflation supérieur et une politique monétaire de relance qui entraînent une erreur d'anticipation des salariés. Mais à plus long terme, ces derniers corrigeront leur erreur et le taux de chômage reviendra à son niveau naturel, avec toutefois un taux d'inflation supérieur (au point C). **Par conséquent, la courbe de Phillips à long terme est verticale : il n'y a pas d'arbitrage *durable* entre inflation et chômage.**

La conclusion de Friedman est très importante car elle implique un enjeu majeur de politique économique : la volonté du gouvernement de réduire le taux de chômage se paie d'une accélération sans cesse plus forte de l'inflation. Le chômage ne peut être réduit que par une action structurelle sur les institutions du marché du travail.

4 Liens vers d'autres fiches

- Fiche 8 : Les principes de la politique monétaire
- Fiche 17 : L'approche keynésienne de la monnaie
- Fiche 19 : La monnaie selon l'approche des « nouveaux classiques » : les anticipations rationnelles
- Fiche 20 : L'approche des nouveaux keynésiens : le retour à la monnaie « active »

18 EXERCICES

Exercice 1

QCM

1. L'analyse monétariste développe surtout une critique scientifique des :
- Théories néoclassiques
- Théories keynésiennes
- Théories marxistes
- Théories autrichiennes

2. Pour les monétaristes, la fonction de demande de monnaie est :
- Instable
- Stable
- Variable
- Fixe

3. Selon l'école monétariste, la réduction du taux de chômage passe :
- Forcément par une croissance de la masse monétaire
- Par des réformes structurelles des institutions du marché du travail et du marché des biens
- Par une relance budgétaire décidée par les pouvoirs publics
- Par des mesures de protectionnisme commercial

4. L'analyse monétariste de Friedman repose sur :
- La dichotomie faible
- La dichotomie forte
- La monnaie super neutre
- L'économie monétaire de production

5. À long terme, selon Friedman, la courbe de Phillips est :
- Neutre
- Verticale
- Horizontale
- Inefficace

6. Pour Milton Friedman, la politique monétaire de relance d'inspiration keynésienne entraîne :
- Des erreurs d'anticipation de la part des salariés qui conduisent progressivement à une accélération de l'inflation
- Des anticipations rationnelles des agents économiques qui utilisent toute l'information disponible et connaissant le modèle pertinent de l'économie

- Une stimulation de la demande globale qui permet de réduire le taux de chômage
- Un accroissement des tendances déflationnistes dans l'économie

7. Selon Milton Friedman, la croissance de la masse monétaire doit :
- Varier en fonction de la conjoncture économique
- Être stable, modérée, et annoncée à l'avance, car fixée par des règles
- Être plus rapide que la croissance du PIB
- Être nulle pour neutraliser l'impact de la monnaie sur l'activité économique

Exercice 2

Questions ouvertes

1. Comment les monétaristes perçoivent-ils la demande de monnaie ?
2. Qu'appelle-t-on le taux naturel de chômage ?
3. Que sont les anticipations adaptatives ?
4. Quel rôle pour la politique monétaire selon la théorie monétariste ?

18 CORRIGÉS

Exercice 1

1. Théories keynésiennes
2. Stable
3. Par des réformes structurelles des institutions du marché du travail et du marché des biens
4. La dichotomie faible
5. Verticale
6. Des erreurs d'anticipation de la part des salariés qui conduisent progressivement à une accélération de l'inflation
7. Être stable, modérée, et annoncées à l'avance, car fixée par des règles

Exercice 2

1. En 1956, Milton Friedman développe une nouvelle théorie de la demande de monnaie qui débouche sur une nouvelle formulation de la théorie quantitative de la monnaie. Chez Friedman, la demande de monnaie relève de la théorie de la demande d'actifs : elle dépend de la richesse des individus et des rendements anticipés des autres actifs comparés à celui de la monnaie. Cette demande de monnaie pour une période donnée dépend selon lui du revenu permanent (Y_p), du rendement anticipé de la monnaie (r_m), du rendement anticipé des actions (r_a), du rendement anticipé des autres titres (r_b), et du taux d'inflation anticipé (p*). Chez Friedman, le revenu permanent est la valeur actualisée des flux de revenus passés et des flux de revenus futurs anticipés.

Si la demande de monnaie dépend du revenu permanent, elle est alors beaucoup plus stable que si elle dépendait du revenu courant qui, lui, est sensible à la conjoncture et comporte une composante aléatoire. De plus, Milton Friedman montre que les mouvements du taux d'intérêt ne modifient pas beaucoup les écarts entre les rendements des autres actifs et celui de la monnaie. En conséquence, la demande de monnaie ne dépend pas (ou très faiblement) du taux d'intérêt. La demande de monnaie ne dépend donc fondamentalement que du revenu permanent $M^d/P = f(Y_p)$: une augmentation de l'offre de monnaie (exogène) qui dépasserait celle de la production réelle ne peut dès lors qu'entraîner une augmentation du niveau général des prix. On retrouve en cela le résultat principal de la théorie quantitative de la monnaie.

2. Milton Friedman et Edmund Phelps ont introduit la notion de taux naturel de chômage, qui correspond à un niveau incompressible dépendant de facteurs structurels au marché du travail (chômage frictionnel) et du niveau du chômage volontaire (les salariés ne souhaitant pas travailler à ce taux de salaire). Au taux naturel de chômage, le marché du travail est équilibré et le taux d'inflation est égal au taux d'inflation anticipé. L'économie est en situation d'équilibre de long terme, et les anticipations n'ont pas besoin d'être modifiées.

3. Milton Friedman introduit la notion d'anticipations adaptatives : selon lui, les salariés ne sont pas sensibles aux salaires nominaux, mais aux salaires réels. Les travailleurs sont préoccupés non par le taux d'inflation actuel, mais par le taux d'inflation qu'ils anticipent. Dès lors, pour tout niveau du chômage, le taux d'inflation dépendra des anticipations des salariés et des employeurs concernant ce taux d'inflation.

4. La réinterprétation de la courbe de Phillips par Milton Friedman implique que la politique monétaire reste fondée et efficace à court terme. Si à long terme il convient de privilégier des objectifs réguliers de croissance de la masse monétaire en harmonie avec la tendance longue de la productivité et de la croissance de la production, la politique monétaire conserve une certaine efficacité stabilisatrice et un choc monétaire peut avoir des effets sur la production dans le court terme.

COURS

19 La monnaie selon l'approche des « nouveaux classiques » : les anticipations rationnelles

[NOTIONS CLÉS : anticipations rationnelles, neutralité de la monnaie, rigidité de l'offre]

DÉFINITION

La **Nouvelle École Classique (NEC)** réhabilite la théorie quantitative de la monnaie de la tradition classique : la monnaie n'a d'effet que sur le niveau général des prix, aussi bien à court terme qu'à long terme. Dans ce cadre théorique, les agents économiques font des anticipations rationnelles : ils s'appuient sur des informations passées et projettent également leurs informations sur l'avenir, et ils utilisent ainsi toute l'information disponible. Les seules erreurs possibles sont liées aux évènements non prévisibles, c'est-à-dire nouveaux. La monnaie est donc neutre, même à très court terme, et la dichotomie entre le secteur réel et le secteur monétaire est stricte. Les politiques monétaires expansionnistes sont donc totalement inefficaces, les agents en anticipant les effets inflationnistes.

1 Explications théoriques et débats

Les nouveaux classiques se fondent notamment sur l'hypothèse d'anticipations rationnelles et reformulent la loi des débouchés des économistes classiques. Ce courant ne se limite plus à une approche microéconomique, mais propose une nouvelle analyse macroéconomique, avec la **théorie des cycles réels** et la **théorie de la croissance endogène**. Pour les tenants de la Nouvelle École Classique (NEC), comme **R. Barro** (né en 1944), **R. E. Lucas** (né en 1937) ou **P. Romer** (né en 1955), les politiques conjoncturelles sont inefficaces, même à court terme, car les anticipations rationnelles dépendent aussi de la crédibilité des pouvoirs publics. C'est pour cela que **F. E. Kydland** (né en 1943) et **E. Prescott** (né en 1940) défendent la mise en œuvre de politiques réglementaires afin de « lier les mains » des décideurs économiques.

2 Un monétarisme radical

2.1 La monnaie super neutre

Dans les années 1970, le courant de la NEC va prolonger et radicaliser les préceptes monétaristes : dans leurs travaux, ces auteurs (**Robert Lucas**, **Thomas Sargent**, **Neil Wallace**) critiquent les politiques keynésiennes jugées totalement inefficaces, même à court terme. Pour eux, les marchés sont continuellement en équilibre et les agents économiques sont capables d'anticiper correctement les conséquences néfastes des politiques keynésiennes (en vertu de « l'hypothèse des anticipations rationnelles »). Par exemple, si l'État veut relancer l'économie par un déficit budgétaire, les ménages vont anticiper les hausses futures d'impôts qui ne vont pas tarder à survenir pour combler le déficit. En conséquence, la hausse des revenus distribués n'augmente pas la consommation, mais seulement **l'épargne de précaution**. La NEC préconise une politique économique neutre qui ne perturbe pas les marchés, censés s'équilibrer spontanément. Il n'existe pas de risque d'insuffisance de demande dans l'économie et il faut donc agir sur l'offre (et inciter les entreprises à produire, investir, innover, etc.).

2.2 L'école des cycles réels

La NEC s'appuie aussi sur les travaux de l'école des cycles économiques réels (RBC, *Real business cycles*) qui défend l'idée que **les fluctuations de la production résultent de la réponse optimale des marchés à des chocs technologiques aléatoires**. Les implications de cette théorie sont importantes : dans ce cadre théorique, si les agents sont parfaitement rationnels, il est difficile d'imaginer que l'économie s'éloigne de façon significative de son chemin optimal, tandis que les fluctuations observées dans les données ne peuvent provenir que du comportement d'optimisation des agents. Les grands postulats de la théorie néoclassique sont dès lors ressuscités : les fluctuations de l'emploi sont volontaires et optimales, la monnaie est neutre, et la flexibilité des prix garantit l'ajustement instantané des marchés, lesquels sont en équilibre constant.

3 Les implications pour la politique économique

Si la monnaie est neutre dans le système économique, alors les politiques économiques ne peuvent être discrétionnaires, et doivent s'appuyer sur des règles. La politique monétaire doit rester crédible aux yeux des agents économiques. Pour cela, **F. E. Kydland** et **E. C. Prescott**, dans

« Rules rather than discretion » (1977), proposent la mise en place de principes réglementaires permettant le respect de la condition de cohérence inter-temporelle des choix (qui implique l'indépendance des banques centrales, par exemple). En 1983, **R.J. Gordon** et **R. Barro** montrent l'inefficacité des politiques monétaires et le biais inflationniste qu'elles provoquent. Ils proposent, pour l'éliminer, que les banques s'engagent sur un objectif d'inflation. Pour la NEC, il faut donc que les autorités monétaires se « lient les mains » par des règles.

4 Liens vers d'autres fiches

- Fiche 15 : L'approche classique : la monnaie « voile »
- Fiche 18 : Les approches monétaristes : le « néo-quantitativisme »
- Fiche 24 : La politique monétaire face à la récession et l'instabilité financière

19 EXERCICES

Exercice 1

QCM

1. La Nouvelle École Classique (NEC) implique l'hypothèse des :
- Anticipations mimétiques
- Anticipations adaptatives
- Anticipations rationnelles
- Anticipations cognitives

2. Dans le cadre théorique de la NEC, la monnaie est :
- Active
- Neutre
- Inutile
- Scripturale

3. La NEC préconise en matière d'action publique :
- Une politique économique neutre qui ne perturbe pas les marchés, censés s'équilibrer spontanément
- Une politique économique de relance keynésienne centrée sur la demande globale
- Une politique économique de soutien à l'activité par la création monétaire
- Une politique économique centrée sur le soutien au taux de change

4. Selon la NEC, la conduite de la politique économique doit s'appuyer sur :
- Des règles (normes de croissance de la masse monétaire, normes budgétaires)
- Des politiques discrétionnaires de manipulation de la demande globale
- Le seul objectif du plein emploi
- Des politiques de redistribution des richesses ambitieuses

5. Dans le cadre de la NEC, la politique monétaire est inefficace car elle bute sur :
- Une élasticité de l'offre
- Une viscosité de l'offre
- Une rigidité de l'offre
- Une élasticité-prix de la demande

Exercice 2

Un certain nombre de conséquences peuvent être tirées du modèle des nouveaux classiques. En particulier, la politique monétaire ne peut réduire le chômage en dessous de son niveau naturel puisqu'il n'existe pas de courbe de Phillips, même à court terme. L'économie ne peut pas se trouver en dehors de la courbe de long terme, à un taux de chômage inférieur, que de manière aléatoire. Si la politique monétaire suit une règle systématique comme, par exemple, celle de relier l'offre de monnaie au taux de chômage constaté à la dernière période, son effet structurel sur le taux de variation des prix sera parfaitement connu et anticipé par les agents. Il fait partie intégrante de leur ensemble d'information, à partir duquel ils forment leurs anticipations rationnellement. Les autorités monétaires ne pourront alors créer une déviation systématique du taux de chômage naturel et du niveau effectif des prix par rapport au niveau des prix anticipés (Sargent et Wallace, 1975). Seule une hausse de l'offre de monnaie qui serait non anticipée ou faite par surprise pourrait tromper les agents et augmenter le niveau de l'output (production). Il en résulte une critique de la politique discrétionnaire. La politique monétaire affecte la production et l'emploi si elle est imprévisible. Or, comme les anticipations rationnelles sont formées sur la base de toute l'information disponible, les seuls éléments imprévisibles sont ceux qui sont le résultat du hasard et non corrélés avec des évènements antérieurs. La politique de stabilisation est donc inutile. Il vaut mieux suivre une règle a priori *que modifier l'offre de monnaie en réponse aux évènements conjoncturels. On retrouve, de façon plus stricte encore, les conclusions de Friedman.*

Source : Sylvie Diatkine, *Théories et politiques monétaires*, Armand Colin, 1995.

Questions

1. Selon les modèles de la NEC, la politique monétaire peut-elle être efficace dans la lutte contre le chômage?

2. Comment la politique monétaire peut-elle avoir un effet sur la production et l'emploi dans ce cadre?

3. Que convient-il de faire dès lors en matière de stabilisation macroéconomique?

Exercice 3

Pour approfondir

Qu'appelle-t-on le théorème d'équivalence Ricardo-Barro?

CORRIGÉS

Exercice 1

1. Des anticipations rationnelles

2. Neutre

3. Une politique économique neutre qui ne perturbe pas les marchés, censés s'équilibrer spontanément

4. Des règles (normes de croissance de la masse monétaire, normes budgétaires)

5. Une rigidité de l'offre

Exercice 2

1. Dans le cadre des modèles de la NEC, les agents économiques déterminent leur comportement sur la base d'anticipations dites « rationnelles ». En conséquence, une politique monétaire est inefficace même à court terme, car les agents raisonnent toujours en termes réels et ne peuvent donc être leurrés par une politique monétaire de relance intempestive. Dans ce type d'approche, la crédibilité des décisions de politique monétaire prend une importance considérable dans la lutte contre l'inflation, dont elle constitue l'objectif unique. La transparence et l'indépendance des banques centrales sont des caractéristiques jugées indispensables en matière de politique monétaire.

2. La politique monétaire affecte la production et l'emploi si et seulement si elle est imprévisible. Or, comme les anticipations rationnelles des agents sont formées sur la base de toute l'information disponible, les seuls éléments imprévisibles sont ceux qui sont le résultat du hasard et qui ne sont pas liés à des évènements antérieurs. Les politiques anticipées n'affectent pas la production globale, et elles ont des effets imprévisibles.

3. Dans le cadre des modèles de la NEC, les politiques passives sont préférables, car elles réduisent l'incertitude : plutôt que de mener des politiques discrétionnaires, il vaut mieux fixer des règles fixes et s'y tenir (norme de croissance de la masse monétaire).

Exercice 3

Le théorème d'équivalence Ricardo-Barro postule que l'effet des dépenses publiques sur l'économie est totalement indépendant de la façon dont sont financées les dépenses et, plus précisément, du choix entre l'impôt (paiement immédiat), l'emprunt (paiement futur), voire la création monétaire. Ce théorème repose sur une intuition initialement développée par David Ricardo au XIXe siècle et reformulée par Robert Barro (1974), en intégrant l'hypothèse des anticipations rationnelles. Si les agents économiques se comportent de manière rationnelle, une politique de relance par la consommation (distributions de revenus financées par la dette publique) est donc inefficace. L'application moderne de ce concept conduit en effet à considérer qu'en cas de relance budgétaire financée par déficit, les agents économiques anticiperont la probabilité d'une hausse d'impôts futurs et augmenteront leur épargne pour s'y préparer, ce qui diminue les effets du multiplicateur keynésien traditionnel. En substituant la dette publique à l'impôt, le gouvernement ne modifie donc pas la valeur actuarielle des impôts futurs et, partant, le revenu permanent (à long terme) des ménages.

COURS 20 L'approche des nouveaux keynésiens : le retour à la monnaie « active »

[NOTIONS CLÉS : viscosité des prix, rigidités réelles, rigidités nominales, neutralité/non-neutralité de la monnaie, monnaie active, efficacité de la politique monétaire, anticipations]

DÉFINITION ET CADRAGE

La Nouvelle Économie Keynésienne (NEK) offre une autre démarche qui vise à dépasser l'antagonisme entre microéconomie et macroéconomie. Ce courant d'analyse s'est développé en réaction aux attaques de la Nouvelle Économie Classique (NEC). Pour les économistes de la NEK, la perspective macroéconomique tracée par Keynes reste pertinente (et en particulier l'idée de chômage involontaire). Mais ils reconnaissent que le « consensus keynésien » des années 1950 et 1960 avait des bases fragiles en raison de l'absence de **fondements microéconomiques**. C'est pourquoi, alors que les tenants de la NEC supposent un ajustement continu des marchés, la plupart des modèles de la NEK reposent sur **l'hypothèse d'anticipations rationnelles**. L'HAR est compatible avec l'existence de rigidité des prix. Les agents ont un comportement maximisateur et ils cherchent à utiliser au mieux toute l'information disponible. Dans ce cadre, c'est le comportement individuel rationnel qui, dans un contexte marqué par l'incertitude et l'information imparfaite, conduit à la rigidité des prix. Par exemple, **la théorie du salaire d'efficience** et **celle du contrat implicite** montrent que salariés et entrepreneurs ont intérêt à une certaine rigidité des salaires. Dès lors, il n'y a pas ajustement continu des marchés et l'économie a toutes les chances de se trouver durablement en situation d'équilibre de sous-emploi. La macroéconomie et les politiques de régulation macroéconomique retrouvent alors leurs droits et elles sont confortées par l'existence de fondements microéconomiques.

La NEK concerne un ensemble d'économistes très hétérogène. Pour autant, selon Mankiw et Romer (1991), on peut définir cette école à partir des réponses qu'elle apporte aux questions relatives à la neutralité monétaire et aux conséquences de l'imperfection réelle des marchés sur le cycle économique. En résumé, **la non-neutralité de la monnaie résulte de la lenteur de l'ajustement (viscosité) des prix et des salaires**, laquelle serait à l'origine des conséquences sur les fluctuations réelles de l'activité économique.

1 Des critiques de plus en plus radicales des théories keynésiennes

Les attaques contre la théorie keynésienne de la monnaie, du taux d'intérêt, de l'emploi, des politiques économiques... furent nombreuses depuis la publication de la Théorie générale en 1936. Il y a eu les vives controverses avec les monétaristes emmenés par Milton Friedman. Mais l'attaque menée, à partir de la **fin des années 1970**, par la nouvelle macroéconomie classique fut bien plus violente et radicale. Elle sera portée à l'extrême par les tenants de l'école du cycle économique réel. Par conséquent, une **nouvelle orthodoxie** s'imposera en macroéconomie au cours de la décennie 1970 à partir d'une réactualisation et d'une reformulation des thèses classiques traditionnelles. En effet, selon la **NEC** (Nouvelle Économie Classique) et la **TCER** (Théorie du Cycle Économique Réel), la vitesse d'ajustement des marchés est très grande dès que les prix sont parfaitement flexibles. Comme, de plus, les anticipations sont supposées rationnelles (HAR, hypothèse des anticipations rationnelles), il ne peut y avoir de biais durables et systématiques par rapport à l'équilibre de plein emploi. Les politiques budgétaires et monétaires n'ont pas leur place dans l'économie décrite par la NEC et la TCER.

Cependant, les positions radicales qui caractérisent cette **nouvelle orthodoxie en macroéconomie**, pendant plusieurs décennies, furent **de plus en plus remises en cause** au regard des problèmes durables de croissance faible et de chômage élevé. Surtout, **d'un point de vue théorique, une réponse keynésienne s'est développée dans le cadre de la NEK** (Nouvelle Économie Keynésienne) depuis le **milieu des années 1980**. Le but de la NEK était de mettre en évidence les limites des postulats de base de la nouvelle orthodoxie, et de reprendre les conclusions théoriques des analyses keynésiennes afin d'actualiser et de réhabiliter de nombreux aspects de la pensée riche et complexe de Keynes.

2 Les fondements des théories de la NEK

En raison des violentes critiques des monétaristes orthodoxes et de la NEC contre les keynésiens et leurs modèles, ces derniers avaient le devoir de prendre en compte les anticipations inflationnistes et l'impact des chocs d'offre sur le cycle économique. Ainsi, **aux modèles keynésiens traditionnels furent intégrées certaines influences monétaristes** (cf. E. Phelps, 1968-72-78). Par exemple, d'un point de vue empirique, la prise en compte de la courbe de Phillips augmentée des anticipations et des impacts sur l'offre était supposée suffisante pour répondre aux critiques. **Mais les économistes de la NEK vont plus loin en construisant un nouvel édifice théorique.** Dans les anciens modèles keynésiens, des bases microéconomiques inadaptées postulaient le non-ajustement continu des marchés et la prise en compte d'anticipations adaptatives était incohérente avec un comportement de maximisation. La réponse théorique était donc trop fragile.

2.1 La NEK renforce les fondements microéconomiques de la macroéconomie

La NEK qui s'est développée en même temps que la NEC (au cours des années 1970) devait proposer des modèles rigoureux fondés sur une certaine rigidité des prix, des salaires et sur les anticipations rationnelles afin de construire une théorie de l'offre globale et une théorie du cycle économique plus complètes, solides et reconnues. Pour y parvenir, les tenants de la NEK vont chercher à établir les **fondements microéconomiques de la lenteur d'ajustement des marchés**, c'est-à-dire la faible flexibilité des prix et des salaires ou **viscosité** des prix.

Sur le plan théorique, la NEK peut être caractérisée par :

- **l'acceptation de l'HAR par la plupart des auteurs**, même si quelques-uns comme Phelps restent critiques à l'égard des fondements théoriques et empiriques de cette hypothèse. Cette adhésion est d'autant plus intéressante que l'HAR est fondamentale dans les développements de la NEC et de la TCER ;
- **l'hypothèse de la concurrence imparfaite** (déjà présente chez Joan Robinson et Edward Chamberlain, 1933) qui induit une différence cruciale par rapport à la NEC dans le mode de fixation des prix ;
- **la prise en considération des chocs d'offre**, au-delà des chocs de demande, et de leurs conséquences, comme source potentielle d'instabilité.

2.2 Rigidités nominales ou rigidités réelles

La NEK définit un monde théorique nouveau dans lequel les anticipations rationnelles coïncident avec l'imperfection et l'incomplétude des marchés, l'information est asymétrique, le facteur travail est hétérogène, il existe des difficultés de coordination et des externalités au niveau macroéconomique. Cependant, ce monde théorique nouveau masque une grande diversité des modèles susceptibles d'expliquer les rigidités microéconomiques et leurs conséquences macroéconomiques. On peut y distinguer les explications qui se concentrent sur les rigidités nominales de celles qui s'intéressent aux rigidités réelles.

Les rigidités nominales sont celles qui empêchent le niveau des prix de s'ajuster aux variations de la demande globale, tandis que les rigidités réelles ne permettent pas aux salaires réels de s'adapter ou aux prix relatifs de se maintenir. Les rigidités nominales se réfèrent à la lenteur d'ajustement des prix et des salaires nominaux, les prix étant plus rigides que les salaires. Du fait de ces rigidités nominales, la monnaie n'est pas neutre et pour tout sentier d'évolution de la demande nominale, c'est la lenteur d'ajustement des prix qui va expliquer les conséquences réelles qui en découlent sur le cycle économique.

La rigidité des salaires nominaux résulte de l'existence de contrats de travail à long terme. Dans ce cas, la politique monétaire entraine une variation des salaires réels... En outre, le degré de régularité des négociations sur les contrats salariaux ainsi que leur durée vont influencer l'instabilité macroéconomique. Ces analyses en termes de contrats de salaire montrent une évolution contracyclique du salaire réel.

La rigidité des prix nominaux est évoquée par G. Mankiw, J. Yellen et G. Akerlof (1986-1987-1988) à partir des coûts d'étiquetage. Selon cette approche, les conséquences macroéconomiques de ces coûts microéconomiques de changements des étiquettes peuvent être très fortes –en particulier en situation de concurrence imparfaite. Cela permet d'expliquer la rigidité des prix nominaux. De plus, les prix ne s'ajustant pas aux évolutions de la demande, ce sont les quantités qui vont compenser ces rigidités. La politique de stabilisation devient donc désirable.

Les rigidités réelles ne s'opposent pas aux rigidités nominales mais elles les complètent. Leurs interactions sont une caractéristique essentielle des analyses de la NEK selon Mankiw et Romer. Les rigidités réelles n'impliquent pas les rigidités nominales et elles amplifient la non-neutralité monétaire. Autrement dit, les chocs nominaux ont des conséquences réelles d'autant plus importantes que le degré de rigidité réelle est élevé. La rigidité des prix réels peut s'expliquer de diverses manières. Les prix relatifs ou prix réels peuvent être rigides en raison des coûts en temps et en ressources des recherches du meilleur prix par rapport à la concurrence. De même, l'existence de marchés de clientèle, au sens d'Okun, conduit à accroître les coûts de recherche pour les clients. Enfin, l'asymétrie, l'incertitude du monde dans lequel opèrent les entreprises expliquent, en partie, la rigidité des prix relatifs.

En ce qui concerne **la rigidité des salaires réels**, elle n'incite pas les entreprises à modifier leurs prix à la suite de variations de la demande globale. Les conséquences macroéconomiques n'en sont que plus fortes. Dans ce cadre, la NEK a cherché à fournir des explications du chômage en Europe depuis le début des années 1980, solidement fondées d'un point de vue microéconomique. Leur conclusion est qu'il existe du chômage involontaire à court terme et à long terme en raison des rigidités des salaires réels.

La NEK propose **trois explications principales de ces rigidités des salaires réels** : la **théorie des contrats implicites**, les théories du salaire d'efficience et les modèles « Insiders-Outsiders ». Les **modèles du salaire d'efficience** insistent sur le rôle des entreprises dans le maintien d'un salaire supérieur au salaire d'équilibre du marché du travail. Mais, d'autres modèles de la NEK s'attacheront à mettre en évidence l'importance du comportement des salariés dans l'existence du chômage involontaire. Les **modèles Insiders-Outsiders** tentent d'expliquer le chômage involontaire à partir du pouvoir des Insiders, lequel aurait pour origine les coûts qui découlent de la rotation de la main-d'œuvre.

2.3 Chocs d'offre, chocs de demande et instabilité de l'économie réelle

On déduit de ces analyses que **des chocs importants sur l'offre ou la demande de travail peuvent avoir des effets sur la production et l'emploi**. La NEK reconnaît donc que le cycle économique peut être engendré par des chocs sur l'offre. De plus**, l'existence de frictions dues aux imperfections des marchés amplifie ces chocs** ainsi que les variations de la production et de l'emploi. Pour ceux des tenants de la NEK qui privilégient les rigidités nominales, la non-neutralité monétaire à court terme s'explique par l'impossible coordination des entreprises face à des chocs de demande. Cela rend le **cycle économique instable**. Mais surtout, certains keynésiens de la NEK ont voulu démontrer que **les effets réels des rigidités peuvent être durables**.

Par exemple, **la NEK, en substituant le concept de NAIRU au concept de taux de chômage naturel,** a pu parvenir une explication de la hausse des taux de chômage en Europe au cours des années 1980. NAIRU signifie

Non Acceleratlng Inflation Rate of Unemployment : Taux de chômage non accélérateur d'inflation. Autrement dit, le NAIRU serait le niveau du taux de chômage compatible avec un taux d'inflation faible et stable.

La différence entre ces deux concepts est cruciale car elle **relève de leurs propres fondements microéconomiques.** En effet, si le taux de chômage naturel correspond à l'équilibre du marché du travail, le NAIRU est le taux de chômage compatible avec une inflation stable et il permet d'assurer la cohésion ente le salaire réel souhaité et le salaire réel réalisable déterminé par la *productivité du travail et les comportements de marge sur les prix des entreprises.*

Le cycle économique se trouve donc accentué par ces **phénomènes d'hystérèse ou d'ajustement avec retard** (les effets persistent alors que la cause a disparu) à la suite de chocs sur l'offre ou sur la demande. Autrement dit, une politique de désinflation est associée à un ratio de sacrifice (perte cumulée en termes de production [pourcentage de PIB] liée à des politiques monétaires durablement restrictives) beaucoup plus élevé et les récessions seront plus intenses.

3 La politique monétaire et monnaie active

La courte période reste la période de référence car la politique macroéconomique peut accélérer le retour à un équilibre de plein emploi. Le cycle économique et son éventuelle instabilité peuvent être causés par des chocs sur l'offre et/ou sur la demande – ces chocs étant alors à l'origine de situations d'équilibre de sous-emploi, de chômage involontaire.

L'État et la banque centrale doivent donc intervenir dans le cadre d'une économie capitaliste de marché pour stabiliser l'économie. Mais l'éclectisme des analyses de la NEK favorise la multiplication des propositions de politiques économiques, ce qui rend le message théorique ambigu et difficilement applicable. Pour cette raison, il est difficile d'affirmer l'existence d'une nouvelle orthodoxie keynésienne avec la NEK.

Les **contributions multiples de la NEK** permettent de montrer que le **chômage involontaire** présente les caractéristiques d'un fait stylisé. **La thèse de l'inefficacité des politiques économiques, de la NEC**, liée à l'hypothèse d'ajustement continu des marchés, **n'est plus acceptable dans ce cas.** En effet, **en raison de la lenteur de l'ajustement des prix, la monnaie n'est pas neutre** et la politique économique devient potentiellement stabilisatrice. Cette conclusion est renforcée par les expériences des années 1970 et 1980 qui ont mis en évidence l'existence de chocs d'offre aux côtés des chocs de demande ayant des conséquences réelles sur le cycle économique. **Pour autant, les économistes de la NEK ne sont pas partisans du « fine-tuning »** car les fluctuations restent imprévisibles et irrégulières. En acceptant les critiques monétaristes et les problèmes de cohérence temporelle des politiques économiques, ils se révèlent en faveur d'une souplesse d'adaptation des politiques de stabilisation à la nature et à l'ampleur des chocs afin de réduire leurs conséquences.

4 La NEK : une école très hétérogène dont l'éclectisme des propositions ouvre la porte à des critiques diverses mais enrichissantes

En fait, **les propositions éclectiques de la NEK découlent de la diversité des approches** qui se sont développées en son sein. Or, si d'un point de vue normatif, cela conduit à un pragmatisme intéressant, en revanche l'unité théorique semble impensable à réaliser. Cela fera l'objet de multiples critiques. Cette **limite théorique** a donné lieu à une critique fondamentale de la part de leurs opposants. En effet, selon ces derniers, comment élaborer un modèle économique testable tant que les causes de l'inertie des prix et des salaires sont nombreuses et non hiérarchisées ? D'autres critiques portent sur l'attachement jugé excessif envers la recherche théorique (**fondements microéconomiques des rigidités**) par rapport aux analyses empiriques.

Mais surtout, **quelques critiques émanent du corps keynésien lui-même**. Certains, comme Phelps (1992) ou Blinder, considéraient l'HAR comme insatisfaisante au niveau microéconomique et les prémices empiriques demeurent faibles. D'autres jugent le modèle IS-LM insuffisant pour comprendre les déterminants de la demande globale en particulier en raison de la non-prise en compte des anticipations.

Enfin, **selon Tobin, et conformément aux intuitions de Keynes, la flexibilité des prix et des salaires nominaux ne peut qu'accentuer la récession**.

La rigidité des salaires nominaux joue un rôle stabilisant lors des chocs de demande. Tobin en déduit, que Keynes ne postulait pas la rigidité des salaires nominaux ou des prix, mais qu'il s'était intéressé à l'importance que les travailleurs accordaient à la structure des salaires relatifs. La NEK s'est donc égarée en recherchant les fondements microéconomiques des rigidités nominales. Finalement, selon R. Barro, le message de la NEK ne réhabilite pas Keynes. En revanche, selon Mankiw, Romer, etc., la NEK en donnant des fondements microéconomiques à des rigidités jusque-là postulées, a enrichi le message intuitif de J.M. Keynes.

5 Liens vers d'autres fiches

- Fiche 8 : Les principes de la politique monétaire
- Fiche 15 : L'approche classique : la monnaie « voile »
- Fiche 17 : L'approche keynésienne de la monnaie
- Fiche 20 : L'approche des nouveaux keynésiens : le retour à la monnaie « active »
- Fiche 24 : La politique monétaire face à la récession et l'instabilité financière

20 EXERCICES

Exercice 1

QCM

1. Les économistes keynésiens fondent leurs modèles sur :
- l'hypothèse des anticipations adaptatives
- l'hypothèse des anticipations rationnelles
- l'hypothèse des anticipations extrapolatives

2. Le taux de chômage naturel correspond :
- à l'équilibre du marché du travail
- au taux de chômage minimum sans tensions inflationnistes
- à un taux de chômage nul

3. Le NAIRU est le taux de chômage :
- compatible avec l'équilibre du marché du travail
- compatible avec des pressions déflationnistes
- compatible avec une inflation stable

4. Selon les théories de la NEK :
- les prix sont très rigides
- les prix sont très flexibles
- les prix s'ajustent lentement (viscosité des prix)

5. Selon les économise de la NEK, la monnaie n'est pas neutre car :
- l'ajustement des prix est lent
- l'ajustement des prix est rapide
- il n'y a pas d'ajustement des prix

6. La non-neutralité de la monnaie :
- rend la politique monétaire pleinement efficace
- rend la politique monétaire partiellement efficace
- rend la politique monétaire inefficace

7. Les économistes de la NEK :
- cherchent à améliorer les fondements macroéconomiques de la microéconomie
- ignorent les interdépendances entre macroéconomie et microéconomie
- cherchent à améliorer les fondements microéconomiques de la macroéconomie

8. Les rigidités nominales sont celles :
- qui empêchent le niveau des prix de s'ajuster aux variations de la demande globale
- qui empêchent le niveau des prix de s'ajuster aux variations de l'offre globale
- qui empêchent l'ajustement de l'offre et de la demande globale

9. Les rigidités réelles :
- ne permettent pas aux salaires nominaux de s'adapter ou aux prix relatifs de se maintenir
- ne permettent pas aux salaires réels de s'adapter ou aux prix relatifs de se maintenir
- ne permettent pas aux salaires réels de s'adapter à l'inflation

10. Les rigidités nominales se réfèrent :
- à la lenteur d'ajustement des prix et des salaires réels
- à la lenteur d'ajustement des prix et des salaires nominaux
- à la lenteur d'ajustement des prix relatifs

Exercice 2

Questions ouvertes

1. Présentez clairement le modèle des contrats implicites et ses effets en matière de rigidité.

2. Présentez les différentes théories du salaire d'efficience et leurs effets en matière de rigidité.

3. Présentez les modèles Insiders-Outsiders et leurs effets en matière de rigidité.

4. Expliquez la différence entre le concept de NAIRU et le concept de taux de chômage naturel.

Exercice 3

Pour approfondir

Essayez de synthétiser les différences fondamentales entre les messages des économistes de la NEK et les enseignements des économistes postkeynésiens.

20 CORRIGÉS

Exercice 1

1. l'hypothèse des anticipations rationnelles
2. à l'équilibre du marché du travail
3. compatible avec une inflation stable
4. les prix s'ajustent lentement (viscosité des prix)
5. l'ajustement des prix est lent
6. rend la politique monétaire partiellement efficace
7. cherchent à améliorer les fondements microéconomiques de la macroéconomie
8. qui empêchent le niveau des prix de s'ajuster aux variations de la demande globale
9. ne permettent pas aux salaires nominaux de s'adapter ou aux prix relatifs de se maintenir
10. à la lenteur d'ajustement des prix et des salaires nominaux

Exercice 2

1. Selon le modèle des contrats implicites, sur le marché du travail, les relations de long terme, entre salariés et entreprises, dominent. Une «poignée de main invisible» lie les parties (accords informels) entre elles. Les salariés troquent un salaire inférieur au salaire d'équilibre du marché du travail contre la stabilité de l'emploi. La rotation de l'emploi est donc faible et, en période de récession, il y a un maintien-partage du travail dans l'entreprise. Donc, si cette théorie explique bien la rigidité des salaires réels, en revanche elle explique mal le chômage involontaire.

2. Les théories du salaire d'efficience expliquent l'existence du chômage involontaire par la rigidité des salaires réels à la baisse en raison de son lien étroit avec la productivité du travail. Dès 1979, Solow a développé un modèle selon lequel une baisse de salaire réel implique une baisse de la productivité individuelle du travail, donc une hausse du coût de l'emploi. Cette idée de l'existence d'une corrélation positive entre salaire réel et productivité apparaît déjà chez Leibenstein (1957) dans le cadre de ses analyses sur les pays en voie de développement.
Quant aux théories modernes du salaire d'efficience, elles mettent en exergue quatre catégories de modèles : le modèle de la sélection adverse ou de l'antisélection (Weiss, 1980) selon lequel en raison de l'asymétrie d'information et de l'existence d'un salaire de réservation, il peut exister du chômage involontaire. Le modèle de rotation des emplois (Phelps, 1968 et Salop, 1979) explique le maintien des salaires réels au-dessus de leurs niveaux d'équilibre pour dissuader la rotation des salaires. Il en découle du chômage involontaire. Le modèle du tire-au-flanc (Shapiro, Stiglitz, 1984) suppose qu'un salaire réel proposé supérieur au salaire réel d'équilibre incite le salarié à l'effort et dissuade les paresseux. Les modèles d'équité (Akerlof, 1982) insistent sur les aspects sociologiques du travail. Le travail n'est plus considéré seulement comme une marchandise et des individus qui se sentent inéquitablement traités (en termes de salaires relatifs) peuvent réduire leurs efforts au travail. C'est pourquoi Akerlof et Yellen (1990) proposent un salaire équitable de l'effort selon lequel les travailleurs seraient aptes à moduler leurs efforts. Mais l'existence d'un tel salaire, supérieur au salaire d'équilibre, implique l'existence de chômage involontaire.

3. Les modèles Insiders-Outsiders développés par Lindbeck et Snower entre 1985 et 1988 tentent d'expliquer le chômage involontaire à partir du pouvoir des Insiders qui parviennent à maintenir le salaire réel à un niveau trop élevé pour parvenir au plein emploi. Le pouvoir d'influence des Insiders aurait pour origine les coûts qui découlent de la rotation de la main-d'œuvre. L'entreprise est prête à payer des salaires plus élevés pour éviter de subir, de supporter les coûts associés à cette rotation. Les théories Insiders-Outsiders, outre qu'elles permettent d'expliquer le chômage involontaire, permettent de rendre compte de la variabilité plus facile de l'emploi et du dualisme du marché du travail. On peut donc remarquer que les théories du salaire d'efficience et les modèles Insiders-Outsiders sont complémentaires dans la mesure où le volume du chômage involontaire dépend de ce que les entreprises sont prêtes à consentir et les salariés à accepter.

4. Par exemple, la NEK en substituant le concept de NAIRU au concept de taux de chômage naturel a pu parvenir à une explication de la hausse des taux de chômage en Europe au cours des années 1980. La différence entre ces deux concepts est cruciale car elle relève de leurs propres fondements microéconomiques. En effet, si le taux de chômage naturel correspond à l'équilibre du marché du travail, le NAIRU est le taux de chômage compatible avec une inflation stable et il permet d'assurer la cohésion entre le salaire réel souhaité et le salaire réel réalisable déterminé par la productivité du travail et les comportements de marge sur les prix des entreprises. Le NAIRU résulte donc d'un rapport de force entre salariés et entreprises en situation de concurrence imparfaite. L'explication de la hausse des taux de chômage par la hausse du NAIRU devient acceptable, au moins partiellement. De surcroît, selon la théorie de l'hystérèse (Phelps, 1972, Blanchard), le taux de chômage naturel dépend de l'historique des taux de chômage effectifs passés. Il y a hausse, simultanément, du taux de chômage effectif et du taux de chômage naturel. Cette théorie de l'hystérèse est donc une théorie de la durée du chômage et pose le problème de l'employabilité.

Exercice 3

Les auteurs post-keynésiens, comme tous les keynésiens, postulent que les mécanismes d'ajustement par le marché sont lents car les prix et les salaires sont plutôt rigides. La période temporelle de référence redevient keynésienne, c'est-à-dire que la courte période sera celle au cours de laquelle l'État pourra et devra intervenir. Contrairement aux tenants de la NEK, les post-keynésiens rejettent l'HAR et rejoignent les Autrichiens en considérant que les anticipations ne peuvent être au mieux que raisonnables. D'autant plus que le temps et la monnaie, donc l'incertitude, jouent un rôle prépondérant dans les économies étudiées. Pourtant, l'équilibre économique est supposé stable par les post-keynésiens. Il s'agit néanmoins de la stabilité d'un équilibre de sous-emploi lié aux rigidités des prix. Les perturbations sont dans la plupart des cas liées à des facteurs réels, comme les variations de la demande effective et donc la politique macroéconomique peut favoriser la stabilisation de l'activité économique au cours du cycle. Dans une économie capitaliste de marché, l'État a un véritable rôle à jouer selon les post-keynésiens.

Partie 3

La monnaie et la finance à l'épreuve des faits

SOMMAIRE

COURS

21 Instabilité des marchés de capitaux et récurrence des crises financières

[NOTIONS CLÉS : instabilité financière, bulles spéculatives, crise financière, risque systémique, aléa moral, anticipations]

INTRODUCTION

Les marchés financiers sont fondamentalement instables ! C'est un constat indiscutable qui n'apporte cependant aucune explication au phénomène. Comment expliquer l'Instabilité des marchés financiers ? Quelles peuvent êtres les causes de l'instabilité financière, c'est-à-dire des prix des actifs financiers ? De manière générale, sur n'importe quel marché ce sont les variations de l'offre et de la demande qui font varier les prix. Ce sont donc les variations relatives de l'offre et de la demande d'actifs financiers qui font varier les prix des actifs financiers sur les marchés financiers. Il existe de nombreux facteurs permettant d'expliquer l'instabilité de l'offre et de la demande d'actifs financiers et donc la volatilité des prix de ces actifs.

1 De la globalisation financière à l'instabilité financière

La globalisation financière implique un recours accru aux marchés financiers dans le financement des économies, une concurrence plus forte entre les acteurs financiers (banques, institutions financières, fonds spéculatifs) et la possibilité élargie de participer à tous les compartiments de ces marchés, de passer facilement d'un marché à un autre.

La globalisation financière s'est accompagnée d'une **instabilité accrue des prix des actifs financiers** liée à l'explosion des échanges de capitaux avec la croissance exponentielle du nombre d'intervenants et de produits financiers. Les très fortes variations observables de l'offre et de la demande des différents actifs financiers entraînent une très grande instabilité des prix de ces actifs. De surcroît, du fait des interdépendances accrues entre produits financiers et marchés, **l'instabilité sur certains marchés entraîne une instabilité sur d'autres marchés.** Le crédit, et donc la création monétaire, peuvent alimenter et amplifier cette instabilité financière car des agents empruntent pour acheter des actifs puis les vendre afin d'en acheter d'autres. Ce fut le cas avant la crise des *subprimes. In fine*, la combinaison excès de crédit-instabilité financière peut favoriser l'occurrence de crises financières qui provoquent ensuite des crises économiques et sociales qui préparent le terrain pour d'autres crises financières, dans un futur plus ou moins proche.

L'horizon souvent court des investisseurs, lié à l'incomplétude informationnelle à long terme (l'avenir est incertain), et la myopie des agents sur les différents marchés se traduisent par des comportements « panurgiens » (moutonniers ou mimétiques).

Le rôle central des **anticipations** qui sont donc de moins en moins rationnelles (sauf si la rationalité consiste à adopter le même comportement que les autres), la diversification des produits financiers et notamment la multiplication des produits dérivés (de produits financiers dits « sous-jacents ») conjuguent leurs effets et conduisent à exacerber les phénomènes de « surréaction » et « d'exubérance irrationnelle » (Robert Shiller), se traduisant par l'envolée des cours de différents produits.

Ces **bulles spéculatives**, alimentées par le fait que la hausse entraîne la hausse, finissent toujours par atteindre un seuil au-delà duquel la baisse prend la forme d'une chute brutale et vertigineuse des cours. C'est le krach. Après la phase de « boom », vient... le krach !

Malheureusement, **le krach financier va déborder les frontières de la finance**, inonder tel un tsunami toute la planète financière et engloutir ensuite l'économie réelle. Il en résulte que la crainte d'une véritable **crise systémique**, lorsqu'un déséquilibre profond apparaît dans un compartiment du système avant de se propager, comme dans un jeu de domino, au reste du monde, devient tout à fait légitime.

Selon une définition de référence, proposée par les économistes Michel Aglietta et Philippe Moutot, **le risque de système** désigne « *l'éventualité qu'apparaissent des états économiques dans lesquels les réponses rationnelles des agents individuels aux risques qu'ils perçoivent, loin de conduire à une meilleure répartition des risques par diversification, amène à élever l'insécurité générale.* »

Selon ces auteurs, cette définition permet d'insister sur la **non-neutralité des structures financières**, qui influencent le champ des possibles en matière d'équilibre macroéconomique. Autrement dit, de graves dysfonctionnements dans l'allocation des ressources financières (par exemple, l'octroi de crédits à des ménages peu solvables avec les subprimes...) peuvent conduire à des équilibres macroéconomiques inefficients.

Mais ces équilibres ne proviennent pas (seulement) de l'irrationalité des agents, mais surtout des défauts de la coordination de milliers de choix individuels (microéconomiques) par les marchés financiers. D'où l'existence d'un résultat macroéconomique « anormal », un risque systémique.

2 Des crises financières aux crises de l'économie réelle

Une crise financière se traduit par la **chute brutale des prix d'actifs financiers**, qui entraîne un effet de richesse négatif. Simultanément, cet effet de richesse négatif s'accompagne d'un excès d'endettement. En effet, quand la valeur de ce que les agents possèdent baisse alors que le montant de la dette reste le même, les agents économiques voient leur taux d'endettement augmenter (cf. encadré). Logiquement, ces crises financières ont **des conséquences importantes sur la croissance et l'emploi**. En effet, cet appauvrissement patrimonial et ce surendettement vont nécessiter un désendettement pour les ménages et les entreprises. Ainsi, tout ce qui s'achetait par la dette ne va plus s'acheter, la demande de crédit baisse. Pour les agents financiers, notamment les banques, l'appauvrissement va entraîner une baisse de l'offre crédit. Donc le désendettement nécessaire entraîne une baisse de la demande globale, ce qui va entraîner une crise économique car une baisse de la demande globale va entraîner une baisse de l'offre globale, laquelle va provoquer une hausse du chômage, donc une nouvelle baisse de la demande globale, ce qui va renforcer la crise économique mais aussi la crise financière.

> Selon la thèse de la **déflation par la dette** (Irving Fisher, 1933), une crise financière (chute brutale des prix des actifs) provoque, *ex post*, une hausse de la dette réelle des agents économiques. Avant le krach et la crise, ils s'étaient endettés pour davantage d'actifs. Désormais, ils vendent en masse leurs actifs pour récupérer des fonds et se désendetter. Ce faisant, ils obtiennent le contraire de ce qu'ils recherchent. En effet, la hausse de l'offre par rapport à la demande renforce la baisse des prix des actifs… La déflation accroit la valeur réelle de la dette.

Toutes les crises financières, qu'il s'agisse d'une crise de change, d'une crise bancaire, d'une crise de la dette ou d'une crise boursière **sont susceptibles de provoquer une récession, voire une dépression dans la sphère réelle.**

Ces interdépendances ne devraient pourtant surprendre personne, car toutes les activités économiques, dans une économie capitaliste de marché, doivent être financées. La sphère réelle regroupe l'ensemble des activités de production et de répartition des biens et services, les opérations d'échanges des facteurs de production... La sphère de la finance correspond à l'ensemble des opérations et des institutions permettant d'organiser les relations entre les agents qui disposent de capacités de financement avec ceux qui ont des besoins de financement.

Compte tenu des effets financiers et économiques destructeurs des crises financières, il semble indispensable d'essayer d'en comprendre les causes profondes afin d'éviter cette spirale négative qui peut en résulter. En nous appuyant sur la récente crise dite des subprimes, on pourra, pour y voir un peu plus clair, distinguer et présenter successivement les causes microéconomiques des causes macroéconomiques.

3 Les causes microéconomiques des crises financières

D'un point de vue microéconomique, on peut mettre en évidence plusieurs facteurs majeurs des crises financières : une **information imparfaite** qui conduit à une estimation erronée du degré de risque des actifs (actifs immobiliers), une **insuffisante standardisation des actifs financiers** qui brouille la visibilité et la compréhension de ceux-ci, des **règles prudentielles** et des **normes comptables procycliques**, une **allocation** (répartition) **non optimale** et dangereuse des **risques via la titrisation**, une **distribution de crédit** a des ménages **selon des critères de solvabilité inadaptés**, un **risque de liquidité accru** pour les banques.

En substituant une forme de solvabilité active (de patrimoine) à une forme de solvabilité fondée sur le revenu, les banquiers ont commencé à fabriquer les germes de leurs futures pertes financières. Une situation dans laquelle la solvabilité n'est assurée que dans la mesure où l'actif acheté voit son prix augmenter n'est *de facto* pas durable car dès l'instant ou les prix baissent, les défauts des emprunteurs augmentent... Lorsque l'effet de richesse se retourne, la pyramide tend à s'effondrer comme un vulgaire château de cartes.

De plus, le fait de privilégier le modèle de credit « originate and distribute » via la pratique d'une titrisation débridée des créances (afin d'obtenir une meilleure et plus grande répartition des risques en regroupant des créances à risque faible isolément, en se soustrayant aux contraintes prudentielles) a contribué à faciliter et à accroitre la distribution du crédit, à soutenir la dynamique de gonflement des bulles immobilières et financières.

Si on ajoute à ceci la **grande complexité des produits** (CDO, ABS, MBS, CDS) qui ont porté la titrisation, on comprend que les acteurs concernés (banques et autres institutions financières) ont joué un rôle majeur dans le déclenchement et la propagation de cette crise.

En effet, la **diffusion du risque par la titrisation** a rendu l'information sur le degré d'exposition à celui-ci d'une grande opacité. C'est le revers de la médaille de la titrisation, le côté obscur du système. Comme plus personne ne savait qui possédait quoi, ni combien, les marchés se sont asséchés au sens où lorsque la liquidité de marché tend vers zéro, plus personne ne peut vendre car personne ne souhaite acheter.

Or, quand il n'y a plus d'échange, plus de marché, les prix des actifs immobiliers et financiers s'effondrent. Ceux-ci entrainent *ipso facto* dans leur sillage les bilans des sociétés concernées qui chutent successivement comme dans un jeu de dominos. Les pertes en capital se cumulent, la solvabilité se dégrade, les défauts se multiplient, la liquidité disparait etc. La baisse entraine la baisse comme la hausse suscitait de nouvelles hausses quelques semaines, mois, plus tôt.

Pour autant, au-delà de ces comportements microéconomiques excessifs, il fallait que des conditions macroéconomiques existent.

4 Les causes macroéconomiques des crises financières

D'un point de vue macroéconomique, on peut mettre en évidences deux causes essentielles des crises financières : les **politiques monétaires pro-cycliques**, excessivement et durablement expansionnistes, des banques centrales des grands pays de l'OCDE depuis 2001 et la gestion de la crise technologique (bulle technologique) ; et **l'excès de liquidité mondiale lié à l'accumulation de réserves de change** par les banques centrales des pays émergents et exportateurs de pétrole.

Les banques centrales ont mené **des politiques monétaires** durablement, voire excessivement, **expansionnistes** qui ont créé un environnement favorable à l'apparition de bulles financières. Les réactions initiales de pompier des banques centrales ont fini par transformer progressivement celles-ci en pyromane.

L'hypothèse est que la **crise financière** actuelle serait le **résultat différé** d'une **politique monétaire excessivement et durablement expansionniste.** Autrement dit, le maintien d'une telle politique monétaire serait à l'origine d'une « dynamique infernale » qui permet de sortir d'une crise mais à condition d'en payer le prix, plus tard, en acceptant d'entrer dans une autre crise financière, ailleurs.

Le facteur déclenchant, le détonateur, est le maintien des taux d'intérêts directeurs si bas par rapport au taux de croissance du PIB, qui en facilitant l'endettement va conduire à la survalorisation des actifs sur les différents marchés. Cette survalorisation se traduit par l'apparition d'une bulle spéculative, qui en éclatant exige l'alimentation du marché en liquidité par le biais d'une politique monétaire très expansionniste… Il s'agit d'abord d'éviter le « credit crunch » (le rationnement du crédit pour les ménages et les entreprises) sans pour autant créer les racines d'une bulle financière future.

Entre 1998 et 2000, puis entre 2003 à 2006, les banques centrales des États-Unis et des pays européens ont conservé des taux directeurs bas même dans les périodes de croissance, de progression du crédit et de hausse forte des prix des actifs. Ce comportement anormalement expansionniste des banques centrales dans les périodes d'expansion (donc pro-cycliques) favorise l'excès d'endettement et les bulles des prix des actifs. Ce comportement, aux États-Unis et en Europe s'ajoute à la politique monétaire durablement expansionniste du Japon.

L'excès de liquidité mondiale s'explique aussi par l'**accumulation de réserves de change** par les banques centrales des pays émergents et exportateurs de pétrole et **entraine une croissance excessive de la base monétaire** qui circule entre les banques et les banques centrales. Cet excès est lié à une absence de coordination internationale des politiques monétaires et politiques de change. C'est à dire que chacun fait un peu trop ce qu'il veut (situation dangereuse du fait des interdépendances et des externalités des politiques économiques en économie ouverte). Ce manque de coordination internationale contribue à la création d'une très grande quantité de monnaie centrale et de monnaie. Les États et les banques centrales sont donc largement responsables de la persistance de déséquilibres financiers et monétaires internationaux qui portaient en eux, depuis des années, un potentiel de crise systémique.

Les excédents commerciaux de la **Chine** ont eu pour **contrepartie** un **gonflement** exponentiel des **réserves de change** de la banque centrale qui n'a pas hésité à acheter les dollars qu'elle recevait et des actifs en dollars en créant de la monnaie domestique pour éviter une appréciation du renminbi par rapport au dollar. Ce comportement en matière de change étant une conséquence de la crise monétaire et de change qu'ont connu de nombreuses économies asiatiques à la fin des années 1990. L'objectif est non seulement de maintenir un haut degré de compétitivité prix, mais de surcroit, une plus grande capacité de défense du taux de change contre une éventuelle dépréciation brutale. Mais, ces dollars accumulés vont revenir vers les États-Unis. Ils vont venir gonfler la base monétaire et donc y alimenter la création monétaire, la dette et les bulles immobilières, financières... Cet afflux des dollars en provenance de Chine vers les États-Unis a produit un excès durable de liquidité macroéconomique (monétaire) qui a entretenu les conditions pour le crédit facile, la titrisation, la demande d'actifs, le gonflement de bulles spéculatives..., et finalement la crise actuelle dans toutes ses dimensions. Le fait que le pays le plus riche, ayant un taux d'épargne quasiment nul, puisse consommer et investir de manière durablement excessive parce que des économies beaucoup moins développées épargnent énormément, mais investissent relativement peu au regard des besoins d'investissement qu'ils ont, et transfèrent leurs capitaux vers les États-Unis où les agents peuvent ainsi continuer à consommer et investir massivement, fut une véritable énigme contemporaine.

En définitive, c'est bien **la combinaison de déséquilibres monétaires et financiers internationaux et de comportements inappropriés au niveau microéconomique** qui est responsable du déclenchement de la crise, de sa propagation et de son ampleur.

Nous pouvons clairement déduire de cet épisode **qu'un régime de croissance basé sur l'endettement privé est insoutenable à moyen terme**. Il n'est pas possible de soutenir durablement la croissance d'une économie dans laquelle les inégalités de revenu se sont accrues, une économie où le seul moyen de maintenir un haut niveau de consommation, de croissance, est de permettre l'endettement des plus pauvres.

5 Les réponses des autorités publiques face à la crise financière et économique de 2007-2010 : l'action des banques centrales et des États

En ce qui concerne l'action à court terme, on peut distinguer trois types de mesures que nous allons maintenant exposer.

D'abord, les **mesures immédiates des banques centrales** face aux problèmes de **liquidités des banques.** La banque centrale doit soutenir les banques en leur donnant un accès à toutes les liquidités dont elles ont besoin. Il s'agit de son rôle de prêteur en dernier ressort. Mais cela n'a pas suffi, il a fallu qu'un autre « pompier » intervienne : l'État.

Dans un second temps, les **plans de sauvetage bancaires et financiers** sont indispensables pour faire face à des risques de solvabilité. Les États ont dû utiliser de l'argent public pour sauver les banques et le système financier, afin d'assurer la poursuite du financement des économies et de pourvoir sauver *in fine* l'économie réelle.

Enfin, les **plans de relance** de l'économie réelle concernent l'ensemble des mesures de relance macroéconomique de type keynésien. Ces mesures ont été mises en place pour l'essentiel en 2008-2009.

- **Les mesures des banques centrales face aux problèmes de liquidité**

  Il y a crise de liquidité bancaire quand les banques ne peuvent plus se refinancer, c'est-à-Dire quand elles ne peuvent plus obtenir la monnaie centrale dont elles ont besoin pour créer de la monnaie en accordant des crédits... Une crise de liquidité est d'abord une crise localisée sur le marché interbancaire. Face à cette crise interbancaire, les banques centrales baissent les taux d'intérêt directeurs. Les cinq plus grandes banques centrales l'ont fait en même temps en octobre 2008, dans le cadre d'une vraie coopération internationale, car les banques des différents pays sont toutes liées par la globalisation financière et elles doivent pouvoir échanger de la monnaie et des devises. En baissant les taux directeurs, les banques centrales espèrent que les banques se feront davantage confiance pour se prêter entre elles, car elles pourront toujours obtenir de la liquidité à des taux très bas. Mais cela ne va pas vraiment fonctionner. Les banques centrales vont devoir mettre en place des politiques monétaires non conventionnelles afin de fournir une plus grande quantité de liquidité aux banques.

- **Les plans de sauvetage du système bancaire**

  Face aux pertes des banques et aux risques d'insolvabilité, les États et les banques centrales vont mettre en place des plans de sauvetage du système bancaire et financier. Les banques réalisent des pertes en se débarrassant à prix réduits de leurs produits devenus toxiques. Elles sont donc en risque de faillite. D'où l'intervention des États, avec les plans de sauvetage. Dans le cadre de ces plans, les États vont garantir les emprunts des banques. Si celles-ci peuvent emprunter et faire face à leurs dettes passées, elles seront jugées plus solvables et pourront donc prêter aux agents non financiers (ménages, entreprises). La création de structures de défaisance ou de cantonnement

(Il s'agit de fonds *ad hoc*) va permettre aux banques de libérer leur bilan des actifs toxiques qui s'y trouvent encore, ceux dont la valeur de marché est devenue très faible. Une structure de défaisance permet aux banques de sortir ces produits toxiques de leur bilan. Le but est de redonner confiance dans la solvabilité de banques… pour que les prêts interbancaires puissent avoir lieu et que les banques puissent financer l'économie. Les États ont pu aussi recapitaliser des banques, voire les nationaliser. L'État peut ainsi devenir copropriétaire de l'entreprise. Cela peut rassurer les investisseurs sur la solvabilité de la société. Les États ont enfin augmenté la garantie des dépôts dans les banques. L'objectif est d'éviter les « bank runs », c'est-à-dire les files d'attente des clients devant les banques afin de retirer leur argent en espèce. Cette situation entraîne automatiquement la faillite des banques concernées, qui ne peuvent honorer la demande de tous leurs clients simultanément. De surcroît, en évitant les paniques bancaires, l'État ne protège pas seulement les banques, mais les agents économiques et donc l'économie. Ici, la confiance joue un rôle majeur. Or, la monnaie est fondée sur la confiance. Dans une situation de crise de confiance, il faut absolument restaurer cette confiance de tous les agents économiques, sans laquelle rien ne peut être résolu.

◆ Les plans de relance des États

Il aurait été peu efficace de mettre en place des plans de relance de la croissance par le soutien de la demande globale sans avoir préalablement traité la crise de liquidité interbancaire et mené des plans de sauvetage bancaires et financiers. Faire préalablement, c'était une condition nécessaire avant d'essayer de relancer les économies. En retour, ces plans de relance, en facilitant la résolution durable des problèmes de solvabilité des banques, rendent possible le rééquilibrage du système bancaire et financier. Les plans de relance consistent à relancer la croissance et l'emploi en soutenant la consommation des ménages et les investissements des entreprises. Pour y parvenir, les dépenses publiques augmentent et les prélèvements baissent. Le creusement du déficit budgétaire entraîne une hausse du montant de la dette publique. Les plans de relance par les politiques budgétaires expansionnistes sont souvent accompagnés de politiques monétaires expansionnistes. Le problème est qu'une politique monétaire expansionniste n'est pas efficace quand les agents non financiers sont globalement trop endettés, que leur priorité est le désendettement et quand, du côté de l'offre de crédit, les banques restent frileuses. Nous voyons que la réussite des plans de relance est étroitement dépendante des succès des plans de sauvetage des banques et réciproquement. Enfin, si les mêmes causes produisent toujours les mêmes effets, alors on peut légitimement se demander si la lutte présente contre les crises en cours et leurs conséquences porte en elle les germes de crises du même type dans les prochaines années.

6 Liens vers d'autres fiches

- Fiche 10 : Le financement des économies ouvertes
- Fiche 11 : Marchés de capitaux et institutions financières
- Fiche 12 : Marché des changes et politique de change
- Fiche 13 : La globalisation financière
- Fiche 22 : La régulation financière face à l'instabilité financière
- Fiche 24 : La politique monétaire face à la récession et l'instabilité financière

21 EXERCICES

Exercice 1

Globalisation financière

Rappelez ce que sont les « 3 D ».

Exercice 2

L'information sur les marchés financiers

1. En quoi l'information peut-t-elle jouer un rôle décisif de sur les marchés financiers ?

2. Quel rôle les agences de notation peuvent elles jouer en matière d'information et comment ?

Exercice 3

Information imparfaite et aléa moral

1. Qu'est-ce que l'imperfection de l'information ?

2. Que désigne l'antisélection ?

3. Que désigne l'aléa moral ?

Exercice 4

Aléa moral et instabilité financière

En vous appuyant sur le texte suivant, expliquez comment les situations d'aléa moral peuvent contribuer à l'instabilité financière ?

« L'éclatement de la bulle Internet au début des années 2000 a marqué la fin de l'ancienne "nouvelle économie". La FED a baissé substantiellement ses taux d'intérêt afin de limiter les effets de la récession. [...] La banque centrale a joué comme un filet de sécurité pour les acteurs financiers qui ont pris des risques excessifs lors de la bulle internet, en leur permettant de se refinancer à un coût faible. [...] Ce problème d'aléa moral standard est formalisé par E. Fahri et J.Tirole dans le cas des crises financières. [...] Ainsi, ce sont les stratégies d'aide au secteur financier menées par les banques centrales qui sont les racines de la prise excessive de risque suivante et donc de la prochaine crise. Plus particulièrement, les auteurs critiquent les interventions très générales en cas de crise qui aident toutes les institutions financières, comme une baisse des taux directeurs. Des interventions plus ciblées, si elles sont possibles, sont plus efficaces. »

Source : « Des banques centrales dans la tempête », Xavier RAGOT, dans *5 crises. 11 nouvelles questions d'économie contemporaine*, Philippe ASKÉNAZY, Daniel COHEN, 2013.

21 CORRIGÉS

Exercice 1

On peut présenter le processus de globalisation financière en s'appuyant sur la thèse des 3D : Déréglementation, Décloisonnement, Désintermédiation.

– Déréglementation : Suppression de divers obstacles réglementaires aux transactions financières, suppression du contrôle des changes (taux de change). On va laisser les mécanismes de l'offre et de la demande agir librement sur le marché des changes.
– Décloisonnement : Processus qui consiste à faire tomber les cloisons, les murs des différents marchés de capitaux. Possibilité de passer plus facilement d'un produit à un autre.
– Désintermédiation : Processus qui consiste à favoriser et développer les relations directes entre agents à capacité et à besoin de financement sans passer par l'intermédiaire des banques.

Donc ces trois processus simultanés ont favorisé l'explosion des échanges sur les marchés financiers : il y a de plus en plus d'intervenants qui échangent de plus en plus de produits financiers (le progrès technique favorise l'innovation financière) et cela au niveau mondial. La globalisation financière doit aboutir à un grand marché financier unique et à des marchés de plus en plus interdépendants. Les intervenants sur les marchés financiers peuvent changer d'actifs, de marchés, de plus en plus vite. Donc le processus de globalisation financière se traduit clairement par une très forte croissance des échanges sur l'ensemble des marchés entre agents à capacité financière et agents à besoin financier.

Exercice 2

1. Sur les marchés financiers, maîtriser l'information est crucial. Le marché international des capitaux est un marché totalement intégré qui favorise une rapide diffusion de l'information : ce phénomène témoigne des interdépendances entre les différents marchés et du rôle croissant des agences de notation financière. Ainsi, les évolutions sur l'un des segments des marchés de capitaux ont des effets instantanés sur les autres compartiments. Par exemple, la modification du taux de change euro/dollar a des effets sur le comportement des acteurs sur les marchés obligataires, notamment si les titres de créances sont libellés en dollars ou en euros. Ces interconnexions renforcent l'instabilité des marchés financiers, et ce que l'on appelle la volatilité, soit la variation (à la hausse comme à la baisse) de la valeur d'un titre par rapport à une valeur théorique, c'est-à-dire la variation de son cours sur les marchés.

L'information financière est souvent obligatoire et réglementée, notamment pour les sociétés cotées (cf. communications trimestrielles ou annuelles du bilan, du compte de résultats), mais elle est aussi informelle, sélective, voire réservée aux initiés. L'information est une nouvelle connaissance, un renseignement porté à la connaissance de quelqu'un, et cet élément est capital sur les marchés financiers pour arbitrer entre tous les choix possibles. Sa diffusion a d'ailleurs des effets importants sur les marchés puisqu'elle est une des sources principales de révision des anticipations des opérateurs. Les signaux qui influencent les acteurs (acheteurs ou vendeurs) sur les marchés sont de nature différente. Ces informations peuvent être des indicateurs macroéconomiques (taux de croissance du PIB, taux de chômage, taux d'inflation, déficits et excédents commerciaux, etc.) ; des annonces de résultats d'entreprises (résultats financiers, annonce de la signature de contrats, cours boursiers, etc.) ; des décisions de banque centrale (taux directeurs, volume de refinancement, discours des gouverneurs des banques centrales, etc.) ; des décisions de politique économique (législation ou évolution du salaire minimum, revalorisation des minimas sociaux, modification de la fiscalité, etc.), mais aussi des rumeurs reprises ou diffusées par les acteurs de la finance. Ces rumeurs, fondées ou non, peuvent entraîner des comportements mimétiques et, ainsi, avoir des chances de se réaliser. Cette propriété autoréalisatrice des informations diffusées sur les marchés est source d'instabilité.

2. Les agences de notation sont des entreprises privées qui alimentent les marchés financiers en proposant une information particulière : le « rating » ou appréciation de la qualité de signature d'un émetteur de titres financiers (entreprise, État, collectivité locale) ou des instruments financiers concernés. Les notations financières, élaborées à partir de données factuelles, d'hypothèses et de scénarios sur l'évolution des risques de non-remboursement, s'établissent de A à D. Plus la note est élevée (par exemple « AAA »), plus la solvabilité de l'émetteur est supposée forte ; plus la note est faible (C ou D), plus la solvabilité de l'émetteur est jugée fragile par l'agence de notation, qui diffuse alors l'information d'un fort risque de non-remboursement des intérêts ou du capital. La globalisation financière a renforcé le rôle des agences de notation car elles produisent une information facile à interpréter pour les investisseurs qui ne connaissent pas les émetteurs de titres dans un univers financier de plus en plus complexe. L'analyse et l'information sur les risques de crédit sont ainsi déléguées à un secteur oligopolistique puisque trois agences, Standard & Poor's, Moody's Investor Service et Fitch Ratings, détiennent plus de 90 % du marché mondial de la notation financière, dont 80 % pour les deux premières. L'information proposée (contre rémunération par les émetteurs) par les agences de notation a des effets sur l'entreprise émettrice : la note étant un indicateur de risque, une note élevée (ex. AAA) réduit le taux d'intérêt sur le titre et, à l'inverse, une note plus faible, informant d'un risque (de défaut, de difficultés ou de retards de paiement, etc.) augmente le taux d'intérêt demandé par les acheteurs des titres de créance, donc le coût de financement pour l'émetteur de dette. La notation financière attribuée par ces agences est devenue une référence pour les gestionnaires de fonds (compagnies d'assurances, fonds de pension, OPCVM), voire une norme utilisée par les régulateurs (cf. les accords de Bâle II, titres acceptés par la Banque Centrale Européenne en contrepartie de refinancement des banques, etc.). Cette notation produit donc une information qui a, pour certains économistes, un caractère de bien public qui rendrait discutable leur production marchande, puisqu'il s'agit de sociétés privées.

Exercice 3

1. En situation d'imperfection de l'information, il y a asymétries d'information. En général, les agents économiques prennent des décisions, font des choix, en situation d'asymétrie d'information, au sens où ils ne disposent pas tous des mêmes informations, ni de la même capacité à traiter ces informations pour prendre leurs décisions. Ces asymétries peuvent induire des comportements non vertueux : comportements d'anti-sélection (sélection adverse) et comportement d'aléa moral. L'existence de ces comportements menace l'existence même des marchés concernés, car les échanges peuvent s'arrêter. Or, s'il n'y a plus d'échanges, il n'y a plus de marché !

2. En situation d'asymétrie d'information, on observe des comportements d'anti-sélection (sélection adverse) quand les agents économiques font collectivement des choix qui vont conduire à la défaillance du marché. Sur le marché du crédit, les prêteurs (banques) ne sont pas certains de la solvabilité des emprunteurs. En relevant les taux d'intérêts afin de dissuader et d'éliminer les mauvais emprunteurs, les banques risquent d'éloigner les emprunteurs peu risqués et de se retrouver seulement avec les emprunteurs risqués. Il y a sélection adverse ou antisélection car les échanges vont se réduire et le marché peut potentiellement disparaitre, au détriment de chacune des parties.

3. En situation d'asymétrie d'information, on observe des comportements d'aléa moral quand un agent économique prend davantage de risques parce qu'il sait qu'il sera sauvé pour protéger l'économie d'un risque systémique. C'est souvent le cas des grandes banques jugées « too big to fail ». Le dilemme aléa moral *versus* risque systémique est un problème complexe posé aux économistes et aux autorités publiques.

Exercice 4

L'action des banques centrales fournit une sorte d'assurance aux acteurs financiers qui savent que les choses ne vont pas trop mal tourner si le système devient instable. Cependant, quand les banques centrales interviennent pour limiter les conséquences des crises financières, elles rassurent, certes, les acteurs financiers mais elles les incitent aussi, indirectement, à prendre des risques, puisqu'ils seront aidés en cas de récession Ainsi, ce sont les stratégies d'aide au secteur financier menées par les banques centrales qui sont les racines de la prise excessive de risque suivante et donc de la prochaine crise. Les BC sont alors des pompiers-pyromanes. Cet argument est différent d'une autre forme d'aléa moral, souvent citée en économie bancaire, qui est le « trop gros pour faire faillite ». Les acteurs systémiques dont la faillite mettrait en péril tout le système financier, savent qu'ils bénéficieront de l'aide publique dans tous les cas et sont donc incités à prendre trop de risques. »

COURS

22 La régulation financière face à l'instabilité financière

[NOTIONS CLÉS : régulation micro-prudentielle, régulation macro-prudentielle, risque systémique]

DÉFINITION

En raison de la responsabilité particulière des institutions financières et des banques dans la crise économique et financière de 2007-2008, de nombreuses voix se sont élevées pour exiger une réglementation plus stricte des activités financières et une coordination plus forte à l'échelle internationale. Cette exigence a donné lieu à des réformes en faveur de la stabilité financière dont la mise en œuvre se heurte aujourd'hui à la difficulté de concilier le financement dynamique de l'économie en période de stagnation et la limitation des risques spéculatifs.

La Banque Centrale Européenne (BCE) définit la **stabilité financière** comme une situation où le système financier – comprenant les intermédiaires, les marchés et les infrastructures de marchés financiers – est capable de faire face à des chocs. Elle comprend ainsi **trois caractéristiques** : le système financier devrait être capable de transférer des ressources de façon régulière des épargnants vers les investisseurs ; les risques financiers devraient être évalués et valorisés de manière relativement précise et devraient être relativement bien gérés ; le système financier devrait être dans un état où il peut confortablement absorber des surprises et des chocs financiers qui impacteraient l'économie réelle. L'objectif principal de la stabilité financière est de limiter le coût des crises financières et des intermédiaires bancaires qui ont des conséquences potentiellement dévastatrices en raison du rationnement du crédit, à l'origine d'une chute de la demande globale. Selon l'économiste Dominique Plihon, on peut concevoir la stabilité financière comme « **bien public mondial** », et mesurer ainsi plus efficacement le coût pour les économies nationales de l'absence de stabilité financière.

La régulation des marchés financiers internationaux se définit par un ensemble de règles, de pratiques et d'encadrement des activités financières dont les objectifs prioritaires sont le bon fonctionnement du marché (transparence et intégrité), la protection de l'épargnant, la stabilité du système financier. Cette régulation s'exerce par l'intermédiaire d'autorités de régulation nationales, européennes ou internationales.

1 Explications théoriques et débats

En matière de régulation financière, on distingue la **régulation micro-prudentielle et la régulation macro-prudentielle** : la régulation micro-prudentielle est la quantification du risque de faillite d'une entité financière et les réglementations instaurées afin de limiter les risques de défaillance individuelle. La régulation macro-prudentielle est la quantification du risque et la définition d'un cadre réglementaire qui concerne le système financier pris dans son ensemble afin de limiter les risques de crises financières et leurs conséquences sur la croissance économique.

Face à la crise financière, les États sont confrontés à un **paradoxe** : alors que l'interconnexion des marchés financiers et l'internationalisation des flux de capitaux ne cessent de progresser, les systèmes de régulation financière restent surtout de nature nationale, particulièrement démunis et insuffisamment coordonnés face à un choc financier de nature systémique. La dernière crise financière a démontré les failles en matière de régulation du système financier mondial, notamment en ce qui concerne le contrôle des risques encourus dans le cadre des innovations financières en plein essor depuis les années 1990-2000 (comme la titrisation). Avec la globalisation financière et face à des établissements financiers internationaux, les autorités de contrôle restent éparpillées et ont un pouvoir de négociation faible : il s'agit de mieux coordonner les initiatives de régulation à l'échelle mondiale pour prendre en compte les externalités.

2 La régulation micro-prudentielle des risques financiers

2.1 La réglementation prudentielle

La crise financière de 2007-2008 a posé le problème de la qualité des règles prudentielles. Ces dernières sont des dispositions contraignantes adoptées par les autorités monétaires visant à prévenir les faillites bancaires et à assurer le bon fonctionnement des marchés financiers. Ces règles prudentielles, en tant que composante de la politique monétaire, ont notamment pour objectif de consolider la solvabilité et la liquidité des opérateurs financiers et d'éviter les phénomènes de contagion liés aux paniques financières. Le renforcement de ces règles depuis le krach de 1987 et le développement de l'activité des autorités de régulation n'ont pas empêché la crise financière majeure de 2007. Celle-ci résulte de la mauvaise qualité de l'information et d'une grave insuffisance dans la gestion des risques au niveau de chaque banque ou institution financière, comme du système financier dans son ensemble. Les règles prudentielles ont été réformées par les accords de Bâle III de décembre 2010 : elles prévoyaient que les banques devaient respecter de nouveaux ratios afin de prévenir les risques de solvabilité, de pro-cyclicité et de liquidité.

Ils reposent sur quelques mesures principales : des fonds propres renforcés en quantité et en qualité (le ratio atteindra 10,5 % de fonds propres en 2019, dont 7 % de fonds propres « durs », actions et réserves) ; un ratio de levier simple (non pondéré par les risques) de 3 % ; des ratios de couverture de liquidité de court et de long terme plus élevés.

2.2 La stabilité du système bancaire

La consolidation des systèmes bancaires constitue une condition indispensable d'un retour à une croissance équilibrée dans les pays développés : un système bancaire efficient et stable est nécessaire à la production des services de paiement et à la mobilisation de l'épargne, aux meilleures conditions de qualité, de coût et de sécurité, et les banques jouent d'ailleurs un rôle majeur pour la distribution du crédit et l'intermédiation de marché dans l'allocation du capital. **La régulation micro-prudentielle a pour objectif de faire en sorte que les banques évaluent, gèrent et tarifient correctement les risques et les assument pleinement.** Bâle III demeure un dispositif essentiellement micro-prudentiel axé sur la prévention des risques individuels des établissements bancaires, mais l'on sait que la dimension macro-prudentielle de la régulation financière est toutefois essentielle face au risque systémique.

3 Les objectifs de la régulation macro-prudentielle

3.1 Le risque systémique

Si toutes les politiques économiques peuvent contribuer à promouvoir la stabilité financière, **la politique macro-prudentielle a été développée dans le but explicite et principal d'assurer la stabilité de l'ensemble du système financier et d'éviter la matérialisation du risque systémique**. Ce type de risque affecte généralement le système financier dans son ensemble (ou une large part de celui-ci) et peut se manifester au travers des effets de contagion, d'amplification des chocs (par exemple, en raison des expositions à un risque commun de plusieurs acteurs du système financier) ou des déséquilibres financiers (comme l'existence de bulles ou une croissance excessive du crédit). La crise financière a en effet contribué à la prise de conscience de l'insuffisance des politiques et régulations jusqu'alors mises en œuvre pour prévenir ce type de risque. Il s'agit donc d'abord d'ajouter une perspective macroéconomique à la supervision du système financier, laquelle n'était jusqu'à présent abordée que sous un angle « micro ». Comme la crise l'a illustré, la stabilité financière ne dépend pas seulement de la stabilité des composantes du système financier prises individuellement : elle est liée également aux interdépendances et interactions complexes qui unissent ces composantes. Le terme « macro » renvoie à l'interaction entre les sphères réelles et financière, un risque ne devenant proprement « systémique » qu'à partir du moment où les déséquilibres ou les chocs qui affectent le système financier menacent, de façon significative, l'activité économique. L'économiste Dominique Plihon définit ainsi le risque systémique comme *« la possibilité que les difficultés rencontrées par un acteur ou un marché financier dans un pays se propagent à l'ensemble du système financier et provoque son effondrement »*. L'Union européenne s'est ainsi dotée d'un Conseil Européen du Risque Systémique (CERS), qui dépend étroitement de la BCE. La Banque Centrale Européenne (BCE) définit ainsi la régulation macro-prudentielle comme une stratégie qui comporte trois grandes dimensions : **prévenir l'accumulation excessive de risques**, liée à des facteurs externes et des défaillances du marché, afin de lisser le cycle financier (dimension temporelle); **renforcer la capacité de résistance du secteur financier et limiter les effets de contagion** (dimension transversale); **favoriser une perspective à l'échelle du système dans le cadre de la réglementation financière** en vue d'instaurer un ensemble approprié d'incitations pour les intervenants de marché (dimension structurelle).

3.2 La régulation financière internationale

Les actions visant à assurer la stabilité financière sont devenues l'une des priorités du G20, dès le sommet de Londres en avril 2009. **La régulation macro-prudentielle a un double objectif** : d'une part, **lutter contre la pro-cyclicité des systèmes financiers**, soit l'effet par lequel les systèmes financiers peuvent amplifier les cycles économiques, que ce soit en favorisant l'apparition de phases d'expansion excessives au cours desquelles les risques sont sous-évalués et s'accumulent ou, symétriquement, en amplifiant les perturbations dans les phases de contraction du fait d'une brutale et excessive aversion aux risques (la régulation macro-prudentielle n'a pas pour but d'éliminer tout cycle financier mais d'éviter une volatilité et une ampleur excessives du prix des actifs financiers); d'autre part, la politique macro-prudentielle vise à **renforcer la résilience du système**, soit sa capacité à absorber les chocs financiers. Pour cela, la politique macro-prudentielle cible notamment les institutions d'importance « systémique » (le Conseil de Stabilité financière met ainsi à jour une liste de *Global Systemically Important Financial Institutions* [G-SIFIs]), c'est-à-dire celles dont la faillite mettraient en danger l'ensemble du système financier, et elle s'attache à limiter les phénomènes de défaillances collectives, qu'ils soient liés à des interconnexions fortes ou à des expositions massives à un risque identique. La prise en compte du risque systémique conduit aussi à compléter le volet micro-prudentiel par des politiques macro-prudentielles.

4 Le « shadow banking system » : opportunités et risques

4.1 Les contours du « shadow banking system »

L'expression « shadow banking system », a été utilisée pour la première fois et dans un sens péjoratif en 2007 par Paul Mc Culley, un analyste de Pimco. Les régulateurs l'ont défini depuis de manière plus neutre comme un **système d'intermédiation de crédit englobant des entités et des activités qui ne font pas partie du secteur bancaire classique**. Il relève cependant de la « finance de marché » car il fournit à l'économie des ressources que les banques ne peuvent pas toujours apporter, souvent en raison de contraintes réglementaires (le « shadow banking system » a la possibilité de contourner les ratios qui limitent l'effet de levier). Les acteurs du « shadow banking system » sont les banques d'affaires, les *hedge funds*, les fonds de titrisation, les fonds monétaires, les fonds de pension, mutuels, d'assurance-vie, mais aussi les entreprises de capital-investissement, les sociétés de garantie de crédit, les *trusts* de gestion d'actifs (immobiliers, par exemple). Dans un sens encore plus large, le « shadow banking system » peut regrouper les établissements de crédit, les sites de *crowdfunding* (financements participatifs), les plateformes de monnaies virtuelles (bitcoins, par exemple). Ces entités, à la différence des banques traditionnelles, ne reçoivent pas de dépôts et ne fonctionnent que sur le crédit.

Difficile à cerner, on peut approcher le « shadow banking system » par les entités qui le constituent ou les activités qu'il développe. Ces entités a) collectent des capitaux présentant des caractéristiques similaires à celles des dépôts ; b) réalisent des opérations de transformation d'échéance ou de liquidité ; c) permettent des transferts de risques de crédit et d) ont recours au levier d'endettement, directement ou indirectement. En 2015, le Conseil de Stabilité financière (*Financial Stability board*) a introduit dans son rapport annuel une mesure en fonction des fonctions économiques et non des entités concernées. Cette approche plus étroite du « shadow banking system » a conduit à limiter la taille estimée de ce segment de la finance (pour 2014, il passait ainsi de 80 000 milliards de dollars à 32 000 milliards).

4.2 Les risques du « shadow banking system »

Conformément aux recommandations du Conseil de Stabilité financière, la Commission européenne a publié en 2012 un livre vert consacré au « shadow banking system », qui évoquait les orientations prioritaires à concrétiser pour qu'il soit plus efficacement régulé. Ce document insistait en particulier sur l'interconnexion entre le « shadow banking system » et le système bancaire traditionnel, dans la mesure où le financement du premier dépend largement du second. De manière plus globale, les **risques relatifs au « shadow banking system »** ont quant à eux été détaillés de la manière suivante par le CSF : 1) risques de désengagements massifs et brutaux des structures de financement, similaires au risque de *runs* auquel les banques font face ; 2) accumulation importante de risques liés à l'effet de levier ; 3) risque d'arbitrages des banques vers le secteur bancaire parallèle pour échapper à la réglementation et aux ratios de liquidité et de solvabilité et 4) danger de défaillances non ordonnées affectant le système bancaire. Le Comité de Bâle, à la demande du CSF, a élaboré plusieurs mesures pour parvenir à maîtriser les risques dans les interactions entre le système bancaire classique et le « shadow banking system ».

Pour cela, de nouvelles exigences prudentielles ont été finalisées, tandis que le cadre de surveillance déjà en place pour mesurer et contrôler les expositions importantes aux contreparties a été élargi aux entités du « shadow banking system ». Il est également prévu de soumettre les banques à **des limites plus strictes en matière d'allocation des fonds propres** d'ici le 1er janvier 2019. Le régulateur devra trouver en la matière un équilibre subtil entre la réduction des risques que le « shadow banking system » fait peser sur la stabilité financière et le soutien à l'innovation financière, pour ne pas compromettre les sources additionnelles de financement qu'il représente pour la croissance de l'économie « réelle ».

5 Liens vers d'autres fiches

- Fiche 11 : Marchés de capitaux et institutions financières
- Fiche 13 : La globalisation financière
- Fiche 24 : La politique monétaire face à la récession et l'instabilité financière

22 EXERCICES

Exercice 1

Vrai ou faux ?

1. La stabilité financière est un objectif central de la régulation financière internationale.
2. Un risque devient « systémique » à partir du moment où les déséquilibres ou les chocs qui affectent le système financier menacent, de façon significative, l'activité économique.
3. La régulation micro-prudentielle est seule chargée de faire face au risque systémique.
4. La régulation macro-prudentielle cherche à lutter contre la pro-cyclicité de la finance.
5. Les règles bancaires prudentielles ont été réformées par les accords de Bâle III de décembre 2010.
6. Le Conseil Européen du Risque Systémique (CERS) dépend étroitement de la BCE.
7. La régulation financière internationale s'inscrit surtout dans le cadre des réunions de l'ONU.

Exercice 2

Associez chaque notion à la bonne définition

Risque systémique	Situation où le système financier – comprenant les intermédiaires, les marchés et les infrastructures de marchés financiers – est capable de faire face à des chocs.
Régulation micro-prudentielle	Ensemble de règles, de pratiques et d'encadrement des activités financières dont les objectifs prioritaires sont le bon fonctionnement du marché (transparence et intégrité), la protection de l'épargnant, la stabilité du système financier.
Stabilité financière	Possibilité que les difficultés rencontrées par un acteur ou un marché financier dans un pays se propagent à l'ensemble du système financier ou provoquent son effondrement.
Régulation financière internationale	Quantification du risque de faillite d'une entité financière et les réglementations instaurées afin de limiter les risques de défaillance individuelle.

Exercice 3

Pour approfondir

Quelles externalités négatives le «shadow banking system» et la titrisation peuvent-ils entraîner sur le système financier?

22 CORRIGÉS

Exercice 1

1. Vrai
2. Vrai
3. Faux
4. Vrai
5. Faux
6. Vrai
7. Faux

Exercice 2

Risque systémique	Situation où le système financier – comprenant les intermédiaires, les marchés et les infrastructures de marchés financiers – est capable de faire face à des chocs.
Régulation micro-prudentielle	Ensemble de règles, de pratiques et d'encadrement des activités financières dont les objectifs prioritaires sont le bon fonctionnement du marché (transparence et intégrité), la protection de l'épargnant, la stabilité du système financier.
Stabilité financière	Possibilité que les difficultés rencontrées par un acteur ou un marché financier dans un pays se propagent à l'ensemble du système financier ou provoquent son effondrement.
Régulation financière internationale	Quantification du risque de faillite d'une entité financière et les réglementations instaurées afin de limiter les risques de défaillance individuelle.

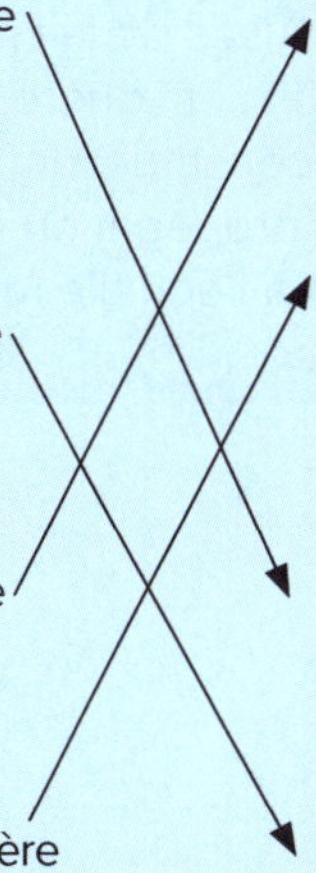

Exercice 3

Le « shadow banking system » a récupéré de nombreuses activités financières à risque qui étaient exclues de la sécurité explicite apportée par les pouvoirs publics au moyen de la garantie des dépôts. Mais en procédant à des transformations de maturité, de liquidité et de crédit sans garanties de crédit explicites du secteur public ou sans accès à la liquidité (qui était accordée uniquement aux banques classiques), ces établissements sont devenus vulnérables au risque de liquidité sous la forme de paniques « non bancaires ». En d'autres termes, en ayant recours à des opérations de crédit à court terme pour financer, par exemple, des prêts hypothécaires en attente de titrisation, ils étaient exposés à un risque de faillite si les marchés perdaient confiance et refusaient de les renouveler. Le mécanisme de la titrisation et le « shadow banking system » sont également caractérisés par une certaine opacité : l'information n'est pas transparente et les risques de crédit et de liquidité, de même que ceux liés à la transformation des échéances, sont amplifiés. En effet, le « shadow banking system » génère des risques pour les parties prenantes à ses opérations (titrisation, repos…), mais aussi, paradoxalement, pour le système bancaire qui tente de les disperser. La titrisation et le « shadow banking system » peuvent alors générer d'importantes externalités négatives dans le système financier et aggraver le risque systémique. L'activité de titrisation est soumise à un phénomène classique d'asymétrie d'information et d'antisélection, pouvant conduire à une mauvaise évaluation des risques de crédit et de corrélation des défauts, et de plus, selon la nature des montages, à un risque d'illiquidité. Si on considère généralement que le mécanisme de la titrisation n'est pas une des causes de la crise financière de 2007, il n'est guère contestable qu'il en a constitué un puissant facteur de sa propagation et de son aggravation à l'échelle mondiale.

COURS

23 Zone euro : crise des dettes souveraines : crise de financement des États

[NOTIONS CLÉS : dette publique, dette souveraine, crise de liquidité, crise solvabilité, monétisation]

INTRODUCTION

La **crise des dettes souveraines dans la zone euro**, à partir de 2010, illustre les difficultés de financement que rencontrent les États en période d'incertitude. Ces problèmes de financement des administrations publiques peuvent être la conséquence et la cause de ceux du secteur privé. La crise des dettes souveraines dans la zone euro permet aussi de mettre en évidence les interactions et interdépendances entre politique monétaire et politiques budgétaires. Cela oblige les autorités publiques, nationales et européennes, à repenser le « policy-mix » et les institutions de la zone euro.

1 Les causes de la crise des dettes souveraines dans la zone euro

On peut considérer que la crise de la zone euro a eu principalement trois types de causes : **la crise financière et économique et mondiale de 2007-2010**, qui correspond à un choc symétrique aux effets asymétriques sur des économies aux structures plus ou moins hétérogènes, **la grande hétérogénéité des économies de la zone euro** en termes de structures et l**es défaillances institutionnelles associées aux défauts de gouvernance économique** de la zone euro depuis 1999.

La zone euro a, dans un premier temps, été affectée par la crise financière américaine de 2007. La crise des *subprimes* a touché les banques européennes en septembre 2008 avec des pertes en capital, une crise de liquidité et une baisse du produit net bancaire. Un certain nombre de banques de la zone euro ont ainsi été acculées à la faillite (mais en moins grand nombre qu'aux États-Unis). La crise financière venue des États-Unis s'est ensuite transmise à l'économie réelle, et la zone euro a dû faire face à des menaces de récession à partir du printemps 2008. Le choc financier a entraîné une restriction de l'offre de crédit : puisque les banques ont eu des difficultés à trouver des liquidités et à reconstituer leurs fonds propres, elles ont réduit l'octroi de prêts aux ménages et aux entreprises et le coût des emprunts – le taux d'intérêt – a augmenté (prime de risque). La crise financière a entraîné une chute de la valeur des actifs immobiliers et boursiers des ménages, qui ont épargné davantage par précaution, ce qui a provoqué une baisse de la consommation (ou un report des achats envisagés). De surcroît, la crise a provoqué un **mouvement de désendettement rapide des ménages et des entreprises**. Par ailleurs, les pays de la zone euro ont également été touchés par une contraction des échanges internationaux et un renchérissement du coût des matières premières en 2007-2008. En raison de la crise financière puis de la transmission de ses effets à l'économie «réelle» (ce que certains économistes ont appelé la «Grande Récession»), **les États ont cherché à compenser ce désendettement privé par une croissance de l'endettement public** afin de soutenir la demande globale et d'éviter l'aggravation de la récession. Cet endettement élevé des États a entraîné un creusement des déficits publics, un gonflement de leur dette publique et donc une montée des primes de risques imposées par les marchés financiers.

Croissance économique mondiale (taux de croissance annuel du PIB en %)

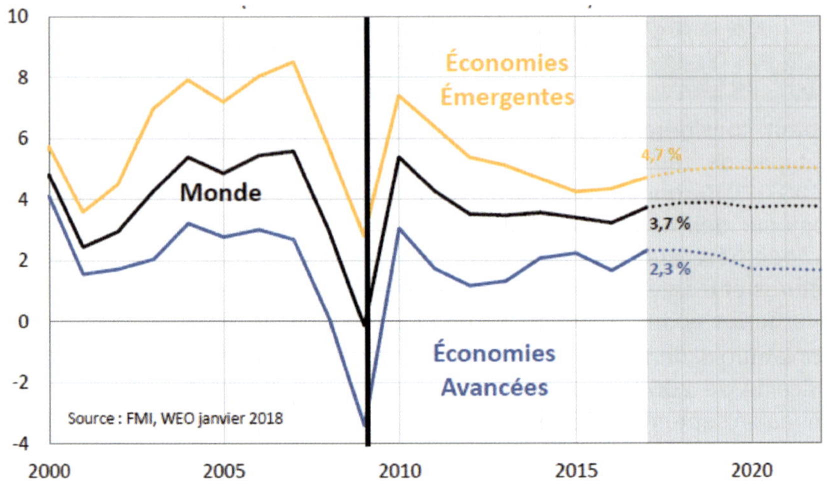

Sources : Banque de France, FMI, WEO, janvier 2018

La récession s'est conjuguée aux politiques de relance budgétaire et aux plans de sauvetage des établissements bancaires menacés de faillite **pour accroître les charges financières des États**, jusqu'à susciter la défiance des marchés financiers internationaux face à leurs capacités de remboursement, alors que le vieillissement démographique risque d'accroître encore les besoins de financement dans l'avenir.

En règle générale, **les États empruntent** de l'argent en émettant des obligations, titres de créance qui constituent pourtant les actifs de référence des marchés de capitaux, car elles sont garanties par des États qui ne peuvent, en théorie, faire faillite. Mais lorsque le risque d'un défaut de remboursement sur la dette souveraine intervient et que l'incertitude augmente, dans un contexte de ralentissement économique, les acheteurs potentiels demandent des taux d'intérêt sur les obligations d'État plus élevés (ce qu'on appelle la prime de risque). **La détérioration de la situation des finances publiques de certains pays membres** de la zone euro **a avivé l'inquiétude des marchés financiers** sur la probable incapacité des pays les plus endettés à honorer leur dette, et le coût de l'emprunt a alors fortement augmenté. En 2007, avant la crise, la Grèce payait sur ses obligations un taux d'intérêt supérieur d'environ un quart de point (0,25 point) au taux allemand. En mars 2010, cette prime de risque sur les emprunts souscrits par le gouvernement grec a atteint 325 points de base (3,5 %), avant d'augmenter encore par la suite. Ainsi, la Grèce devait payer des taux d'intérêt nettement plus élevés pour emprunter de l'argent, ce qui, en retour, accroissait encore ses besoins d'emprunter pour faire face aux échéances.

2 L'éclatement de la crise des dettes souveraines dans la zone euro

La crise des dettes souveraines se caractérise par un risque de défaut de paiement d'un État sur sa dette. Dans la zone euro, celle-ci est née d'une **anticipation** partagée sur les marchés financiers **d'un risque futur**, voire imminent, mais non certain, d'un défaut de paiement d'un État. Il s'agit donc d'une **crise de confiance,** liée à l'opinion des marchés financiers, qui peut avoir des effets très pervers car l'État débiteur doit faire face à un net durcissement de ses conditions de refinancement, avec une forte hausse des taux d'intérêt. Un mécanisme de **prophéties autoréalisatrices** peut alors déclencher un défaut de paiement et le pays peut être confronté à des sorties de capitaux, des fuites de dépôts bancaires et à une baisse des investissements étrangers qui réduisent ses capacités de remboursement futures.

Pourtant, lorsque la **crise de la dette souveraine grecque** débute à l'automne 2009 dans la zone euro, la Grèce ne fait pas défaut sur le service de sa dette, mais la révélation d'une grave déficience dans la présentation de ses comptes publics a fait naître l'idée sur les marchés de capitaux que le pays pourrait ne plus assurer le paiement à l'échéance de ses créances. Il est apparu que la dette grecque était en réalité beaucoup plus élevée que ce qui avait été annoncé initialement. Les **agences de notation ont** alors **pris la mesure de la situation financière réelle de la Grèce**, avec une dette publique proche des 115 % du PIB et un déficit budgétaire proche de 13 % du PIB, et cela a eu pour effet de renchérir les taux d'intérêt demandés sur les marchés et aggravé d'autant le problème de financement de la Grèce. La crise de la dette souveraine grecque s'accompagne d'un **risque de contagion** et d'aggravation de la récession. Après la Grèce, **la perte de confiance des marchés s'est propagée à d'autres États** de la zone euro comme l'Italie, l'Espagne, le Portugal et l'Irlande. La prise de conscience de ce risque de contagion a alors **aggravé la situation des finances publiques** des États de la zone euro les plus exposés, mais également fragilisé **le système bancaire et financier** mondial, puisque les grandes banques internationales détentrices de ces titres de dettes souveraines ont vu apparaître un **risque de défaut de paiement** qu'elles n'avaient pas anticipé. Pour rassurer les marchés financiers, la Grèce a dû mettre en oeuvre un premier **plan d'austérité**, complété par un prêt de l'Union européenne et du FMI, avant que l'Union ne décide d'un nouveau plan de secours plus important. Mais en l'absence d'un budget fédéral permettant de réellement rassurer les marchés financiers sur la solidarité budgétaire des États, la zone euro reste soumise encore aujourd'hui à de fortes tensions spéculatives, et certains pays se sont engagés à remettre en ordre leurs finances publiques (Grèce, Italie) en décidant de nouvelles mesures d'austérité. Le risque est alors que ces nouveaux plans de rigueur budgétaire ne freinent encore davantage la croissance du PIB et finalement amputent les possibilités de remboursement des États membres de la zone euro. Mais **la crise des dettes souveraines a surtout constitué un révélateur de déséquilibres plus profonds** au sein de la zone euro, et mis en évidence ses fragilités institutionnelles, notamment en matière de solidarité budgétaire.

La crise de la dette souveraine grecque fut donc **un révélateur des** différentes **limites** du **fonctionnement interne et de la gouvernance** de l'Union économique et monétaire. La crise de la dette souveraine grecque n'est, en fait, pas uniquement grecque, car elle résulte aussi des défaillances fonctionnelles de la zone euro. Ce phénomène peut être illustré par la métaphore de « l'arbre qui cache la forêt ». Derrière la crise dite grecque se cache une crise bien plus profonde, celle **de la zone euro**…

au péril de l'intégrité de la zone. Ce sont probablement les dysfonctionnements internes de la zone euro, bien davantage que les abus divers du gouvernement grec, qui expliquent la crise grecque, laquelle entraîne un risque de crise systémique par effet de contagion.

Les différentes dimensions de la crise des dettes souveraines

Une crise des dettes souveraines peut présenter différents degrés en matière de gravité : une **crise de liquidité** (capacité de refinancement pour couvrir le service de la dette) peut devenir une **crise de solvabilité** (capacité à faire face à ses engagements en matière de remboursement du montant de la dette souscrite) et remettre en cause, à long terme, la **soutenabilité de la dette publique** au regard de la trajectoire de l'économie réelle et de la croissance potentielle. De plus, cette crise de la dette souveraine grecque et la contagion qui a suivi ont clairement mis en évidence **un cercle vicieux très dangereux entre risque bancaire et risque souverain**, en raison de la forte détention de dette des différents États par les banques des pays de la zone euro. **Crises des dettes souveraines et crises bancaires sont intimement liées**. En 1999, les architectes de la zone euro avaient cru que le marché unique conduirait spontanément à l'Union bancaire et financière, mais ce ne fut pas le cas. *A contrario*, les systèmes bancaires et financiers sont devenus de plus en plus fragmentés, ce qui a été un facteur d'amplification de la crise de l'euro.

3 Les failles institutionnelles et les défaillances de la zone euro

Les défauts de construction institutionnelle sont l'indépendance de la BCE, la clause de non-renflouement (« no bail out »), l'échec de l'article 126.1 du Traité sur la discipline budgétaire, le manque d'intégration bancaire et budgétaire… et leurs conséquences cumulées.

3.1 L'indépendance de la BCE

L'indépendance de la BCE vis-à-vis des gouvernements interdit la monétisation des dettes publiques ou souveraines (la dette publique désigne la dette des administrations publiques, la dette souveraine désigne la dette de l'État central). **La BCE n'a pas le droit de « prêter » aux États** en achetant des titres de la dette publique **sur le marché primaire** (monétisation). C'est pour cette raison que les banques centrales sont devenues indépendantes. Cela empêche les États qui ont des besoins d'endettement importants de s'endetter à des taux très bas, de faire fonctionner la « planche à billets », d'avoir des comportements durablement irresponsables en matière budgétaire. Mais, en période de crise et de doute sur la viabilité de la zone euro, le signal qui est envoyé aux créanciers internationaux qui ont prêté aux États de la zone euro (lesquels doivent soutenir leurs économies en période de crise, quitte à creuser les déficits budgétaires) fabrique de la défiance. Les États, garants de la stabilité de l'économie nationale, ne seront pas aidés par la banque centrale, même si la situation l'exige ! Dans ces conditions, la crise de la dette publique a de fortes chances de s'aggraver rapidement.

3.2 La clause de non-renflouement

La clause de non-renflouement (« *no bail out* ») va venir renforcer ce sentiment de défiance. Selon cette clause, **un État ne peut pas en sauver un autre**. Cette clause a été mise en place pour éviter les comportements d'aléa moral, pour que les États ne comptent pas trop sur les autres. Mais, en luttant contre l'aléa moral, on a favorisé l'émergence du risque systémique... D'autant plus que les créanciers internationaux savent déjà que la BCE ne viendra pas au secours des États. Même si la doctrine européenne a évolué depuis 2010, et s'est partiellement orientée vers le « *bail in* », cette clause était également susceptible de renforcer les craintes des créanciers des États externes à la zone euro. Pour eux, détenir des créances en euros et donc de l'euro devenait de plus en plus risqué. L'enjeu à court terme est donc d'introduire un instrument permettant d'immuniser définitivement les États contre le risque bancaire. C'est précisément la finalité du *bail in*, qui impose aux créanciers d'une banque insolvable la conversion de leurs créances en actions de cette banque ou la réduction du montant de ces créances. Dans ce schéma, le coût du sauvetage ne pèse plus uniquement sur le contribuable, mais aussi sur les investisseurs, ce qui permet théoriquement de rompre partiellement le cercle vicieux banques-États.

3.3 L'échec de l'article 126.1 du Traité sur la discipline budgétaire

L'échec de l'article 126.1 du Traité sur la discipline budgétaire est une troisième forme de faille institutionnelle. Encore une fois, au départ, la règle se veut collectivement protectrice. **Les excès des uns ne devaient pas avoir d'effets négatifs sur les autres**. Il s'agit d'éviter les comportements de **passager clandestin** en Union monétaire. En effet, dans une zone monétaire, il y avait d'autant plus de risques que l'effet d'éviction lié aux excès des uns (endettement excessif d'un État) se répercute sur les autres. Pourtant, dès 2003, on a assisté à des problèmes de non-respect des règles par l'Allemagne et la France, pays fondateurs et piliers de la construction économique et monétaire européenne. Alors, en 2005, quelques changements ont été opérés dans les règles. Plus tard, en 2009, on a découvert que l'État grec (la Grèce est une petite économie relativement à la zone euro dans son ensemble) ne respectait absolument pas la discipline budgétaire et que ses dirigeants avaient même falsifié les comptes transmis à Eurostat, l'office de statistique européen. Le rappel à l'ordre fut limpide : les règles doivent être respectées. La discipline budgétaire partagée était donc prévue, mais elle n'a pas été complètement respectée. Un message propice à créer de la défiance chez les créanciers et autres investisseurs en euros dans la zone euro…

3.4 Le manque d'intégration bancaire

Le manque d'intégration bancaire s'est révélé être une faille majeure dans l'édifice institutionnel de la zone euro. On pensait que la solidité des systèmes bancaires nationaux pouvait être assurée par les seuls États. Autrement dit, qu'un État aurait les moyens financiers suffisants pour sauver les banques domestiques en difficulté. Or ce n'est pas le cas. **Les tailles des bilans de certaines grandes banques sont des multiples du PIB de certaines économies et donc du budget des États**. La crise de la zone euro a servi de laboratoire en permettant de montrer que la solidité des systèmes bancaires nationaux ne peut désormais plus être assurée par les seuls États. Une Union bancaire est nécessaire pour assurer le bon fonctionnement des banques sur l'ensemble de la zone euro et éviter les « Bank runs ». L'Union bancaire doit aussi permettre une meilleure transmission des effets des décisions de la politique monétaire de la BCE. L'Union bancaire doit aussi permettre une meilleure transmission des effets des décisions de la politique monétaire de la BCE.

3.5 Les défaillances de la gouvernance économique

Les défaillances de la gouvernance économique de la zone euro viennent renforcer ses difficultés de fonctionnement. Les erreurs dans la gestion économique de la zone euro s'inscrivent dans la logique des failles institutionnelles originelles. De manière générale, on peut considérer qu'on parle volontiers de gouvernance en l'absence de gouvernement digne de ce nom, quand il n'existe pas une véritable autorité de ce type.

Ces défauts, imperfections, erreurs de gestion économique de la zone euro, en l'absence de vrai gouvernement économique, sont illustrés par un modèle de gouvernance totalement original.

4 L'action des États et de la BCE face aux différentes dimensions de la crise des dettes souveraines

4.1 Les interventions des États

Les remèdes à cette crise multidimensionnelle sont du même type que ceux déjà observés pour la crise financière et économique mondiale. La crise économique et financière en zone euro entraîne *ipso facto* le creusement des déficits budgétaires et la hausse des taux d'endettement en raison des actions des États par le jeu des **stabilisateurs automatiques**. **Les plans de relance, via des politiques budgétaires discrétionnaires** selon une logique keynésienne, se traduisent par un creusement des déficits publics et la hausse de la dette publique. **Les plans de sauvetage bancaires et financiers** correspondent à des dépenses publiques nécessaires pour sauver le système bancaire et financier en évitant le cercle vicieux entre risque bancaire et risque souverain. Mais **le cumul des effets sur les finances publiques de ces diverses mesures** se traduit par une **très forte hausse des ratios dette publique/PIB** pour de nombreux États ayant l'euro comme monnaie. Or, en période de méfiance sur la liquidité des titres de dette publique et sur la solvabilité des États souverains, cela ne fait que renforcer les craintes des investisseurs. Et la méfiance favorise la contagion… surtout dans le cadre institutionnel et de gouvernance de la zone euro tel qu'il est en cette période.

4.2 Les mesures de politique monétaire de la BCE

L'action de la Banque centrale européenne (BCE) a eu pour principal objectif de rompre la spirale négative et d'éviter l'éclatement de la zone euro. Pour atteindre son but, **la BCE a utilisé divers instruments, conventionnels et non conventionnels**. Sur le plan de la politique monétaire conventionnelle, la BCE, constatant « *des tensions aiguës sur certains segments des marchés qui entravent le mécanisme de transmission de la politique monétaire* », a d'abord cherché à assurer le refinancement des banques pour rétablir le financement de l'économie. La politique monétaire de la BCE est d'abord très expansionniste via une **baisse durable et importante des taux d'intérêt directeurs**. L'objectif étant de réduire le coût de refinancement des banques. Depuis juin 2014, **le taux des facilités de dépôt** de la BCE et de l'eurosystème, le taux plancher du corridor des taux directeurs, est **négatif**. Il s'établit −0,10 % en juin 2014 et −0,20 % en septembre 2014. C'est d'une part le prix de la sécurité pour la banque qui ne souhaite pas prêter alors qu'elle dispose d'importantes liquidités en monnaie centrale et c'est aussi une incitation à prêter dans la mesure où un prêt peut lui rapporter de l'argent alors que l'alimentation de son compte à la Banque centrale lui coûte de l'argent avec le taux négatif.

Les opérations de refinancement avec collatéral

Avant la crise, les opérations principales de refinancement sont les **MRO** (Main Refinancing Operations). Les opérations de prêts sont réalisées sans achats de titres aux banques par la BCE. Les banques ne font que mettre les **titres en pension**, comme garantie du prêt, auprès de la BCE. Les prêts de la BCE sont à très court terme (un jour ; une semaine). Mais quand le canal traditionnel de transmission des effets de la politique monétaire à l'économie réelle ne fonctionne plus, **la BCE décide d'élargir les modalités de refinancement** en utilisant davantage les LTRO (Long Term Refinancing Operations), et en mettant en place des VLTRO (Very Long Term Refinancing Operations) puis TLTRO (Targeted Long Term Refinancing Operations).

On a : MRO → LTRO → VLTRO → TLTRO
1 semaine 3 mois 3 ans 4 ans

Remarque
Pour compléter, *cf.* graphiques sur l'evolution des taux d'interêt directeurs de la Fiche 8 : Les principes de la politique monétaire.

Par la suite, plusieurs programmes d'achats fermes de titres ont été mis en œuvre. La BCE a cherché, via ces différents programmes d'achat d'actifs, à **stabiliser le fonctionnement des marchés des dettes souveraines**. En effet, pour réduire le ratio dette/PIB, un État dispose de trois grands moyens : la réduction des déficits (1), l'accélération de l'inflation (2) ou l'annulation d'une partie de la dette (3). Mais la solution 2 est inconcevable en l'état actuel des traités et des statuts de la Banque centrale européenne, tandis que la solution 3 présente l'inconvénient majeur de dissuader les investisseurs de prêter de nouveau à l'État ou sinon de le faire à des taux d'intérêt exorbitants. **Conformément au Traité** sur le fonctionnement de l'Union européenne (TFUE), **les achats d'obligations d'État par l'eurosystème** doivent être strictement **limités au marché secondaire de la dette** et ne pas augmenter le niveau de la monnaie centrale, pour ne pas affecter l'orientation de la politique monétaire de la BCE, dont l'objectif principal demeure la stabilité des prix dans la zone euro (pour garantir le pouvoir d'achat de la monnaie).

Remarque
Pour compléter le passage ci-dessus, vous pouvez vous reporter au graphique sur l'évolution des taux d'intérêt directeurs et du bilan de la BCE entre 2008 et 2018 de la Fiche 24 : La politique monétaire face à la récession et l'instabilité financière

L'objectif principal de ces programmes d'achats d'obligations d'État de la BCE est de faire baisser les taux d'intérêt de long terme et de faciliter le désendettement privé et public. De surcroît, la faiblesse des taux d'intérêt, du fait de la politique monétaire durablement expansionniste de la BCE, en l'absence d'inflation, facilite le désendettement à long terme des États et leur capacité à se refinancer à court terme. En période de croissance durablement « molle » (autour de 1 % du PIB), de chômage élevé et de perspectives pessimistes, les taux à long terme sont bas car il n'y a pas d'anticipation de l'inflation et les investisseurs sont plutôt gourmands en titres de dette publique !

En 2015, la BCE passe au « quantitative easing » (QE), sur le modèle de la stratégie américaine de la Réserve fédérale des États-Unis, pour renforcer le caractère expansionniste de la politique monétaire. Comme d'autres banques centrales et à l'instar de la Réserve fédérale américaine, qui a mis en oeuvre plusieurs plans successifs de « quantitative easing », la BCE va racheter de la dette, à la fois publique (des obligations souveraines émises par les États de la zone euro et les institutions européennes) et privée. Dans le cadre de ce programme inédit, la BCE a injecté en 2016 l'équivalent de 60 milliards d'euros par mois, puis 80 milliards d'euros par la suite.

En **mars 2018**, la BCE a toutefois renoncé à la possibilité d'augmenter le volume mensuel de ses rachats de dettes publiques et privées. Par un communiqué officiel, la BCE a amorcé une **décrue irréversible du « *quantitative easing* »** (QE), ce que les experts nomment le **« tapering »**, passé en avril 2016 de 80 milliards à 60 milliards d'euros mensuels, puis tombé à 30 milliards d'euros par mois depuis janvier. Ce volume de rachat d'actifs représente, depuis son lancement, en mars 2015, un volume d'environ 2 400 milliards d'euros.

Risques et incertitudes sur les effets du quantitative easing (QE) de la BCE

Le QE est un programme d'achats, par la BCE, de titres de dette souveraine ou de titres de dette émis par des institutions publiques garanties par les 19 États de la zone euro. Ce QE pourrait ne pas avoir tous les effets escomptés, pour deux raisons principalement. De nombreux commentateurs et investisseurs ont évoqué le risque que la BCE puisse être confrontée à une possible insuffisance des titres de dette éligibles au rachat, de titres d'État à acheter. Mais la possibilité d'acheter des titres à rendement négatif élargit son champ d'action et les chances de succès du QE. De surcroît, l'appréciation assez positive portée sur son programme devrait crédibiliser son objectif. De plus, l'ampleur de l'impact du QE sur l'économie réelle (la consommation, l'investissement, la production) relève de la plus pure incertitude. Pourtant, un redémarrage soutenu et durable des crédits au secteur privé serait un soutien solide pour l'activité. L'effet sur les spreads de taux, écarts de taux par rapport au Bund (l'obligation d'État allemande qui est l'équivalent de l'OAT, l'obligation de l'État français), est également très incertain. En ce qui concerne la France, les achats de la BCE devraient, d'une part, soutenir le marché immobilier et, d'autre part, favoriser la poursuite du repli des taux d'emprunt de l'État et des agences (CADES, UNEDIC), permettant d'éviter de nouveaux gels des prestations sociales et de faciliter le redémarrage de la consommation.

4.3. Les évolutions institutionnelles de la zone euro depuis 2010 et les perspectives

Les mécanismes de solidarité budgétaire pour faciliter le financement des États

D'un point de vue plus institutionnel, les États et la BCE ont mis en place en 2010 un mécanisme de solidarité entre États : le **FESF**. La crise grecque du printemps 2010 a conduit l'UE, confrontée pour la première fois au risque de défaut d'un des pays membres, à mettre en place le Fonds européen de stabilité financière (FESF), pour une durée de trois ans au-delà du prêt consenti à la Grèce. Le FESF est réservé aux pays membres de la zone euro. C'est une structure de financement *ad hoc* pouvant mobiliser jusqu'à 440 milliards d'euros. Les ressources du FESF sont des titres de dette émis sur les marchés qui sont garantis par les États, au prorata de leur participation au capital de la BCE.

L'UE avait, par ailleurs, mis à la disposition des 27 pays membres une facilité de prêt pouvant atteindre 60 milliards d'euros : le **MESF**. Le dispositif du FESF peut donc être « associé à des prêts accordés par le mécanisme européen de stabilité financière (MESF, dont le financement est assuré par des fonds levés par la Commission européenne et garantis par le budget de l'UE), à concurrence de 60 milliards d'euros, et par le FMI à hauteur de 250 milliards d'euros (soit la moitié des fonds mis à disposition par l'Europe) ». Le FESF a été pérennisé en devenant le **MES** (Mécanisme européen de stabilité) en 2013. Les réformes institutionnelles ont été nombreuses depuis 2010, même si tout n'a pas été fait. De nombreux textes ont été adoptés. Les objectifs étaient multiples : améliorer l'efficacité des instruments de contrôle et de coordination des politiques économiques dans l'optique d'un rééquilibrage du « policy mix » dans la zone euro ; repenser et redéfinir le cadre de surveillance macroéconomique pour le rendre plus pertinent et cohérent avec la nature hétérogène de la zone euro (indicateur de balance des paiements, compétitivité, stabilité financière). Avec le **Pacte Europlus**, le but est de renforcer la gouvernance de l'Union économique et monétaire, en déplaçant le curseur d'une discipline des pairs (surveillance mutuelle) vers une discipline de marché et des règles institutionnelles. On peut encore retenir le **TSCG**, le cadre de surveillance fournit par le « semestre européen », le « two pack ».

L'Union bancaire pour améliorer la solidarité entre États en cas de crise bancaire

La crise actuelle de la zone euro est aussi une crise bancaire, pas seulement une crise de la dette souveraine. Dans l'ensemble, les banques européennes ont été insuffisamment assainies et recapitalisées après la crise financière de 2008. Cependant, la crise des dettes publiques a accentué leurs difficultés, en particulier dans les pays qui se sont enfoncés dans la récession ou la dépression économique (Grèce, Espagne, Portugal). Les capitaux fuient les pays les plus fragilisés. Les banques sont poussées à se défaire de leurs actifs. Cela risque de se traduire par une contraction de l'offre de crédit, qui pèsera davantage sur des pays déjà fragilisés par la crise. Le projet d'Union bancaire a été adopté lors du sommet européen de mi-octobre 2012. Il prévoyait une mise en place progressive jusqu'en mars 2014. En effet, **la crise de la zone euro a mis en lumière une interdépendance croissante entre les systèmes bancaires nationaux d'une part, et entre risque bancaire et risque souverain d'autre part.** Établir une véritable Union bancaire et financière permettra de casser le lien entre risque bancaire et risque souverain et d'éviter le risque de fragmentation de la zone euro. **L'Union bancaire repose sur quatre piliers** : un superviseur bancaire unique ; un système de garantie collective des dépôts ; un système commun de gestion et de résolution des défaillances bancaires ; un fonds commun de résolution des crises et de recapitalisation bancaire (jugé nécessaire par certains). Sur chacun des piliers comme pour l'ensemble, les difficultés de mise en oeuvre sont importantes. Elles tiennent notamment aux réticences de l'Allemagne concernant les mécanismes de solidarité financière et de mutualisation des dettes bancaires puisque, sur ce point, des règles de gouvernance n'ont pas encore été suffisamment mises en place au niveau européen.

5 Quand la politique monétaire facilite le financement des politiques budgétaires

Cette crise des dettes souveraines en zone euro a mis en lumière l'interdépendance irréductible entre la politique monétaire de la BCE et les politiques budgétaires des États qui doivent financer leurs déficits et leur dette sur les marchés. Si la lettre des traités et des statuts de la BCE est respectée dans la mesure où la BCE ne rachète pas de titres de dette souveraine sur le marché primaire (à l'émission), en revanche, il semble clair que la BCE en rachetant aux banques des titres sur le marché secondaire (de l'occasion) permet aux banques d'acheter de nouveaux titres sur le marché primaire, facilitant donc leurs besoins de financement. On peut logiquement qualifier cette action de monétisation indirecte de la dette souveraine. De surcroît, en agissant pour maintenir les taux d'intérêt longs au plus bas, la BCE réduit le coût de financement des États.

6 Liens vers d'autres fiches

- Fiche 4 : La création de monnaie
- Fiche 5 : Monnaie centrale et refinancement
- Fiche 8 : Les principes de la politique monétaire
- Fiche 21 : Instabilité des marchés de capitaux et récurrence des crises financières
- Fiche 22 : La régulation financière face à l'instabilité financière
- Fiche 24 : La politique monétaire face à la récession et l'instabilité financière

23 EXERCICES

Exercice 1

1. Quels problèmes a pu poser la combinaison d'une politique monétaire unique et de politiques budgétaires nationales dans le cadre de la zone euro ?

2. Quelles ont été les conséquences de la grande hétérogénéité des économies de la zone euro ?

3. Quels sont les effets attendus des programmes de « quantitative easing » ? Distinguez l'effet « liquidités » de l'effet « devise » et de l'effet « crédit ».

Exercice 2

Rappelez les quatre types de « policy-mix » pour les politiques macroéconomiques conjoncturelles (politique monétaire et politique budgétaire).

23 CORRIGÉS

Exercice 1

1. La zone euro est un modèle de gouvernance totalement original qui combine une politique monétaire unique et onze puis dix-neuf politiques budgétaires souveraines, encadrées par des règles. Cela se traduit donc par dix-neuf « policy mix », compte tenu du cadre réglementaire. Concrètement, la gestion macroéconomique de la zone euro depuis 1999 n'a pas pu être optimale car il n'existait qu'une seule et même politique monétaire pour des pays membres qui se trouvaient dans des situations économiques très différentes, du fait de l'hétérogénéité structurelle originelle et croissante entre économies. En effet, la politique monétaire unique se traduit par la conjonction d'un taux d'intérêt nominal unique et de taux d'inflation différents. *Ipso facto*, cela entraîne des écarts importants de taux d'intérêt réels qui modifient le coût relatif de la dette, les incitations et les arbitrages.

2. Une Union monétaire, dont les économies sont très hétérogènes, sans discipline budgétaire partagée et respectée ni intégration financière et bancaire suffisante (via une Union bancaire) est vouée *ipso facto* à l'échec ! En effet, une simple Union monétaire va avoir des effets contradictoires selon la situation conjoncturelle des économies constitutives. Dans des périodes calmes, l'Union monétaire va avoir un effet anesthésiant. Une sorte de douce négligence, de nouveau paradoxe de la tranquillité, s'installe et rend possible la formation de déséquilibres durables de compétitivité, de dette privée, de dette publique, de croissance, d'emploi, de chômage, de revenus... Depuis 1999 et la création de l'euro, les taux d'intérêt ont baissé dans la zone euro et favorisé un emballement du crédit et la formation de bulles spéculatives, en particulier sur le marché de l'immobilier, où les prix ont fortement augmenté durant les années 2000 : comme le taux d'intérêt est le même pour l'ensemble de la zone, les pays où l'inflation était plus élevée ont vu leurs taux d'intérêt réels[1] baisser encore davantage, ce qui a stimulé artificiellement la demande intérieure et gonflé l'endettement privé (la dette combinée des ménages et des entreprises atteignait ainsi près de 380 % du PIB en Irlande et 215 % du PIB en Espagne en 2007). Une bulle de crédit s'est formée, puis a explosé avec la crise financière ; le risque de défaut de remboursement a brutalement augmenté avec la chute des prix de l'immobilier, la récession et la stagnation des revenus, contraignant les pays à de difficiles plans de rigueur, à l'instar de la Grèce (et de l'Espagne). *A contrario*, dans les périodes agitées, troublées, l'Union monétaire a eu un effet accélérateur de la crise dans la mesure où le cumul des plans de rigueur budgétaire, et même d'austérité, a un effet contre-productif via les effets multiplicateurs, la croissance molle, la hausse du chômage et, *in fine*, le creusement des déficits budgétaires, qui entraînent la hausse des ratios de dette publique...

3. Selon les économistes, l'efficacité du programme de « quantitative easing » (QE) repose sur trois canaux principaux de transmission. L'effet « liquidités » : la BCE, en rachetant massivement aux institutions financières des titres de dette publique, améliore les conditions de financement des États et maintient dura-

1 On obtient le taux d'intérêt réel en faisant la différence entre le taux d'intérêt nominal et le taux d'inflation.

blement les taux à des niveaux très bas. Elle incite également les investisseurs à réallouer leurs portefeuilles vers des actifs plus risqués, si bien que c'est l'ensemble des actifs financiers qui bénéficient au final de l'injection de liquidités. L'effet « devise » : la monnaie additionnelle créée, rémunérée à des taux plus faibles, induit mécaniquement une dépréciation de l'euro sur le marché des changes, favorable à la croissance de la production et aux marges des exportateurs de la zone euro. Enfin, la BCE favorise l'effet « crédit ». En éliminant du bilan des banques une quantité d'actifs divers, la banque centrale donne aux prêteurs les moyens d'augmenter l'offre de crédit, tout en en réduisant le coût.

Exercice 2

On peut distinguer les combinaisons de politiques macroéconomiques conjoncturelles convergentes des « policy-mix » divergents. Les politiques budgétaire et monétaire sont convergentes lorsque les deux sont expansionnistes ou restrictives. Les politiques budgétaire et monétaire sont divergentes lorsque l'une est expansionniste et l'autre restrictive. Cela donne quatre possibilités.

Cas n° 1 : Politique budgétaire expansionniste et politique monétaire expansionniste

La combinaison d'un soutien monétaire et d'une relance budgétaire doit théoriquement permettre de soutenir la croissance et l'emploi et d'éviter des effets d'éviction liés aux variations du taux d'intérêt provoquées par le creusement des déficits budgétaires (il convient de distinguer différents types d'effets d'éviction, voir exercice). *Ceteris paribus*, ces soutiens cumulés doivent entraîner un effet sur le revenu global plus élevé que dans le cas d'une relance sur la base d'un seul instrument. Théoriquement, il est possible d'améliorer l'efficacité de la politique budgétaire par une politique monétaire expansionniste sans risque d'inflation, transitoirement. Cela va dépendre du degré d'élasticité de l'offre à la demande.

Cas n° 2 : Politique budgétaire expansionniste et politique monétaire restrictive

La combinaison d'une politique budgétaire expansionniste et d'une politique monétaire restrictive doit, théoriquement, provoquer une forte hausse des taux d'intérêt et avoir un effet faible sur le revenu global. Dans le cadre de ce policy-mix, les effets se cumulent pour entraîner une hausse des taux d'intérêt car il y a réduction de l'offre de monnaie (PM restrictive) et hausse de la demande de monnaie (PB expansionniste). Cette forte hausse des taux d'intérêt peut se traduire par une période de croissance molle.

Cas n° 3 : Politique budgétaire restrictive et politique monétaire expansionniste

La combinaison d'une PB restrictive et d'une PM expansionniste doit, théoriquement, entraîner une baisse des taux d'intérêt et aboutir à un effet affaibli sur le niveau de revenu global. Les deux politiques cumulent ici leurs effets pour entraîner une forte baisse des taux d'intérêt car, d'une part, l'offre de monnaie croît avec la PM expansionniste et d'autre part, la demande de monnaie baisse en raison de la PB restrictive.

Cas n° 4 : Politique budgétaire restrictive et politique monétaire restrictive

Le policy mix doublement restrictif, PM et PB restrictives, a principalement pour objectif la réduction des déficits budgétaires, de la dette publique et la stabilité des prix. Les objectifs relatifs aux variables réelles comme la croissance et l'emploi sont secondaires. La contraction de la demande globale qui en découle entraîne une forte baisse du revenu global via notamment un maintien à un niveau durablement élevé des taux d'intérêt.

COURS

24 La politique monétaire face à la récession et l'instabilité financière

[NOTIONS CLÉS : banque centrale, offre de monnaie, taux d'intérêt, refinancement, politiques monétaires non conventionnelles, stabilité financière]

DÉFINITION

Depuis 2007, dans la plupart des grands pays développés et depuis 2010 dans la zone euro, les banques centrales ont dû agir pour contrecarrer les effets négatifs de l'enchaînement des crises financières et des crises économiques qui les accompagnent inévitablement. Cette période ouverte en 2007-2008 est qualifiée de « **Grande Récession** » compte tenu de l'ampleur de la baisse des taux de croissance (voire du PIB), de la hausse des taux de chômage, mais également de sa persistance et de sa durée. Afin de réussir à atteindre ses objectifs, la politique monétaire expansionniste va prendre des formes non conventionnelles pour relancer le crédit bancaire, faciliter le désendettement et le ré-endettement des agents économiques privés, faciliter l'endettement public et le financement des politiques budgétaires, favoriser la reprise, lutter contre les risques de déflation et de dépression, restaurer la stabilité financière sans porter préjudice à la stabilité des prix.

1 Explications théoriques et débats

1.1 Les politiques monétaires non conventionnelles

Les politiques monétaires non conventionnelles correspondent à des modifications dans l'utilisation des instruments traditionnels, mais se traduisent également par l'emploi de **nouveaux instruments et procédures** pour rétablir durablement l'accès à la liquidité des banques, renforcer la confiance et retrouver un fonctionnement stable du marché monétaire.

1.2 Les objectifs de la politique monétaire en période d'instabilité

Les politiques monétaires non conventionnelles ont pour objectif de rétablir le fonctionnement normal du marché monétaire et l'efficacité des mécanismes de transmission de ses effets quand les canaux traditionnels sont bloqués.

L'objectif premier est le **maintien de la liquidité sur le marché interbancaire**. Les mesures immédiates des banques centrales, dans leur rôle de **préteur en dernier ressort**, face aux problèmes de liquidité que peuvent rencontrer les banques, sont cruciales, incontournables, mais sont insuffisantes.

L'objectif de **stabilité des prix** par la lutte contre l'inflation reste un objectif de long terme, mais pour **sortir les économies de la récession**, d'autres objectifs sont devenus prioritaires dans les faits : éviter la déflation, relancer la croissance et l'emploi pour faire baisser le chômage, rétablir et maintenir la stabilité financière. En effet, le cumul des crises se traduit par une place plus grande accordée à l'objectif de **stabilité financière** par les banques centrales dans leur rôle de superviseur. Cependant, à ce jour, il n'y a pas dans la littérature économique de définition consensuelle de la stabilité financière. De même, il n'y a pas de mesure consensuelle de cette stabilité financière. Pour autant, selon la Banque des règlements internationaux (BRI), la stabilité financière peut être mesurée par divers indices synthétiques et composites, le ratio crédit/PIB, le Credit gap de la BRI et de la BCE, le niveau de levier des agents non financiers (FRB Chicago), le spread du crédit... [*cf. Rapport Annuel de la BCE 2013*]

Historiquement, la fonction première des banques centrales était de stabiliser le système bancaire. Il s'agit de la fonction de prêteur en dernier ressort analysée par Henry Thornton (1802) et Walter Bagehot (1873). Cependant, au cours du XXe siècle, la **fonction de régulation macroéconomique** est devenue prédominante jusqu'à l'enchaînement des crises à partir de 2007. Mais, **depuis 2008, le retour de cette fonction originelle de stabilité financière** semble de plus en plus à l'ordre du jour avec la mise en exergue des politiques macro-prudentielles (superviseur) et micro-prudentielles (régulateur). Ce qui n'est pas sans poser de questions relatives aux impacts potentiellement négatifs des politiques monétaires durablement expansionnistes, en vue d'une restauration de la liquidité et de stabilité financière, sur l'objectif impératif de stabilité des prix.

Désormais, certaines banques centrales ont des mandats complétés par **l'objectif de stabilité financière**. C'est le cas de la Banque d'Angleterre depuis le Banking Act de 2009 et le Financial Service Act de 2012. La Fed n'a pas de mandat de stabilité financière, mais elle a des responsabilités en la matière. La loi Dodd-Franck (juillet 2010) renforce son pouvoir de supervision bancaire sans expliciter toutefois la question de la stabilité financière. La BCE n'a pas de mandat strict en matière de stabilité financière, mais elle a une «mission spécifique» en vertu de l'article 127 (6) du traité : «*Le Conseil [...] peut confier à la Banque centrale européenne des missions* *spécifiques ayant trait aux politiques en matière de contrôle prudentiel des établissements de crédit et autres établissements financiers, à l'exception des entreprises d'assurances*». Depuis novembre 2014, la BCE a la responsabilité de superviseur bancaire. Elle est responsable de la **surveillance au niveau micro-prudentiel** avec le conseil de surveillance prudentielle, lequel doit examiner la qualité des actifs de la BCE et des Banques.

Enfin, **la doctrine sur le lien entre stabilité des prix et la stabilité financière a nettement évolué**. Selon l'hypothèse monétariste qui faisait consensus, la stabilité des prix est une condition suffisante de la stabilité financière. «*La sagesse commune est qu'il n'y a pas de conflit entre stabilité des prix et stabilité financière*» (Bini-Smaghi, 4 avril 2008). La crise financière et ses conséquences ont abouti à la remise en cause de l'hypothèse monétariste formulée par Anna Schwartz, car la Grande Modération de l'inflation entre 1995 et 2005 s'est terminée par la crise financière de 2007. **La stabilité des prix n'est plus considérée comme une condition suffisante de la stabilité financière.** Il existe **un arbitrage, à court terme, entre stabilité des prix et stabilité financière**. Avec les crises et l'incertitude croissante, l'arbitrage entre inflation, endettement et stabilité financière devient de plus en plus difficile pour les Banques centrales. Les autorités monétaires ne peuvent plus se contenter de contrôler l'inflation sur le marché des biens et des services. Elles doivent prendre en considération avec beaucoup de rigueur l'évolution comparée de l'endettement et des prix des actifs financiers, immobiliers... Ainsi, pour éviter ou au moins réduire les effets sur l'économie réelle des crises financières, il convient de répondre sans attendre à la forte demande de liquidités des banques pour **éviter une crise systémique**, une situation de «**credit crunch**», une dégradation des bilans bancaires... Néanmoins, si le principe de séparation entre politique monétaire et stabilité financière semble de fait remis en cause, les principes d'une conciliation concrète paraissent bien difficiles à établir.

1.3 Stabilité des prix, Zero lower bound et politiques monétaires non conventionnelles

«*Lorsque, suite par exemple à une crise financière, l'inflation est très faible et que la banque centrale ne dispose que de faibles marges de manœuvre pour réduire son taux directeur, instrument usuel de la politique monétaire, le risque de heurter le plancher à zéro des taux d'intérêt (***Zero lower bound***. ZLB) se présente. [...] une spirale déflationniste peut alors s'enclencher. [...]*» [Françoise Drumetz, Christian Pfister, Jean-Guillaume Sahuc, *Politique monétaire*, p. 294, De Boeck Supérieur, 2e éd, octobre 2015]

Taux directeur des banques centrales : vers le zéro lower bound

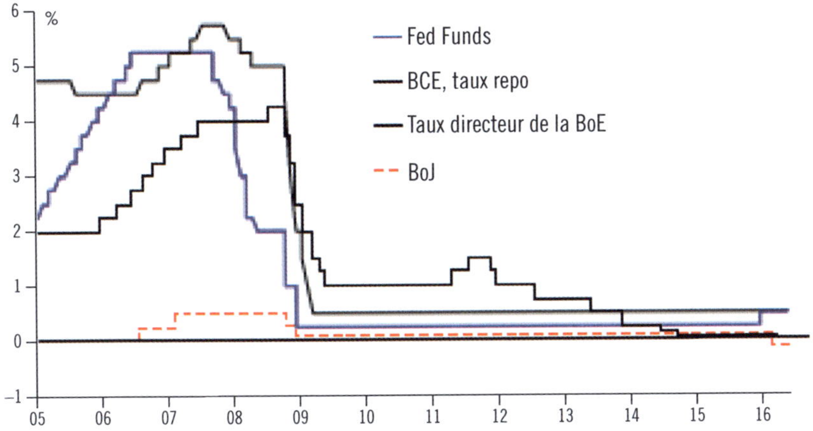

Taux d'inflation : tendance à la baisse de l'inflation

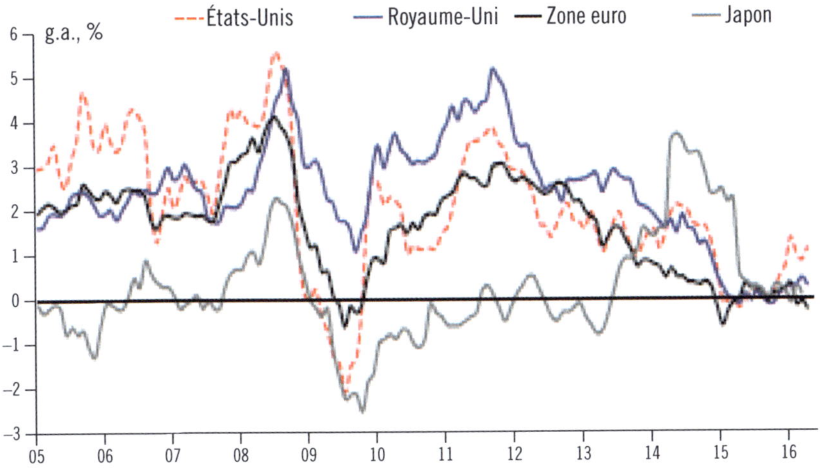

Source : *La dynamique des taux réels, la politique monétaire et ses limites*, Conjoncture, mai 2016, BNP Paribas, Philippe d'Arvisenet.

Face à cette menace, les banques centrales peuvent **agir sur les anticipations et les taux d'intérêt longs** en utilisant le **guidage des taux d'intérêt** (Foward Guidance. FG) et les **achats massifs de titres** (Assouplissements quantitatifs et qualitatifs). La multiplication de ces mesures de politiques monétaires non conventionnelles sera présentée et expliquez ci-dessous.

1.4 Les instruments et mécanismes de transmission de la politique monétaire non conventionnelle

Avant la crise de 2007-2008, les opérations principales de refinancement sont des opérations de prêts réalisées sans achats fermes de titres aux banques par la BCE. Les banques ne font que déposer des titres (peu risqués) en pension, comme garantie du prêt, auprès de la BCE. Mais, avec l'approfondissent et l'inscription dans la durée des crises, la BCE va devoir étendre l'éventail de ses interventions. En effet, quand les effets des politiques monétaires conventionnelles s'affaiblissement durablement, car les canaux de transmission des effets des mesures de politique monétaire sont bloqués, les banques centrales n'ont pas d'autres choix que d'utiliser d'autres instruments non standards.

Le mécanisme de transmission des effets de la politique monétaire est enrayé

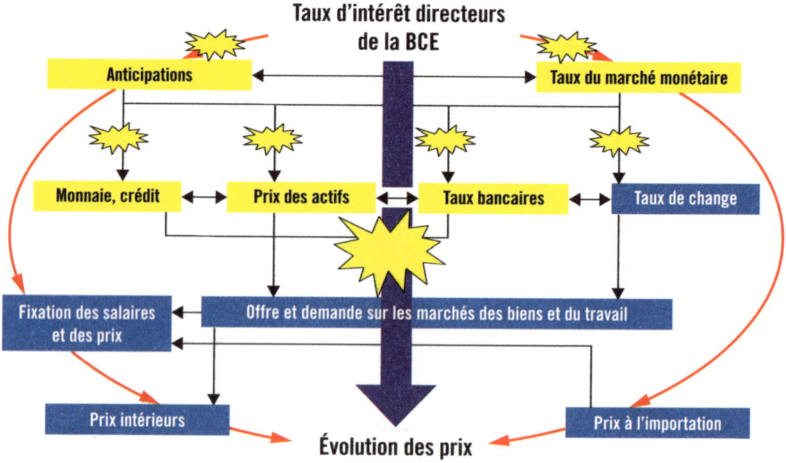

www.ecb.europa.eu

À partir de fin septembre-début octobre 2008, la BCE décide d'élargir les modalités de refinancement et de soutien à l'économie. Ces mesures dites « non conventionnelles » auront pour principales conséquences d'accroître la taille de son bilan et de modifier sa composition. Des **risques d'inflation** et de **distorsions des prix** sur les marchés d'actifs sont évoqués par les observateurs.

2 Les politiques monétaires non conventionnelles

Le refinancement des banques sera facilité (coût et quantité). Il ne se fera plus à taux variable (risqué), mais à taux fixe (moins risqué). Le montant des refinancements qui était fixe (quantité limitée) deviendra illimité (*full allotment*). La liste des collatéraux pris en pension sera nettement élargie et étendue à des titres toujours plus risqués. La durée des prêts sera rallongée passant du MRO (du jour le jour à une semaine) au LTRO (*Long Term Refinancing Operations*, 3 mois), VLTRO (*Very Long Term Refinancing Operations*, 3 ans) et TLTRO (*Targeted Long Term Refinancing Operations*, 4 ans, sous conditions de prêts aux ménages et entreprises). La fourniture de liquidités en devises sera facilitée en particulier par des swaps dollar/euro entre la FED et la BCE. Le taux des réserves obligatoires sera modifié. Les achats fermes par la BC remplaceront de plus en plus les prises en pension (*Quantitative easing*...), l'ancrage des anticipations deviendra prépondérant.

2.1 Les opérations de refinancement avec collatéral

Ainsi, depuis 2010 et les débuts de **la crise des dettes souveraines**, face à la fragmentation du marché monétaire de la zone euro, au risque d'éclatement de la zone et de baisse des prix (déflation) dans certains pays, la mise en place de politiques monétaires non standards est venue compléter la panoplie des outils traditionnels de la BCE. Les TID étant quasiment nuls, les marges de manœuvre étaient inexistantes. La Banque centrale européenne a donc conduit, en décembre 2011 et en février 2012, deux opérations massives de refinancement des banques européennes (VLTRO) en leur accordant des prêts à trois ans à des taux d'intérêt très bas, pour un montant total estimé à 1000 milliards d'euros. Mais cela n'a toujours pas suffi. En 2014, la BCE a décidé de mettre en place huit opérations de refinancement ciblées à plus long terme (TLTRO ou *Targeted Longer Term Refinancing Operations*), entre septembre 2014 et mai 2016..., interventions consistant à refinancer les banques sous conditions de prêts aux ménages et entreprises. Les TLTRO sont des opérations de refinancement au taux de 0,15 % jusqu'en janvier 2015, puis de 0,05 %, avec une échéance pouvant aller jusqu'à septembre 2018. Ces LTRO visent à renforcer l'activité de prêts bancaires aux entreprises et aux ménages.

2.2 La fourniture de liquidités en devises

La BCE a aussi **augmenté et facilité la fourniture de liquidités en devises**, en particulier les échanges d'euros contre dollars *via* le programme *Liquidity Swap Lines*. Ce programme d'échange de devises entre la BCE et la FED vise à surmonter les difficultés que certaines banques opérant sur les marchés internationaux rencontraient pour se financer en devises, notamment en dollars. Ces échanges de devises répondent, à partir de la décision de la BCE du 13 octobre 2008, aux besoins temporaires de liquidités du système bancaire dans ces devises.

La BCE cherche ainsi à assurer aux banques la fourniture de liquidités en devises étrangères. Des *swaps* de change euros/francs suisses ont également été effectués.

2.3 Les achats fermes de titres : la BCE en tant que teneur de marchés

En ce qui concerne les achats fermes de titres, il convient de distinguer six programmes d'achats : 1) de titres privés (obligations sécurisées) avec CBPP 1 (terminé) ou *Covered Bonds Purchase Programme* ; 2) de titres privés avec CBPP 2 (terminé) ; 3) de titres privés et publics avec SMP (terminé) ou *Securities Market purchases* ; 4) un SMP conditionnel avec l'OMT (jamais lancé) : *Outright Monetary Transactions* ; 5) titrisation de titres privés avec CBPP 3 (depuis fin 2014) ; 6) titrisation de titres privés avec ABSPP (depuis fin 2014) ou *Asset-Backed Securities Purchase Programme*.

Concrètement, la BCE cherche, via ces différents **programmes d'achat d'actifs**, à **stabiliser le fonctionnement des marchés**, en particulier celui des dettes souveraines. En effet pour **réduire le ratio dette/PIB**, les États doivent réduire les déficits budgétaires (ce qui est très difficile en période de récession), sans pouvoir compter sur une accélération de l'inflation et sans parier sur l'annulation d'une partie de la dette (ce qui serait potentiellement nuisible à long terme en risquant de dissuader les investisseurs de prêter de nouveau). Pour **garantir la liquidité du marché de la dette souveraine**, la BCE a mis en œuvre (mai 2010) le SMP, programme limité à l'achat de titres de dette publique sur le marché secondaire, car certains États devaient payer des taux très élevés pour pouvoir emprunter et s'enfonçaient donc dans la crise de la dette. Surtout, cela faisait peser un risque considérable sur la pérennité de l'euro et de la zone euro. Le programme OMT (opérations monétaires sur titres) devait lui succéder à partir de 2013. Mais ce dernier n'a jamais fonctionné, compte tenu des conditions très strictes et restrictives de son fonctionnement. Au-delà du maintien de la liquidité, l'objectif de ces programmes d'achats d'obligations d'État de la BCE est de faire baisser les taux d'intérêt de long terme et de faciliter le désendettement privé et public.

Enfin, en 2015, la BCE passe au **« *quantitative easing* » (QE)**, sur le modèle de la stratégie américaine de la Réserve fédérale des États-Unis, pour renforcer le caractère expansionniste de la politique monétaire. Comme d'autres banques centrales, la BCE va racheter de la dette, à la fois publique (des obligations souveraines émises par les États de la zone euro et les institutions publiques européennes, et garanties par les 19 États de la zone euro) et privée. Dans le cadre de ce programme inédit, la BCE est prête à injecter l'équivalent de 60 milliards d'euros par mois, au moins jusqu'en septembre 2016. Au total, ce QE devrait atteindre le montant de 1140 milliards d'euros (un peu plus de 10 % de l'ensemble de la masse monétaire en circulation dans la zone euro). De fait, la taille du bilan de la BCE a nettement augmenté entre 2007 et 2014. Le bilan de la BCE s'élevait à 1154 milliards en janvier 2007, il atteindra un maximum de 3099 milliards en 2012. Depuis, la taille du bilan de la BCE est redescendue à 2029 milliards (novembre 2014).

Evolution des taux d'intérêts directeurs et du bilan de la BCE entre 2008 et 2018

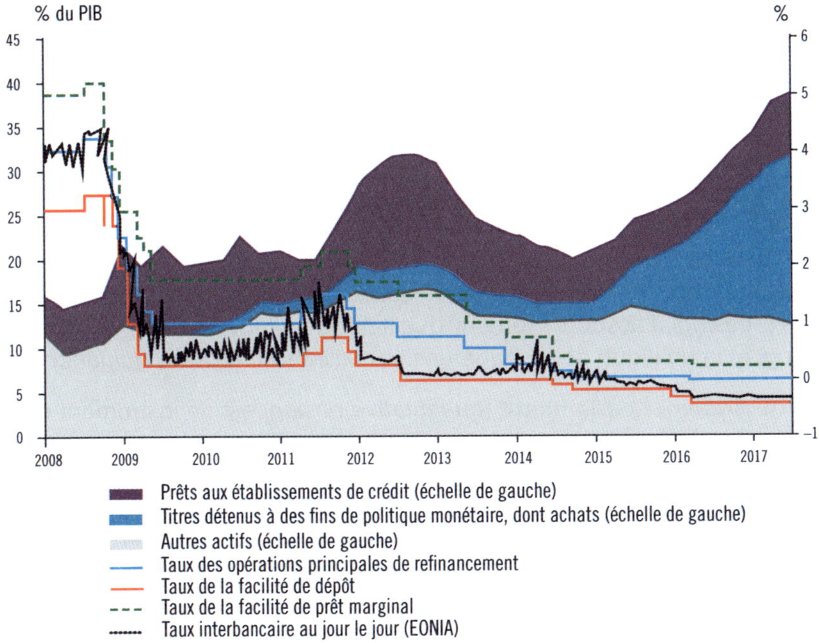

Source : Banque de France

Dans ce graphique, on peut observer la concomitance entre, d'une part, la baisse des taux d'intérêt directeurs et du taux à très court terme du marché interbancaire et, d'autre part, l'augmentation de la taille du bilan de la BCE liée à la croissance des achats fermes de titres dans le cadre des opérations d'assouplissement quantitatif. **Les signes du caractère très expansionniste de la politique monétaire de la BCE** sont très clairs.

Selon les économistes, l'efficacité du programme de « quantitative easing » (QE) repose sur trois canaux principaux de transmission :

- L'effet **« liquidités »** : la BCE, en rachetant aux institutions financières de nombreux titres de dette publique, améliore les conditions de financement des États et maintient durablement les taux à des niveaux très bas. Elle favorise les réallocations d'actifs vers des actifs plus risqués. *In fine*, les cours de l'ensemble des actifs financiers sera impacté par l'injection de liquidités.
- L'effet **« devise »** : la quantité de monnaie supplémentaire est rémunérée à des taux plus bas. *Ipso facto*, sur les marchés de change, cela entraîne une dépréciation de l'euro qui soutiendra la croissance économique et permettra une hausse des marges des exportateurs de la zone euro.
- Enfin, la BCE favorise l'effet **« crédit »** : en débarrassant le bilan des banques de nombreux actifs (souvent) risqués, la banque centrale les incite à augmenter l'offre de crédit, dont le coût baisse, de surcroît.

3 Les controverses théoriques sur la politique monétaire

D'un point de vue théorique, on peut distinguer trois types de politiques monétaires non conventionnelles : l'assouplissement quantitatif (*quantitative easing*), l'assouplissement qualitatif (*qualitative easing ou credit easing*) et la politique de guidage des taux d'intérêt (*forward guidance*).

L'**assouplissement quantitatif** (*quantitative easing*) est un instrument qui agit sur la **taille** du bilan (actif avec les titres cédés par les banques et passif avec les liquidités accordées en contrepartie) de la banque centrale. L'objectif est d'assouplir toujours davantage l'accès à la liquidité en améliorant les conditions de refinancement pour les banques : hausse des montants et des durées de financement, élargissement de l'éventail des titres acceptés en collatéral… La base monétaire augmente rapidement. Les risques d'inflation sont potentiellement plus élevés, car selon la logique du multiplicateur monétaire, la hausse de la base monétaire pourrait entraîner une hausse de la masse monétaire et donc de l'inflation si les banques augmentent le montant des crédits accordés… Cette politique de QE fut déjà menée au Japon entre le 19 mars 2001 et le 9 mars 2006. La BCE a davantage utilisé cette modalité, car la structure des financements est plus orientée vers les financements indirects et bancaires. La BCE qualifie d'ailleurs son action de « politique de soutien renforcé au crédit. »

L'**assouplissement qualitatif** (*qualitative easing*) est un instrument qui agit sur la **composition** du bilan de la banque centrale. La taille du bilan reste inchangée. La base monétaire reste stable. Les risques d'inflation sont inchangés, mais la qualité du bilan est dégradée. En effet, la BC achète des titres directement aux banques ou sur le marché pour améliorer leur liquidité et soutenir leur prix à la hausse. Cela conduit la BC à accepter, en collatéral, de plus en plus de titres de qualité réduite et plus risqués. Cependant, ces interventions sont temporaires et la hausse des prix des actifs peut entraîner des baisses des taux longs et provoquer des effets de richesse favorables au soutien de l'économie via le canal du prix des actifs. La FED et la Banque d'Angleterre ont davantage utilisé cette modalité, car la structure des financements dans ces économies est plus orientée vers les financements directs sur les marchés.

Les effets attendus du programme d'achat d'actifs

Cette stratégie fonctionnera d'autant mieux qu'elle est accompagnée de réformes pour améliorer le fonctionnement de l'économie. Une augmentation de la monnaie en circulation dans l'économie. Une baisse du coût d'emprunt à long terme dans tous les États de la zone euro. Des banques qui redonnent la priorité aux prêts à l'économie. Plus généralement, un soutien à la confiance.

La politique de guidage des taux d'intérêt (*forward guidance*) consiste en un pilotage des anticipations). Selon la BCE, il s'agit de «*fournir des indications relatives à la trajectoire future des taux directeurs de la BCE conditionnée par les perspectives de stabilité des prix*» (Bulletin mensuel, avril 2014). Quand le principal taux d'intérêt directeur est à son niveau plancher de 0 % et reste durablement fixe à ce niveau, **l'objectif est d'ancrer les anticipations d'inflation et de taux d'intérêt** pour mieux contrôler la stabilité des prix à court terme et les taux d'intérêt à long terme. Comme l'explique clairement Jezabel Couppey-Soubeyran, « *cette stratégie est fondée sur la théorie des anticipations de la courbe des taux (les taux longs dépendent des anticipations de taux courts) et sur le canal de transmission des anticipations.*» [p 264, Monnaie, Banques, Finance]

Dans son discours du 4 juillet 2013, le président de la BCE Mario Draghi a entamé cette politique de «forward guidance» des taux d'intérêt en déclarant : «*Le Conseil des gouverneurs prévoit que les taux d'intérêt directeurs de la BCE resteront à leurs niveaux actuels ou à des niveaux plus bas sur une période prolongée. Cette anticipation se fonde sur le maintien, à moyen terme, de perspectives d'une inflation globalement modérée, compte tenu de la faiblesse généralisée de l'économie réelle et de l'atonie de la dynamique monétaire. Au cours de la période à venir, le Conseil des gouverneurs suivra toutes les informations relatives aux évolutions économiques et monétaires qui lui parviendront et évaluera leur incidence éventuelle sur les perspectives de stabilité des prix.»*

4 Liens et transition vers d'autres fiches

- Fiche 4 : La création de monnaie
- Fiche 5 : Monnaie centrale et refinancement
- Fiche 8 : Les principes de la politique monétaire
- Fiche 21 : Instabilité des marchés de capitaux et récurrence des crises financières
- Fiche 22 : La régulation financière face à l'instabilité financière
- Fiche 23 : Zone euro : crise des dettes souveraines, crise de financement des États

24 EXERCICES

Exercice 1

QCM

1. La stabilité des prix concerne :
- les biens
- les services
- les actifs financiers

2. La stabilité financière :
- les biens
- les services
- les actifs financiers

3. Le rôle de préteur en dernier ressort :
- appartient aux banques
- à la Banque centrale
- à l'État

4. L'assouplissement quantitatif se traduit par :
- une baisse de la taille du bilan de la Banque centrale
- une hausse de la taille du bilan de la Banque centrale
- une variation de la structure du bilan

5. L'assouplissement qualitatif se traduit par :
- une variation à la baisse de la taille du bilan de la BC
- une baisse de la taille du bilan de la BC
- une modification de sa structure

Exercice 2

Questions ouvertes

1. Pourquoi les banques centrales ont mis en œuvre des politiques monétaires non conventionnelles ?
2. Comment mesurer la stabilité financière ?
3. La stabilité des prix entraîne-t-elle ipso facto la stabilité financière ?
4. Qu'est-ce que la « Foward Guidance » ?

Exercice 3

Pour approfondir

Pourquoi les crises financières et les récessions associées peuvent-elles être la conséquence des politiques monétaires ?

24 CORRIGÉS

Exercice 1

1. les biens – les services
2. les actifs financiers
3. à la Banque centrale
4. une baisse de la taille du bilan de la Banque centrale
5. une modification de sa structure

Exercice 2

1. Après la crise financière, les politiques de relance traditionnelles n'ont pas permis de stabiliser les anticipations sur les marchés financiers, et les banques centrales ont dû déployer de nouveaux instruments, notamment pour intervenir sur les marchés obligataires.

2. Pour la BCE la stabilité financière est une situation dans laquelle le système financier — qui englobe les intermédiaires, les marchés et les infrastructures de marché — est capable de résister aux chocs, en réduisant la probabilité d'une interruption du processus d'intermédiation financière, suffisamment importante pour perturber l'allocation optimale des ressources.

3. La stabilité des prix sur le marché des biens et services n'entraîne pas forcément la stabilité financière. En effet, la faiblesse de l'inflation peut inciter les banques centrales à mener des politiques monétaires expansives qui accroissent le volume du crédit et la volatilité du prix des actifs financiers.

4. Le forward guidance est une politique qui fournit aux ménages, entreprises et investisseurs, des détails concernant le déroulement à venir de la politique monétaire. Cela signifie que les autorités monétaires communiquent à l'avance le niveau des taux d'intérêts directeurs futurs. Ainsi, en situation de crise, les banquiers centraux s'engagent à conserver des taux directeurs très faibles, généralement proches de 0 %. En guidant les anticipations des taux d'intérêts courts, les banques centrales peuvent agir sur les taux longs, seule issue lorsque les taux courts sont déjà à 0 %.

Exercice 3

En se basant sur le cas des États-Unis, Patrick Artus montre que depuis la fin des années 1990, les crises financières et les récessions associées viennent systématiquement de la politique monétaire de la Banque centrale américaine (FED ou Réserve fédérale). Ainsi, à la fin des années 1990, la FED, en menant une politique monétaire très expansionniste, a facilité le gonflement d'une bulle sur le cours des actions aux États-Unis. En 2000-2001, cette bulle a explosé et provoqué une crise financière et une récession globale. Entre 2002 et 2007, la Réserve fédérale a participé, via une politique monétaire très expansionniste et un développement incontrôlé de la titrisation des crédits immobiliers (avec des primes de risque anormalement basses), au gonflement d'une bulle immobilière aux États-Unis. L'éclatement de cette bulle immobilière à partir de 2007 a déclenché la crise financière et économique mondiale, dites crise des subprimes. Le laxisme monétaire en maintenant des taux d'intérêt durablement bas a facilité l'endettement excessif, la formation de bulles financières qui, en éclatant, ont provoqué des crises financières et économiques.

Source : Les crises viennent toujours de la politique monétaire des États-Unis, Patrick Artus, Natixis, 18/01/2018

COURS

25 Les nouvelles technologies financières : la Fintech

[NOTIONS CLÉS : technologies financières, *crowfunding*, *crowdlending*, monnaies virtuelles, crypto-monnaie / crypto-actif, monnaies locales, *blockchain*]

DÉFINITION

Le Centre national de recherche numérique à Dublin définit la *Fintech* (contraction des mots « finance » et « technologie », terme inventé par la banque américaine Citicorp) comme l'innovation dans les services financiers ou, plus précisément, les entreprises qui utilisent la technologie pour perturber (*to disrupt*) les systèmes financiers en place. La Fintech regroupe ainsi l'ensemble des start-ups technologiques qui concurrencent les acteurs traditionnels des secteurs bancaires et financiers (plateformes de financement participatif, outils de gestion de portefeuille en ligne, transferts d'argent internationaux, banques en ligne, paiements mobiles, etc.).

1 Explications théoriques et débats

1.1 Finance et révolution numérique

Le développement de la finance et les NTIC[1] sont intimement liés depuis les années 1990. Le système financier américain a permis le financement de la bulle Internet et, malgré ses dérives, participé à l'émergence des grands acteurs actuels du secteur (Amazon, Microsoft, Apple, Google...) En retour, le secteur financier a été le principal utilisateur des nouvelles technologies de l'information et de la communication en investissant massivement dans les équipements. Cette impulsion se prolonge aujourd'hui dans la course au trading à haute fréquence (THF) qui nécessite des implantations physiques de réseaux pour gagner la « course à la vitesse » et approcher désormais celle de la lumière. **Ces nouvelles technologies financières sont ainsi porteuses d'un accroissement du volume des échanges et d'une nouvelle phase de développement financier, mais également de nouveaux risques.** Les jeunes entreprises de la Fintech évoluent notamment sur les marchés jusqu'ici réservés aux banques de détail comme la gestion de l'épargne, le crédit et les services du quotidien. Dans ces secteurs, elles repèrent les nouveaux besoins et usages des clients et proposent des produits adaptés, grâce à leur maîtrise de la technologie, à leur vélocité et à

1 NTIC : nouvelles technologies de l'information et de la communication.

leurs faibles coûts. Si elles ne sont pas des banques, au sens juridique du terme, elles s'appuient sur les nouveaux agréments créés ces dernières années dans le cadre de la dérégulation du secteur financier, initiée notamment par l'Union européenne : établissements de paiement, intermédiaires en financement participatif, prestataires en services d'investissements, etc.

1.2 De nouveaux services financiers

Les fintechs développent à la fois des services de paiement, des services centrés sur le « big data », des services de financement et d'investissement et des services bancaires. L'essor de ces fintechs représente une **nouvelle étape de la désintermédiation bancaire et de l'innovation** (après celle portant sur les instruments financiers complexes comme la titrisation, les produits dérivés, les LBO, etc.) puisqu'elles proposent un **nouveau modèle de services financiers décentralisé** basé sur la confiance et sur la densification des données et le grand nombre, qui rompt avec le modèle des grandes banques traditionnelles et de l'État.

2 L'essor des fintechs dans le cadre de la révolution numérique

Les fintechs touchent l'ensemble des métiers de la banque universelle (prêts, gestion des comptes bancaires et des moyens de paiement, *asset management*) et tous les segments de la clientèle (et surtout les jeunes générations davantage tournées vers l'usage des nouvelles technologies et la digitalisation des services financiers). Les fintechs s'appuient sur les opportunités de l'innovation technologique (avec la baisse du coût d'entrée pour la mise en place d'infrastructures avec le cloud, la généralisation des technologies « big data », le développement de l'intelligence artificielle, etc.) et elles jouent sur la mutation des infrastructures juridiques et réglementaires (mise en place de la directive sur les Systèmes de Paiements en Europe, etc.). Elles cherchent également à s'adapter aux nouvelles exigences du consommateur : offre de services diversifiés et bon marché, relation client personnalisée, transparence, utilisation de l'Internet et des réseaux sociaux, etc.

3 L'essor du financement participatif (ou *crowdfunding*)

3.1 Le *crowfunding*

Grâce aux nouvelles technologies, des solutions de financement innovantes ont émergé depuis quelques années, privilégiant la proximité entre les acteurs et l'économie réelle : c'est le cas du financement participatif, c'est-à-dire en langue anglaise le *crowdfunding* (littéralement, « financement par la foule ») pour les PME/ETI, les jeunes créateurs d'entreprises, les start-up, mais aussi pour des secteurs plus institutionnels comme l'immobilier. Il s'agit d'un **financement de petits et moyens projets d'entrepreneuriat à l'échelon local**, généralement innovants, par des investisseurs en majorité particuliers (un grand nombre de contributeurs versant généralement de faibles montants), mobilisés par le biais d'Internet et de plateformes numériques. Ce phénomène encore récent enregistre une forte croissance, et vient en complément des autres modes de financement traditionnels.

3.2 Les contours du *crowfunding*

Le *crowfunding* favorise, avec l'usage du numérique, une réduction des coûts et une nouvelle relation de proximité entre les émetteurs et les épargnants. C'est aussi une nouvelle forme de désintermédiation, qui vient concurrencer le secteur bancaire. Il existe plusieurs formes de *crowdfunding* : le **financement par le don** (le don sans contrepartie *donation-based* et le don avec contrepartie *reward-based*), le **financement par le prêt** (*crowdlending*) qui permet à un porteur de projet de lancer un appel à financement et à chaque financeur de devenir ainsi détenteur d'une partie du prêt, et le **financement en capital** (*crowdequity*), dans le cadre duquel l'internaute est un investisseur qui acquiert une participation dans un projet et en devient co-acteur, avec des contreparties financières perçues en cas de succès commercial. Avec le *crowdfunding*, **ce n'est donc plus auprès des marchés financiers mais directement auprès des particuliers** que les petites entreprises peuvent trouver des sources de financement, grâce à la digitalisation des activités financières. Malgré l'essor du *crowdfunding*, sa place reste encore résiduelle. La désintermédiation bancaire progresse très lentement et les banques demeurent encore des acteurs essentiels du financement des entreprises.

4 Liens vers d'autres fiches

- Fiche 9 : Le financement de l'économie : principes de base
- Fiche 11 : Marchés de capitaux et institutions financières
- Fiche 22 : La régulation financière face à l'instabilité financière

25 EXERCICES

Exercice 1

Vrai ou faux ?

1. Les fintechs sont des innovations « disruptives »
2. Les fintechs sont des banques au sens juridique du terme
3. L'essor des fintechs représente une nouvelle étape de la désintermédiation financière
4. Les fintechs peuvent concurrencer le secteur bancaire traditionnel
5. Le *crowdfunding* ne concerne que les grandes entreprises
6. Le *crowdlending* permet à un porteur de projet de lancer un appel à financement et à chaque financeur de devenir ainsi détenteur d'une partie du prêt
7. La digitalisation des activités financières favorise l'essor du *crowdfunding*

Exercice 2

L'essor des fintechs en Chine

À n'en plus douter, les héros modernes de la Fintech chinoise sont en passe de conquérir le monde de la finance. Avec plus de 10 milliards de dollars investis dans les technologies financières l'an dernier, la Chine a gravi pour la première fois la plus haute marche du podium, devant les États-Unis et l'Europe, très loin derrière avec « seulement » 2,4 milliards.

La bonne offre au bon moment au bon endroit : ainsi pourrait-on résumer la clé du succès de la Fintech chinoise. Cette réussite est en effet le produit d'une combinaison idéale de plusieurs facteurs : la sclérose du système bancaire traditionnel, l'émergence d'une classe moyenne, le développement d'un esprit entrepreneurial et surtout une adoption massive des nouvelles technologies. Depuis les dix dernières années, l'Empire du Milieu détient le record du nombre d'internautes et en compte aujourd'hui plus de 700 millions. Un chiffre qui ne représente pourtant encore que 50 % de sa population. Mais les grandes banques, nationalisées, n'ont pas su prendre la mesure de cette révolution du numérique. Et la lenteur de leur réaction, due à la rigidité de leurs structures, a laissé le champ libre à une nouvelle génération d'entrepreneurs du digital. Nés de l'émergence de la classe moyenne chinoise, plus riche et plus éduquée, ces derniers ont su créer des start-up renversant les codes de la finance. L'environnement réglementaire, ouvert et favorable à l'innovation, a su également faciliter le succès fulgurant de ces pépites chinoises que l'on connaît aujourd'hui.

Le boom du marché du e-commerce, sur lequel se côtoient des géants comme Alibaba ou JD.com, a largement favorisé l'engouement des consommateurs chinois pour la Fintech. Ils ont ainsi proposé à leurs utilisateurs d'emprunter directement via leur site jusqu'à 10 000 yuans. Ce type d'initiatives a ouvert la voie à l'émergence des plateformes de crowdlending*, dont le nombre a explosé ces dernières années, passant de 214 en 2011 à 3 000 en 2015, mais aussi de microcrédit à l'instar de Qudian [...] Finalement, pendant de longues années, la Chine s'est inspirée des modèles financiers occidentaux pour construire et gérer son propre écosystème. Désormais, ce sont les champions de la Fintech «made in China» qui comptent bien s'imposer au monde entier. La question est de savoir s'ils parviendront à rassembler les foules comme ils ont su le faire sur leur propre territoire.*

Source : Les Échos, mai 2017.

Questions

1. Quelles sont les causes liées au contexte chinois qui ont amené à la croissance des fintechs en Chine?

2. Quelle est l'innovation commerciale qui a favorisé l'essor des fintechs?

Exercice 3

Pour approfondir

Quelle serait la réglementation pertinente pour concilier essor des fintechs et protection des consommateurs?

25 CORRIGÉS

Exercice 1

1. Vrai
2. Faux
3. Vrai
4. Vrai
5. Faux
6. Vrai
7. Vrai

Exercice 2

1. La réussite des fintechs en Chine tient à la conjonction de plusieurs facteurs : la rigidité du système bancaire traditionnel qui pousse les consommateurs à le contourner grâce aux nouvelles technologies, l'émergence d'une classe moyenne avec une élévation du niveau de vie moyen qui justifie de nouveaux échanges, mais aussi le développement d'un esprit entrepreneurial qui pousse à l'essor de nouvelles activités (y compris dans le secteur financier), et l'adoption massive des nouvelles technologies par les Chinois.

2. L'innovation commerciale qui a favorisé l'essor des fintechs en Chine est le développement du commerce électronique (e-commerce).

Exercice 3

De manière générale, une réglementation trop complexe ou trop restrictive des fintechs peut majorer les coûts de transaction, d'autant que l'absence d'harmonisation à l'échelle mondiale oblige ce secteur d'activité à composer avec des réglementations nationales diversifiées et complexes. Les exigences liées à ces coûts créent alors une incitation plus forte à contourner les barrières réglementaires et l'innovation se trouve alors encouragée. Il y a donc lieu de rechercher, pour les pouvoirs publics, un équilibre réglementaire qui réduit le risque, notamment systémique, sans entraîner une hausse disproportionnée des coûts de transaction pour les acteurs financiers, ce qui pourrait brider leur développement. Les pouvoirs publics cherchent à encourager le développement des fintechs, pour permettre aux particuliers et aux entreprises de diversifier leurs sources de financement, d'avoir accès à des services plus simples, plus transparents et meilleur marché que ceux proposés par les acteurs traditionnels de la finance. Mais, pour autant, l'essor des technologies financières est porteur de nouveaux défis pour la réglementation et la protection des consommateurs. Le dilemme, au niveau français et européen, sera de maintenir dans le futur une réglementation financière suffisamment souple pour créer un environnement favorable au développement de ces moyens de financement alternatifs, créateurs de valeur, mais assez stricte pour sécuriser les transactions et protéger les épargnants.

FSC www.fsc.org MIXTE Papier issu de sources responsables FSC® C004472

Achevé d'imprimer en juin 2018 par Wilco aux Pays-Bas
Nº éditeur 2018_0111
Nº d'impression : 269109